国家“双高计划”水利水电建筑工程高水平专业群活页式教材

消防工程

（活页式）

主　编　陈文胜　张　敏
副主编　徐莉莉

中国水利水电出版社
www.waterpub.com.cn
·北京·

内 容 提 要

本书根据高等教育的目标和职业要求，紧密结合我国现有建筑防火设计规范和工作实践需要，较系统地介绍了消防工程的基本理论知识，主要内容包括火灾基础知识、建设项目生产和储存物品的火灾危险性判定、建筑分类、建筑的耐火等级判定、建筑总平面布局、建筑平面布置、防火防烟分区、安全疏散、建筑灭火器配置、消火栓灭火系统、自动喷水灭火系统、气体灭火系统、泡沫灭火系统、干粉灭火系统、火灾自动报警系统等。书中每章设有学习目标、练习题，此外还融入消防工程职业标准、工匠精神等课程思政元素。

本书可作为高等院校安全技术与工程、消防工程、应急技术与管理、建筑环境与能源应用工程等专业的教学用书以及安全工程相关行业的培训类参考用书。

图书在版编目（CIP）数据

消防工程 ：活页式 / 陈文胜，张敏主编. -- 北京 ：中国水利水电出版社，2023.7

国家“双高计划”水利水电建筑工程高水平专业群活页式教材

ISBN 978-7-5226-1660-5

Ⅰ. ①消… Ⅱ. ①陈… ②张… Ⅲ. ①消防－工程－高等学校－教材 Ⅳ. ①TU998.1

中国国家版本馆CIP数据核字(2023)第148123号

书　　名	国家“双高计划”水利水电建筑工程高水平专业群活页式教材 **消防工程（活页式）** XIAOFANG GONGCHENG（HUOYESHI）
作　　者	主　编　陈文胜　张　敏 副主编　徐莉莉
出版发行	中国水利水电出版社 （北京市海淀区玉渊潭南路 1 号 D 座　100038） 网址：www.waterpub.com.cn E-mail：sales@mwr.gov.cn 电话：（010）68545888（营销中心）
经　　售	北京科水图书销售有限公司 电话：（010）68545874、63202643 全国各地新华书店和相关出版物销售网点
排　　版	中国水利水电出版社微机排版中心
印　　刷	北京市密东印刷有限公司
规　　格	184mm×260mm　16 开本　11.75 印张　279 千字
版　　次	2023 年 7 月第 1 版　2023 年 7 月第 1 次印刷
印　　数	0001—1000 册
定　　价	**39.00** 元

前言

本教材是贯彻落实《国家职业教育改革实施方案》《关于实施中国特色高水平高职学校和专业建设计划的意见》《国务院关于加快发展现代教育的决定》等文件精神，结合安全技术与管理专业对消防工程学课程的要求，编写的活页式教材。

本教材以职业标准、课程标准为依据，以综合职业能力培养为目标，以典型工作任务为载体，以学生为中心，以职业能力清单为基础，根据典型工作任务和工程设计的模块化学习任务综合体。在编写过程中，为了适应消防工程学课程发展及学生专业技能提升的教学需求，在内容设计上紧密贴近消防工程实际。教材注重练习，每一个章节对应有总结练习，遵循“教、学、练、评”一体化教学模式，突出实用性，是帮助学生实现有效学习的重要工具。

在编写过程中，编者结合长期教学实践的经验，以培养技术应用能力为主线，应用为目的，够用为原则，注意体现高等职业教育教学改革的特点，突出实用性和应用性，内容简明扼要，通俗易懂，并尽力做到与消防工程实际相结合，较系统地介绍了消防工程的基本理论和技术及建筑设计防火规范。书中编入了适量的练习题和案例供教学选用。

教材在内容由浅入深、循序渐进的同时，将与课程契合的、能引起学生共鸣的思政元素融入教材，并联系专业知识点切入讲解，提升了课程思政的实效性，切实体现了“以学生为中心”的基本思想，充分调动学生学习的积极性，实现以学习成果为导向，促进自主学习，在“修能”的同时立德树人。

本教材由黄河水利职业技术学院陈文胜、张敏任主编，徐莉莉任副主编。本书的编写分工如下：第一～三章、第九章由徐莉莉编写，第四～八章由张敏编写，第十～十五章由陈文胜编写；陈文胜负责全书的整体规划和统稿。

在本教材的编写过程中，得到了院校领导的大力支持，特别是水利工程学院同事的帮助和支持，在此表示衷心的感谢！书中参考了国内同行的著作、教材、论文及相关规范，在此谨对所有参考文献、资料的编者表示诚挚的谢意！

由于编者水平有限，教材中难免存在疏漏和不妥之处，恳请读者，特别是使用本教材的教师和同学积极提出批评和改进建议，以便对本教材进一步修订完善。

编者

2023 年 2 月

目录

第一章

火灾基础知识

【学习目标】

1. 了解燃烧的概念及燃烧的充分必要条件、火灾的定义及分类。
2. 掌握固体、液体、气体燃烧的特点，了解燃烧产物的有关知识。
3. 熟悉建筑火灾蔓延的机理及防灭火的基本原理与措施。

第一节　燃　　烧

一、燃烧的定义

燃烧是物体快速氧化，产生光和热的过程。燃烧的本质是氧化还原反应。广义燃烧不一定要有氧气参加，任何发光、发热、剧烈的氧化还原反应，都可以称为燃烧。

燃烧应具备的三个特征：化学反应、放热、发光。

下面两种现象是属于燃烧吗？

(1) 生石灰（CaO）遇水反应放出大量的热。

$$CaO+H_2O=\!=\!=Ca(OH)_2+\text{热量}$$

属化学反应，但无发光现象。

(2) 电灯的灯丝通电后发光发热。通电后的发光发热现象，是物理现象，不属于化学反应。

二、燃烧三要素

燃烧的三个必要条件（也称为燃烧三要素）是：有可燃物存在、有足够的氧气和足以引起火灾的热源（温度），这也称火灾三要素，缺少任何一个要素，火灾都不能发生，或者正在发生的火灾也会熄灭，如图 1－1 所示。

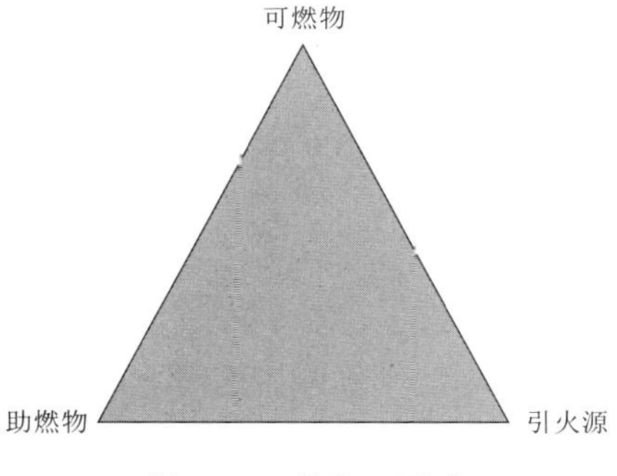

图 1－1　燃烧三要素

1. 可燃物

凡是能与空气中的氧或其他氧化剂起燃烧反应的物质，均称为可燃物。

按照物质的形态分为固体可燃物、液体可燃物、气体可燃物。

2. 助燃物

与可燃物结合能导致燃烧的物质称为助燃

物。助燃物分类如下：

（1）氧气。燃烧过程中的助燃物主要是氧气。

（2）其他助燃物。还有些物质（如氯、氟、氯酸钾等）也可作为燃烧反应的助燃物。

$$Mg + Cl_2 \longrightarrow MgCl_2$$

3. 引火源

凡使物质开始燃烧的外部热源统称为引火源。温度越高，越容易点燃可燃物质。

引火源种类如下：

（1）明火焰（蜡烛、火柴、打火机、炉灶）。

（2）高温物体（电炉、烟头、铁皮烟囱）。

（3）电火花（电焊的电弧、电线的短路、雷击的电弧）。

（4）撞击与摩擦。

（5）绝热压缩。

（6）光线照射与聚焦。

（7）化学反应放热。

三、燃烧的充分条件

1. 一定浓度的可燃物

可燃气体要燃烧需达到一定浓度，如氢气的含量小于 4%或者大于 75%时都不会燃烧。

2. 一定的氧气含量

当氧气浓度低于 14%时，燃着的木块会自行熄灭。

3. 一定的点火能量

必须大于可燃物所需的最小点火能量。几种常见物质的最小点火能量见表 1－1。

表 1－1　　几种常见物质的最小点火能量　　单位：mJ

物质名称	最小点火能量	物质名称	最小点火能量
汽油	0.2	乙炔（7.72%）	0.019
氢（29.5%）	0.019	甲烷（8.5%）	0.28
丙烷（5%～5.5%）	0.26	乙醚（5.1%）	0.19
甲醇（12.24%）	0.215	苯（2.7%）	0.55

4. 相互作用

上述 3 方面因素要一起作用，燃烧才能发生，缺一不可。

第二节　燃烧的类型

根据燃烧发生瞬间的特点不同，燃烧可分为着火、闪燃、自燃、爆炸。

一、着火

可燃物与火源接触，达到某一温度，产生有火焰的燃烧并在火源移去后能持续燃烧的现象称为着火。

1. 燃点

可燃物质开始持续燃烧时所需要的最低温度叫作燃点。可以衡量其火灾危险程度，物质的燃点越低，则越易着火，危险性越大。几种典型物质的燃点见表1-2。

表1-2 几种典型物质的燃点

物质名称	燃点/℃	物质名称	燃点/℃
黄磷	34	棉花	210
硫	207	布匹	200
蜡烛	190	松木	250
纸张	130	橡胶	120

2. 燃点在消防中的应用

(1) 控制可燃物温度，使其在燃点以下，以防止起火。

(2) 根据燃点，确定燃烧固体类别。易燃固体，是指燃点小于或等于300℃的固体，如木材、棉花。可燃固体，是指燃点高于300℃的固体。

(3) 根据燃点，决定火场抢救物质的先后。

在火场上，如果燃点不同的物质处在相同的条件下，受到火源作用时，燃点低的先着火，易蔓延。因此在抢救时，要先抢救或冷却燃点低的物质。

二、闪燃

1. 闪燃的含义

当对液体进行加热时，随着温度的不断升高，蒸气分子浓度增大，当蒸气分子浓度增大到爆炸下限的时候，可燃液体的饱和蒸气与空气形成的混合气体遇到火源会发生一闪即熄灭的现象，这种一闪即灭的瞬时燃烧现象称为闪燃。在规定的实验条件下，液体表面发生闪燃时所对应的最低温度称为该液体的闪点。闪点是可燃性液体性质的主要标志之一，是衡量液体火灾危险性大小的重要参数。在一定条件下，当液体的温度高于其闪点时，液体随时有可能被引火源引燃或发生自燃；若液体的温度低于其闪点，则液体不会发生闪燃，更不会着火。

在闪点温度下，液体只能发生闪燃而不能出现持续燃烧。这是因为在闪点温度下，可燃液体的蒸发速度小于其燃烧速度，液面上方的蒸气烧光后蒸气来不及补充，导致火焰自行熄灭。继续升高温度，液面上方蒸气浓度增加，当蒸气分子与空气形成的混合物遇到火源能够燃烧且持续时间不少于5s时，此时液体被点燃，它所对应的温度称为该液体的燃点。

2. 闪点在消防中的应用

闪点是判断液体火灾危险性大小及对可燃性液体进行分类的主要依据。闪点越低，火灾危险性就越大；反之，则越小。

闪燃是可燃液体发生着火的先兆，闪燃就是危险的警告。

根据闪点，将液体生产、加工、储存场所的火灾危险性分为以下三类：

(1) 甲类：闪点＜28℃，例如甲醇，苯等合成或精制厂房。

（2）乙类：28℃≤闪点<60℃，例如煤油仓库。

（3）丙类：闪点≥60℃，如重油仓库。

常见易燃或可燃液体的闪点见表 1-3。

表 1-3　常见易燃或可燃液体的闪点

名称	闪点/℃	名称	闪点/℃
汽油	−50	苯	−14
乙醚	−45	甲醇	11
乙醛	−38	乙醇	12
二硫化碳	−30	松节油	35
丙酮	−18	煤油	38～74

从消防观点来看，闪燃是火灾危险的警告、着火的前奏，希望油的闪点、燃点高些，两者的差值大些。闪点是可燃性液体储存、运输和使用的一个安全指标，同时也是可燃性液体的挥发性指标。闪点低的可燃性液体，挥发性高，容易着火，安全性较差。

掌握了闪燃这种燃烧现象，就可以很好地预防火灾发生或减少火灾造成的危害。

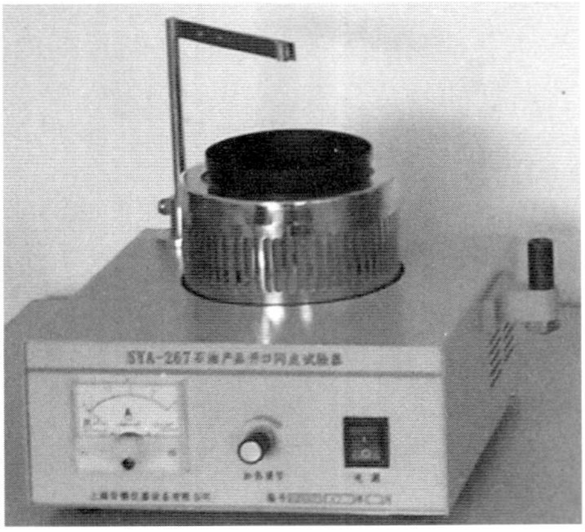

图 1-2　闪点测试仪

3. 闪点的测定

闪点的测定可以用闪点测试仪来测定。

图 1-2 所示为开口闪点测试仪。闪点测试仪基本部分包括盛油样的容器、加热升温装置、控温电路、测温装置、点火源。手动开口杯闪点和燃点测定仪主要装置包括内坩埚、外坩埚、气体导管、温度计、电炉、电气装置等。

仪器采用固态调压器，用“调节”旋钮调节电炉电压（0～220V 连续可调），从而实现按标准要求的升温速率。该仪器在国家标准规定的条件下，把试样装入试验杯，对装有试验油的试验杯加热，产生的石油蒸气与周围空气形成的混合气体在与火焰接触发生闪火时的最低温度作为闪点。

数字信号处理器根据所采集的温度变化情况，控制加热器，使试油温度按一定速率上升；点火时间、闪火检测、实现自动控制；当闪火被测出时，系统停止数据采集，显示闪火温度并打印记录结果，停止加热。

4. 闪点与燃点的关系

一切可燃液体的燃点都高于闪点。燃点对于可燃固体和闪点比较高的可燃液体，则具有实际意义。控制可燃物质的温度在其燃点以下，就可以防止火灾的发生。另外，根据可燃物的燃点高低，可以衡量其火灾危险程度，以便在防火和灭火工作中采取相应的措施。

对于易燃液体来说，其燃点比闪点高 1～5℃。因此，在评定易燃液体的火灾危险时，一般以闪点为参数。

三、自燃

1. 自燃的含义

没有外部热源直接作用，由于其内部的物理作用、化学作用或生物作用而发热导致升温而发生的自燃，如图 1-3～图 1-5 所示。

图 1-3 燃烧的煤堆

图 1-4 新疆地区燃烧的地下煤炭

图 1-5 农村沤肥

举例：

（1）氧化发热自燃（如煤堆自燃）。

（2）发酵放热自燃（如稻草、树叶、锯末、甘蔗渣等在潮湿的环境中）。

2. 物质的自燃点

在规定的条件下，物质发生自燃的最低温度叫作自燃点。

自燃点是衡量可燃物质受热升温导致自燃危险的依据。可燃物的自燃点越低，发生自燃的危险性就越大。部分可燃物的自燃点见表 1－4。

表 1－4　部分可燃物的自燃点

物质名称	自燃点/℃	物质名称	自燃点/℃
黄磷	34～35	乙醚	170
煤油	240～290	汽油	280
松香	240	柴油	350～380

四、爆炸

1. 爆炸的含义

由于物质急剧氧化或分解反应产生温度、压力增加或两者同时增加的现象，称为爆炸。

一旦发生爆炸，将会对邻近的物体产生极大的破坏作用，这是由于爆炸体系的高压气体作用到周围物体上，使物体遭到破坏。

2. 爆炸的分类

（1）物理爆炸。装在容器内的液体或气体，由物理变化所引起，使体积迅速膨胀，容器压力急剧增加，由于超压力或应力变化使容器发生爆炸，且在爆炸前后物质的性质及化学成分不发生改变的现象。

如：蒸汽锅炉、液化气钢瓶等爆炸，均属于物理爆炸。

（2）化学爆炸。指由于物质本身发生化学反应，产生大量气体并使温度、压力增加或两者同时增加而形成的爆炸现象。

如：炸药的爆炸。

特点：反应速度快，放出大量的热，破坏性极强。

（3）核爆炸。由于原子核裂变或聚变反应，释放出核能所形成的爆炸。

如：原子弹、氢弹、中子弹等的爆炸属核爆炸。

3. 爆炸极限

（1）爆炸浓度极限。指可燃气体、蒸气或粉尘与空气的混合物，遇着火源能够发生爆炸的最高或最低的浓度，产生爆炸的最低浓度叫作爆炸下限；发生爆炸的最高浓度叫作爆炸上限。

气体、蒸气的爆炸极限，通常以体积百分比来表示；粉尘通常用单位体积中的质量（g/m^3）来表示。

爆炸极限是评定可燃气体、蒸气或粉尘爆炸危险性大小的主要依据。爆炸极限范围越宽，发生爆炸的危险性越大。部分可燃气体和液体蒸气的爆炸浓度极限见表 1－5。

表 1－5　　部分可燃气体和液体蒸气的爆炸浓度极限

物质名称	爆炸下限/%	爆炸上限/%	物质名称	爆炸下限/%	爆炸上限/%
氢气	4.0	75.0	氨	15.0	28.0
甲烷	5.0	15.0	一氧化碳	12.5	74.0
乙炔	2.5	82.0			

（2）爆炸温度极限。爆炸温度极限是指可燃液体受热蒸发出的蒸气浓度等于爆炸浓度极限时的温度范围。

液体在该温度下蒸发出等于爆炸浓度下限的蒸发浓度，此时的温度称为爆炸温度下限（即液体的闪点）。

液体在该温度下蒸发出等于爆炸浓度上限的蒸气温度，此时的温度称为爆炸温度上限。常见液体爆炸浓度极限与爆炸温度极限的比较见表 1－6。

表 1－6　　常见液体爆炸浓度极限与爆炸温度极限的比较

物质名称	爆炸浓度极限/%		爆炸温度极限/℃	
	下限	上限	下限	上限
乙醇	3.3	18.0	11.0	40.0
甲苯	1.5	7.0	5.5	31.0
松节油	0.8	62.0	33.5	53.0
车用汽油	1.7	7.2	−38.0	−8.0
灯用煤油	1.4	7.5	40.0	86.0

第三节　燃烧过程及特点

一、可燃物的燃烧过程

当可燃物与其周围相接触的空气达到可燃物的点燃温度时，外层部分就会熔解、蒸发或分解并发生燃烧，在燃烧过程中放出热量和光。这些释放出来的热量又加热边缘的下一层，使其达到点燃温度，于是燃烧过程就不断地持续。

固体和液体发生燃烧时，需经过分解和蒸发，生成气体，然后再由气体与氧化剂作用发生燃烧。

而气体物质不需要经过蒸发，可以直接燃烧。

二、固体可燃物的燃烧特点

固体可燃物的燃烧分为分解燃烧、蒸发燃烧、表面燃烧、阴燃。

阴燃一般发生在火灾的初起阶段；蒸发燃烧和分解燃烧多发生在火灾的发展阶段和猛烈阶段。表面燃烧一般发生在火灾的熄灭阶段。

1. 分解燃烧

（1）概念。固体由于受热分解而产生可燃气体后发生的有焰燃烧现象。如木材、纸张、棉、麻、毛、丝以及合成橡胶等的燃烧。

（2）燃烧过程。

$$可燃固体\xrightarrow{分解}可燃气体\longrightarrow燃烧$$

2. 蒸发燃烧

（1）概念。熔点较低的可燃固体受热后融熔，然后与可燃液体一样蒸发产生可燃蒸气而发生的有焰燃烧现象。如蜡烛、沥青等。

（2）燃烧过程。

$$可燃固体\xrightarrow{熔化、蒸发}可燃气体\longrightarrow燃烧$$

3. 表面燃烧

（1）概念。有些固体可燃物的蒸气压非常小或难以发生分解，不能发生蒸发燃烧或分解燃烧，当氧气包围物质的表层时，呈炽热状态发生无火焰燃烧。如木炭、铜、铁的燃烧，木炭的燃烧如图 1－6 所示。

图 1－6　木炭的燃烧

4. 阴燃

（1）概念。某些固体可燃物在氧不足，加热温度较低或可燃物含水分较多等条件下发生的无火焰、只冒烟的缓慢燃烧现象。如成捆的棉、麻的燃烧。

阴燃与有焰燃烧在一定条件下可相互转化。

$$阴燃\xrightarrow{通风，氧浓度增加，燃烧加快}有焰燃烧$$

$$有焰燃烧\xrightarrow{氧浓度降低，燃烧速度变慢}阴燃$$

三、液体物质的燃烧特点

1. 液体的燃烧过程

所有液体的燃烧都是首先蒸发成气体，在气体状态下进行燃烧的。

$$液体\xrightarrow{热、蒸发}蒸气\longrightarrow产物+热$$

2. 液体燃烧的分类

（1）蒸发燃烧。液体蒸发与燃烧同时进行，边蒸发边燃烧，蒸发多少就燃烧多少。其燃烧速度取决于液体的蒸发速度，蒸发得越快，燃烧得越快。

（2）动力燃烧。可燃性液体的蒸气、低闪点液雾预先与空气或氧气混合，遇火源产生带有冲击力的燃烧称为动力燃烧。

动力燃烧一般发生在封闭体系中，燃烧放热造成体积迅速膨胀，压力升高。

如汽车发动机中的汽油、煤油等在气缸中的燃烧就属于这种情况，利用燃烧产生的冲击带动活塞的运行。

（3）沸溢燃烧。含水的重质油品（如重油、原油黏度大）发生火灾，由于液面从火焰接受热量产生热波，热波在向液层深部移动过程中，使油层温度上升，油品黏度变小，油品中的乳化水滴向下沉积的同时受向上运动的热油作用而蒸发成蒸气泡，这种表面包含有油品的气泡，比原来的水体积扩大千倍以上，气泡被油薄膜包围形成大量油泡群，液面上下像开锅一样沸腾，到储罐容纳不下时，油品就会像“跑锅”一样溢出罐外，这种现象叫“沸溢”。

（4）喷溅燃烧。重质油品的下部有水垫层时，发生火灾后，由于热波往下传递，若将储罐底部的沉积水的温度加热到汽化温度，则沉积水将变成水蒸气，体积扩大，当形成的蒸汽压力大到足以把其上面的油层抬起，最后冲破油层将燃烧着的油滴和包油的油气抛向上空，向四周喷溅燃烧。

储罐一旦出现沸溢和喷溅的征兆，火场有关人员必须立即撤到安全地带，并应采取必要的技术措施。

四、气体物质的燃烧特点

可燃气体不需要经过熔化、蒸发等相变过程，而在常温常压下就可以任意比例与氧化剂相互扩散混合，完成燃烧反应的准备阶段。

气体在燃烧时所需热量仅用于氧化或分解，或将气体加热到燃点，因此容易燃烧且燃烧速度快。

根据气体物质燃烧过程的控制因素不同，其燃烧有以下两种形式：

（1）扩散燃烧。可燃气体从喷口喷出，在喷口处与空气中的氧边扩散混合、边燃烧的现象称为扩散燃烧。其燃烧速度主要取决于可燃气体的喷出速度，气体扩散多少，就烧掉多少。这种燃烧比较稳定。扩散燃烧的特点为扩散火焰不运动，可燃气体与气体氧化剂混合在可燃气体喷口进行。对于扩散燃烧，只要控制得好，便不至于造成火灾。

（2）预混燃烧。可燃气体与助燃气体在燃烧之前混合，并形成一定浓度的可燃混合气体，被引火源点燃所引起的燃烧现象，称为预混燃烧。这类燃烧往往造成爆炸也称爆炸式燃烧或动力燃烧。

许多火灾、爆炸事故是由预混燃烧引起的。

第四节　燃　烧　产　物

一、燃烧产物的含义和分类

1. 燃烧产物的含义

物质燃烧或热解后产生的全部物质。它通常指燃烧生成的气体、烟雾和热量等。

2. 燃烧产物的分类

（1）完全燃烧产物。在供氧充足的条件下，可燃物质在燃烧时生成的产物不能再继续燃烧，称为完全燃烧产物，如 CO_2。

$$C+O_2 \longrightarrow CO_2$$

（2）不完全燃烧产物。供氧不足的情况下，生成的产物还可继续燃烧，称为不完全燃烧产物。

发生不完全燃烧：　$2C+O_2 = 2CO$

CO 可继续燃烧：　$2CO+O_2 = 2CO_2$

二、不同物质的燃烧产物

1. 单质的燃烧产物

单质仅由一种元素构成，如氢气（H_2）、硫（S）、碳（C）。其燃烧产物即为该元素与氧的化合物，即 H_2O、SO_2、CO_2。

2. 化合物的燃烧产物

一些化合物在空气中燃烧除生成完全燃烧产物外，还会生成不完全燃烧产物。

3. 合成高分子的燃烧产物

合成高分子材料在燃烧过程中伴有热裂解，有的材料中含有 Cl、N 等元素。因此燃烧后会分解产生许多有毒或有刺激性的气体，如 HCl、HCN。

4. 木材的燃烧产物

木材主要由 C、H、O 元素组成。其完全燃烧产物主要有 CO_2、水蒸气和灰分；其不完全燃烧产物主要有一氧化碳（CO）、乙酸（CH_3COOH）等。

三、燃烧产物的毒性

燃烧产物不少是毒害气体，往往会通过呼吸道侵入或刺激眼结膜、皮肤黏膜使人中毒甚至死亡。

据统计，火灾中死亡的人约 80% 是由于吸入毒性气体中毒而致死的。不同浓度的 CO 对人体的影响见表 1－7。

表 1－7　不同浓度的 CO 对人体的影响

火场中 CO 的浓度 /%	人的呼吸时间 /min	中毒程度
0.1	60	头痛、呕吐
0.5	20～30	有致死的危险
1	1～2	可中毒死亡

四、烟气

1. 烟气的含义

由燃烧或热解作用产生的悬浮在大气中，可见的固体和（或）液体微粒的总和称为烟气。

2. 烟气的产生

建筑材料及装修材料、室内可燃物等在燃烧时所产生的生成物之一是烟气。不论是固态、液态、气态物质在燃烧时，都要消耗空气中的氧，并产生大量炽热的烟气。

3. 烟气的危害性

（1）烟气的毒害性。

烟气中含有大量有毒的气体 CO、CO_2。

空气中的 CO_2 含量达到 7%～10% 时，数分钟就会使人失去知觉，以致死亡。若空气中 CO 的含量达到 1% 时，经过 1～2min 就可致人中毒死亡。

烟气中的含氧量低于人们生理正常所需要的数值，如含氧量降低到 15% 时，人的肌肉活动能力下降；含氧量在 10%～14% 时，人会四肢无力，辨不清方向；含氧量降到 6%～10% 时，人会晕倒；含氧量低于 6% 时，人短时间会死亡。

烟气中的悬浮微粒也是有害的。

悬浮颗粒中粒径较小的飘尘由于气体扩散作用，能进入人体肺部黏附并聚集在肺泡壁上，可随血液送至全身，引起呼吸道疾病。

（2）烟气的减光性。烟粒子对可见光是不透明的，即对可见光有完全的遮蔽作用，当弥漫时，可见光因受到烟粒子的遮蔽而大大减弱，能见度大大降低。

（3）烟气的恐怖性。发生火灾时，浓烟滚滚，使人产生恐怖感，常常给疏散造成混乱局面，甚至使人失去理智，惊慌失措。

五、燃烧产物对火灾扑救的影响

1. 有利方面

（1）在一定条件下可以阻止燃烧进行。完全燃烧的产物都是不燃的惰性气体，如CO_2、水蒸气等，随着惰性气体的增加，就相对降低了空气中的氧浓度，燃烧速度会减慢。

（2）为火情侦察和寻找火源点提供参考依据。根据烟雾的不同颜色和气味来识别是何种物质着火；根据火场上的烟雾的流动方向，可判断火势蔓延方向和寻找火源；根据烟雾的温度、浓度等特征，可判断燃烧的速度和火灾发展阶段。

部分可燃物的烟雾特征见表1－8。

表1－8　　部分可燃物的烟雾特征

可燃物	烟雾特征		
	颜色	嗅	味
磷	白色	大蒜嗅	—
镁	白色	—	金属味
钾	浓白色		碱味
硫黄	—	硫嗅	酸味
橡胶	棕黑色	硫嗅	酸味
硝基化合物	棕黄色	刺激嗅	酸味
石油产品	黑色	石油嗅	稍有酸味
棉、麻	黑褐色	烧纸嗅	稍有酸味
木材	灰黑色	树脂嗅	稍有酸味
有机玻璃	—	芳香	稍有酸味

2. 不利方面

（1）妨碍灭火和被困人员行动。

（2）引起人员中毒、窒息的危险。

（3）高温会使人员烫伤。

（4）有造成火势发展蔓延的危险。

第五节　火　　灾

火灾：是指在时间和空间上失去控制的燃烧。

按照燃烧对象的性质，根据《火灾分类》(GB/T 4968—2008)（2008年11月4日发布，2009年4月1日实施）划分如下：

A类火灾：指固体物质火灾。

B类火灾：指液体或可熔化的固体物质（如沥青、石蜡）火灾。

C类火灾：指气体火灾。

D类火灾：指金属火灾。

E类火灾：带电火灾。

F类火灾：烹饪器具内的烹饪物（如动植物油脂）火灾。

一、建筑火灾基础知识

1. 热传播对火灾发展变化的影响

热传播是影响火灾发展的决定性因素。

2. 热传播的途径

热传播的途径有三种：热传导、热辐射、热对流。

（1）热传导。

1）含义。指物体一端受热，通过物体的分子热运动，把热量从温度较高一端传递到温度较低的另一端的过程。热传导属于接触传热。

2）热传导对火灾发生变化的影响。从温度较高部位，向温度较低部位传导。温差越大，导热方向的距离越近，火灾现场燃烧区温度越高，传导出的热量就越多。固体、液体和气体物质都有这种传热性能。

热传导性能：固体＞液体＞气体。

（2）热辐射。

1）含义。是指以电磁波形式传递热量的现象。

2）特点。热辐射不需要通过任何介质，不受气流、风速、风向的影响，通过真空也能传播。固、液、气三种物态均可以电磁波的形式辐射热量，也能吸收别的物体辐射回来的热量。

3）热辐射对火灾的发生变化的影响。

a. 一个物体在单位时间内辐射的热量与其表面积的绝对温度的四次方成正比。

b. 受辐射体与辐射热源之间的距离越大，受到的辐射热越小。反之。距离越小，接受的辐射热越多。

c. 物体的颜色越深、表面越粗糙，吸收的热量就越多；表面光亮、颜色较淡，则反射的热量越多，吸收的热量就越少。

（3）热对流。

1）含义。是指流体各部分之间发生相对位移，冷热流体发生相对掺混引起热量传递的方式。

2）热对流的方式。

a. 根据引起对流的原因不同，可分为：

（a）自然对流。因流体各部分的密度不同而引起的流动，是由自然力引起的。

（b）强制对流。流体微团空间移动是由机械力引起的。如通过鼓风机、压缩机、泵等。

b. 根据流动介质不同，可分为：

（a）气体对流。气体对流对火灾发展蔓延有极其重要的影响。对流越强，燃烧越强烈。

(b) 液体对流。液体因受热体积膨胀、比重减轻而上升，而温度较低时，比重较大的部分则下降，在这种运动的同时进行着热传递，最后使整个液体被加热。

c. 热对流对火灾发生变化的影响。热对流是影响初期火灾发展的最主要的因素。

热对流速度与通风口面积和高度成正比。通风孔洞越多，各个通风孔洞的面积越大、越高，热对流速度越快。

风能加速气体对流，风速越大，对流越快；风向改变，会改变气体对流方向。

火焰温度越高，与环境温度的温差越大，热对流速度越快。

二、建筑火灾的烟气蔓延

建筑发生火灾时，烟气流动的方向通常是火势蔓延的一个主要方向。一般，500℃以上热烟所到之处，遇到的可燃物都有可能被引燃起火。

1. 烟气的扩散路线

烟气扩散流动速度与烟气温度和流动方向有关。烟气在水平方向的扩散流动速度较小，在火灾初期为 0.1～0.3m/s，在火灾中期为 0.5～0.8m/s。烟气在垂直方向的扩散流动速度较大，通常为 1～5m/s。在楼梯间或管道竖井中，由于烟囱效应产生的抽力，烟气上升流动速度很大，可达 6～8m/s，甚至更大。着火房间内的自然对流如图 1-7 所示。

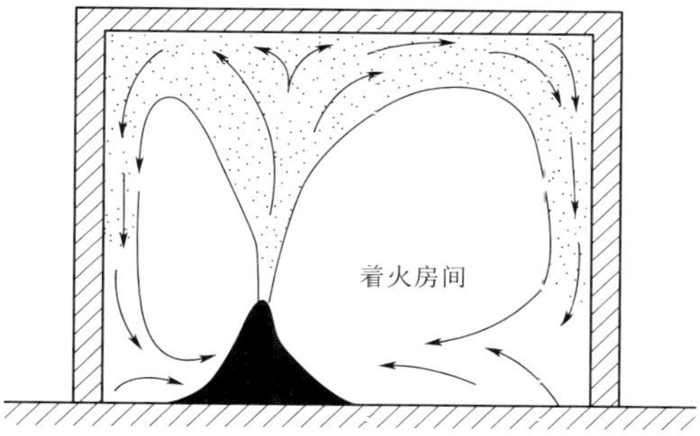

图 1-7　着火房间内的自然对流

当高层建筑发生火灾时，烟气在其内的流动扩散一般有 3 条路线：

第一条，也是最主要的一条是着火房间→走廊→楼梯间→上部各楼层→室外。

第二条是着火房间→室外。

第三条是着火房间→相邻上层房间→室外。

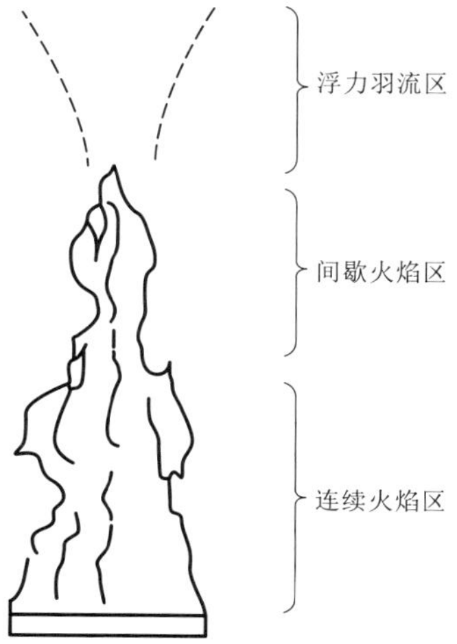

图 1-8　火源上方的火羽示意图

2. 着火房间内的烟气流动

描述室内烟气流动特点和规律涉及几个重要的概念，包括烟气羽流、顶棚射流、烟气层沉降。

(1) 烟气羽流。燃烧中，火源上方的火焰及燃烧生成的流动烟气通常称为火羽流。而火焰区上方为燃烧产物即烟气的羽流区，其流动完全由浮力效应控制，一般称其为烟气羽流或浮力羽流。由于浮力作用，烟气流会形成一个热烟气团，在浮力的作用下向上运动，在上升过程中卷吸周围新鲜空气与原有的烟气发生掺混。火源上方的火羽示意图如图 1-8 所示。

(2) 顶棚射流。当烟气羽流撞击到房间的顶棚后，沿顶棚水平运动，形成一个较薄的顶棚射流层，称为顶棚射流。由于它的作用，使安装在顶棚上的感烟探测器、感温探测器和洒水喷头产生响应，实现自动报警和喷淋灭火。理想化顶棚射流示意图如图 1-9 所示。

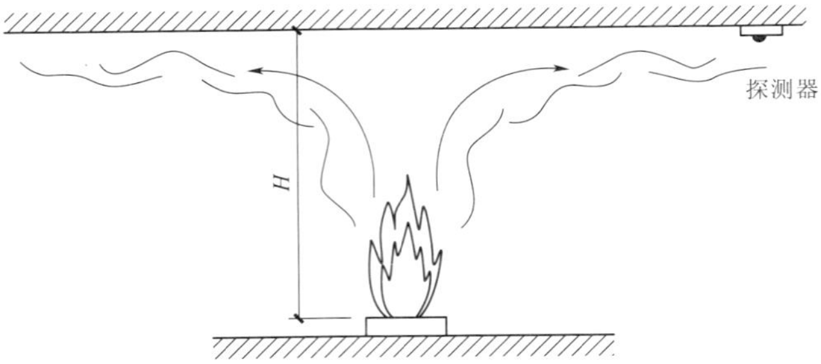

图 1-9 理想化顶棚射流示意图

研究表明，假设顶棚距离可燃物的垂直高度为 H，多数情况下顶棚射流层的厚度约为距离顶棚以下高度 H 的 5%～12%，而顶棚射流层内最大温度和最大速度出现在距离顶棚以下高度 H 的 1%处。顶棚射流的最大温度和最大速度值是估算火灾探测器和喷头热响应的重要基础。

（3）烟气层沉降。发生火灾时，应设法通过打开排烟口等方式，将烟气层限制在一定高度内；否则，着火房间烟气层下降到房间开口位置，如门、窗或其他缝隙时，烟气会通过这些开口蔓延扩散到建筑的其他地方。

3. 竖井中的烟气流动

走廊中的烟气除了向其他房间蔓延外，还要向楼梯间、电梯间、竖井、通风管道等部位扩散，并迅速向上层流动。楼梯间的烟气流动如图 1-10 所示。

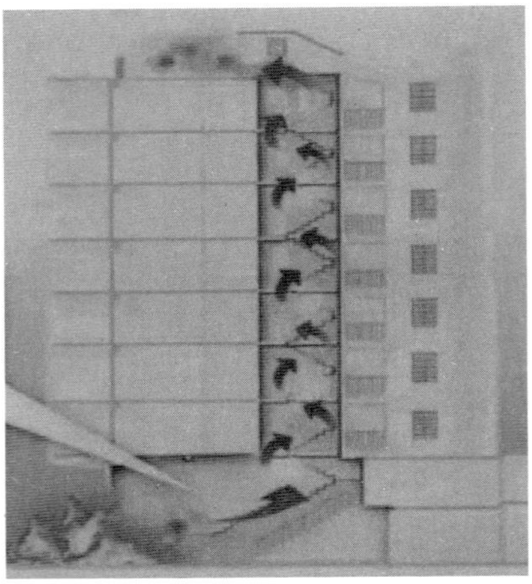

图 1-10 楼梯间的烟气流动

三、烟气流动的驱动力

烟气流动的驱动力包括室内外温差引起的烟囱效应，外界风的作用、通风空调系统的影响等。

1. 烟囱效应

如果室内空气温度高于室外，则室内空气将发生向上运动，建筑物越高，这种流动越强。竖井是发生这种现象的主要场合。

2. 火风压

火风压的影响主要在起火房间，如果火风压大于进风口的压力，则大量的烟火将通过外墙窗口，由室外向上蔓延。

若火风压等于或小于进风口的压力，则烟火从内部蔓延，当它进入楼梯间、电梯间、管道井、电缆井等竖向孔道以后，会大大加强烟囱效应。烟火通过窗口向外蔓延如图 1-11 所示。

四、建筑室内火灾发展阶段

建筑室内火灾发展阶段大致可分为初期增长阶段、充分发展阶段和衰减阶段。图 1－12 所示为建筑室内火灾平均温度-时间曲线。

图 1－11　烟火通过窗口向外蔓延

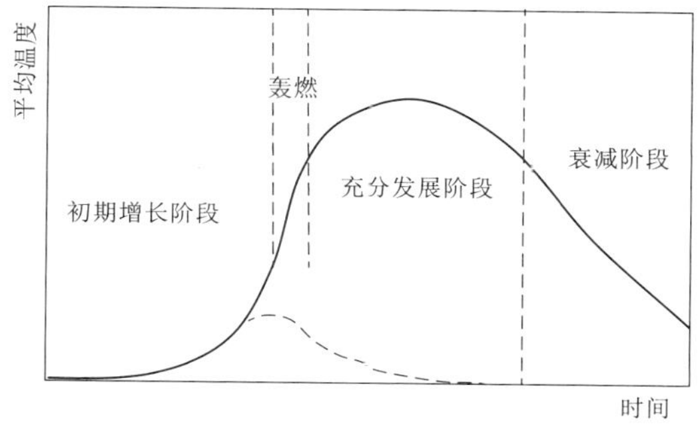

图 1－12　建筑室内火灾平均温度-时间曲线

1. 初期增长阶段

初期增长阶段从室内出现明火算起，此阶段室内燃烧面积较小，局限于着火点处的可燃物燃烧，局部温度较高，室内各点的温度不均匀，这时候其燃烧状况与室外敞开环境中的燃烧情况差不多。在可燃物燃烧性能、分布、室内外通风、散热等条件的影响下，燃烧的发展通常比较缓慢，有可能形成火灾，也有可能中途自行熄灭，燃烧发展是不稳定的。此阶段火灾持续的时间长短不定。

2. 充分发展阶段

室内燃烧持续一定时间后，此时若燃料充足，通风情况良好，燃烧就会继续发展，燃烧范围不断扩大，室内温度也跟着不断上升，当未燃的可燃物表面达到其分解温度后，开始分解释放出可燃气体。当室内温度继续上升到一定程度时，会出现燃烧面积和燃烧速率瞬间迅速增大，室内温度激增的现象，即轰燃。此时标志着室内火灾由初期增长阶段转变为充分发展阶段。

3. 衰减阶段

在火灾充分发展阶段的后期，随着室内可燃物数量的不断减少，火灾燃烧速度逐渐减慢，燃烧强度减弱，温度随之也逐渐下降。目前，一般认为，当室内的平均温度下降到其峰值的 80％时，火灾进入衰减阶段。随着火灾的持续进行．最后，由于燃料基本耗尽，有焰燃烧逐渐无法维持，室内剩余的一堆赤热焦化后的炭持续进行无焰燃烧，其燃烧速度已变得相当缓慢，直至燃烧完全熄灭。

上述后两个阶段是可燃物数量充足，通风良好的情况下，室内火灾的自然发展过程。

第六节　防火灭火的基本原理和措施

一、防火的基本原理和措施

根据燃烧基本理论，只要防止形成燃烧条件，或避免燃烧条件同时存在并相互作用，便可起到防火的目的。防火基本原理和措施见表 1－9。

表 1－9 防火基本原理和措施

措施	原理	措施举例
控制可燃物	破坏燃烧爆炸的基础	1. 限制可燃物质储运量 2. 用不燃或难燃材料代替可燃材料 3. 加强通风，降低可燃气体或蒸气、粉尘在空间的浓度 4. 用阻燃剂对可燃材料进行阻燃处理，以提高防火性能 5. 及时清除洒漏地面的易燃、可燃物质等
隔绝空气	破坏燃烧爆炸的助燃条件	1. 充惰性气体保护生产或储运有爆炸危险品的容器、设备等 2. 密闭有可燃介质的容器、设备 3. 采用隔绝空气等特殊方法储运有燃烧爆炸危险的物质 4. 隔离与酸、碱、氧化剂等接触能够燃烧的可燃物和还原剂
消除引火源	破坏燃烧的激发能源	1. 消除和控制明火源 2. 安装避雷、接地设施，防止雷击、静电 3. 防止撞击火星，控制摩擦生热 4. 防止日光照射和聚光作用 5. 防止和控制高温物
阻止火势蔓延	不使新的燃烧条件形成	1. 在建筑之间留防火间距，设置防火分隔设施 2. 在气体管道上安装阻火器、安全水封 3. 有压力的容器设备，安装防爆膜（片）、安全阀 4. 在能形成爆炸介质的场所设置泄压门窗、轻质屋盖等

二、灭火的基本原理和措施

根据燃烧基本理论，只要破坏已经形成的燃烧条件，就可使燃烧熄灭，最大限度地减少火灾危害。灭火基本原理和措施见表 1－10。

表 1－10 灭火基本原理和措施

措施	原理	措施举例
冷却法	降低燃烧物的温度	1. 用直流水喷射着火物 2. 不间断地向着火物附近的未燃烧物喷水降温等
窒息法	隔绝氧气和助燃物	1. 封闭着火的空间 2. 往着火的空间充灌惰性气体、水蒸气 3. 用湿棉被、湿麻袋等覆盖着火物质 4. 向着火物上喷射二氧化碳、干粉、泡沫、喷雾水等
隔离法	使着火物与火源隔离	1. 将未着火物质搬迁转移到安全处 2. 拆除毗连的可燃建（构）筑物 3. 关闭燃烧气体（液体）的阀门，切断气体（液体）来源 4. 用沙土等堵截流散的燃烧液体 5. 用难燃或不燃物体遮盖受火势威胁的可燃物质等
抑制法	中断燃烧链式反应	直接喷射灭火剂，覆盖火焰，中断燃烧链式反应

【练习题】

一、单选题

1. 室内火灾进入充分发展阶段的主要标志是（　　）。

A. 闪燃　　B. 轰然　　C. 爆燃　　D. 自燃

2. 建筑物内电气柜发生的火灾是属于（　　）火灾。

A. C类　　B. D类　　C. E类　　D. F类

3. 下列选项中，（　　）不属于灭火的基本原理。

A. 冷却　　B. 隔离　　C. 化学抑制　　D. 难燃

4. 一般认为，火灾的衰减阶段是从室内平均温度降至其峰值的（　　）时算起。

A. 80%　　B. 60%　　C. 50%　　D. 25%

5. 下列物质中，火灾分类属于A类火灾的是（　　）。

A. 石蜡　　B. 钾　　C. 沥青　　D. 棉布

6. 关于火灾类别，下列说法错误的是（　　）。

A. D类火灾是物体带电燃烧的火灾

B. A类火灾是固体物质火灾

C. B类火灾是液体火灾或可熔化固体火灾

D. C类火灾是气体火灾

7. 某企业发生一起火灾事故，导致3人死亡、10人轻伤，则该起火灾为（　　）火灾。

A. 一般　　B. 较大　　C. 重大　　D. 特别重大

8. 某市一生产厂房发生金属粉尘燃爆事故，导致29人丧生、49人重伤，则该事故为（　　）事故。

A. 一般　　B. 较大　　C. 重大　　D. 特别重大

9. 汽油闪点低、易挥发、流动性好，存有汽油的储罐受热不会发生（　　）现象。

A. 蒸汽燃烧及爆炸　　B. 容器爆炸

C. 泄漏产生流淌火　　D. 沸溢和喷溅

10. 纸比煤易点燃的原因是（　　）。

A. 纸比煤接触空气面积大　　B. 纸比煤的着火点高

C. 纸比煤的着火点低　　D. 纸比煤的密度小

11. 爆炸极限是评定可燃气体、蒸气或粉尘爆炸危险性大小的主要依据。下列说法正确的是（　　）。

A. 爆炸下限越低，爆炸极限范围越宽，发生爆炸的危险性就越大

B. 爆炸下限越高，爆炸极限范围越宽，发生爆炸的危险性就越大

C. 爆炸下限越低，爆炸极限范围越窄，发生爆炸的危险性就越大

D. 爆炸下限越高，爆炸极限范围越窄，发生爆炸的危险性就越大

12. 生产和储存火灾危险性为甲类的液体，其闪点（　　）。

A. >28℃　　B. <28℃　　C. ≥28℃　　D. ≤28℃

13. 利用破坏助燃条件的原理，密闭有可燃介质的容器、设备等，这样的防火方法称为（　　）法。

A. 控制可燃物　　B. 隔绝空气　　C. 消除引火源　　D. 阻止火势蔓延

14. 利用不使新的燃烧条件形成的原理，在建筑之间留足防火间距、筑防火墙等，这样的防火方法称为（　　）法。

A. 控制可燃物　　B. 隔绝空气　　C. 消除引火源　　D. 阻止火势蔓延

15. 用直流水喷射着火物来降低燃烧物的温度，这样的灭火方法称为（　　）。

A. 冷却法　　B. 窒息法　　C. 隔离法　　D. 抑制法

二、多选题

1. 建筑火灾由最初发生在室内的某个部位蔓延到相邻的区域，甚至整个建筑物，其发展过程大致经历了（　　）等几个阶段。

A. 初期阶段　　B. 增长阶段

C. 轰燃阶段　　D. 充分发展阶段

E. 衰减阶段

2. 建筑火灾蔓延的传热基础就是热量传递，其中热量传递的主要方式有（　　）。

A. 热传导　　B. 热扩散　　C. 热对流　　D. 热辐射

E. 热放射

3. 为防止火势扩大化而造成灾害，需要采取一定的方式进行灭火，其灭火原理主要有（　　）。

A. 冷却灭火　　B. 隔离灭火　　C. 人工灭火　　D. 窒息灭火

E. 化学抑制

课程思政——我国火灾形势及消防科学技术的发展

【教学目的】

通过介绍我国火灾形势及消防科学技术的发展，增强学生对本专业、对消防事业的认同感和专业自豪感，激发学习热情和增强专业责任感。

人类最伟大的发明之一就是火的使用。在学会用火之前，人类的进化历程极其缓慢，大约需要用 200 多万年乃至更长的时间，原始人才从能人进化到直立人，这仅仅完成了一个阶段的进化。而在 45 万年左右，人类把火带回山洞之后，掌握了用火的技术之后，很快就结束了直立人阶段，然后又相继完成了智人向新人的跃进，进化成为解剖学意义上的当代人。

可人们在利用火的同时也给生命安全和经济发展带来隐患，特别是当前随着科学技术的不断发展，电气化产品的增加让居民生活环境中的火灾隐患大幅增加。

特别是我国人口基数大、各种建筑物较为密集，火灾安全隐患的存在，威胁着人们的生命财产安全，需要采取可靠的消防科学技术进行处理，为我国和谐社会发展注入活力。

一、我国火灾事故发展状况

1. 我国火灾发展形势

在中华人民共和国成立初期，工业化水平和城市化水平相对较低，火灾发生的概率以及造成的经济损失也比较小。据统计，在 20 世纪 50 年代，我国因火灾造成的经济损失大约 0.6 亿元。自改革开放以来，我国现代化工业水平发展速度逐年加快，由于火灾造成的经济损失数额也在逐年递增，尤其是到了 20 世纪 90 年代，由于火灾造成的经济损失高达 10.7 亿元，且因为火灾的发生导致的死亡人数也在年年递增。

2. 火灾带来的不利影响逐年增加

随着科学技术的不断进步，我国消防措施和消防力量也在逐步发展，这也使得火灾造成的损失得到一定的控制。但整体依然呈现出上升的趋势，且火灾造成的经济损失年年增加，从 20 世纪 90 年代开始，我国国内生产总值增长速度飞快，城市化进程的速度也在不断加快，火灾形势也更为严峻。由于火灾安全事故的增长，造成的我国经济损失也呈倍数递增。

3. 重型火灾年年递减

由于科学技术的不断发展，在防止火灾发生方面研究了许多新能源和新材料，这也使得我国由于火灾造成的损失有所减缓。在 1993 年和 1994 年期间，我国发生特大火灾灾害都超过了 150 起，造成经济损失超过 5 亿元。随着我国对消防事业更加重视，国家投入了大量的精力和研究，在 1995 年以后，我国特大火灾的发生次数明显降低，火灾形势也得到良好控制，从 2001 年至今，我国特大火灾的年发生频率大约是四起。

4. 引发火灾的原因

随着社会的快速发展，科学技术的不断进步，电气化产品也逐渐深入到人们的日常生活中，当居民在使用各项电器操作不当，极易造成火灾事故的发生，所以需要强化居民安全用电的责任意识。对于城市居民建筑消防设施来讲，其设施更加健全更能应对突发性火灾事件；而对于公共火灾来讲，极易存在检查不合格、操作不当、线路老化等问题引发的公共火灾；而在森林火灾方面，由于我国部分地区的气候干燥、降水量少，这部分地区容易出现森林火灾的重大安全事故，尤其是在风力的吹动下，其火灾蔓延十分迅速。森林火灾的蔓延速度快、传播范围广是其重要特点，森林火灾防控也是我国最重视的火灾防控工作之一。

二、我国消防科学技术发展历程

1. 初步发展阶段

我国消防科学技术的发展历程大致可以概括为初步发展阶段和消防科学技术迅速发展及完善阶段。初步发展阶段是指中华人民共和国成立初期到 20 世纪 70 年代，我国消防科学技术经历了从无到有的重大转变。1956 年 1 月，我国公安部消防局成立，紧接着成立了消防科学研究室，为消防工作的正规化发展奠定了良好的基础。

1962 年，制定了中华人民共和国成立后的第一个消防科学技术发展规划，即《1963—1972 年消防科学技术发展十年规划》。1965 年后，上海、四川、天津、沈阳等地先后成立了消防科学研究所。从 1956—1966 年，我国消防科学技术经历从无到有的历史性转变，进入初步发展阶段。1966 年一些科研人员先后开展了消防安全领域急需的研究项目，如火灾报警器、烟雾灭火技术、泡沫灭火、建筑防火涂料、建筑构件耐火性能、离子感烟火灾探测器等。

2. 迅速发展阶段

20 世纪 70 年代中期，随着“文化大革命”的结束，陆续恢复了公安消防局科研工作，并将上海、四川、天津、沈阳等地的消防科学研究所划分为直属公安部门管辖的科研机构。1979 年公安部针对消防科技工作第一次召开全国消防科技工作会议，会上提出了消防科研所的任务分工及研究方向，这次会议是我国消防科技工作的重要转折，使消防科研工作逐渐步入正轨，并开始系统的消防科研工作。1984 年我国成立了中国消防协会，1985 年成立了中国人民武装警察部队学院消防指挥系和消防工程系。

在“七五”期间我国消防科研机构先后研发了感烟、感温、红外、紫外各类火灾探测器，火灾自动报警器，联动配套灭火装置，可进行推广阻燃剂。这期间，组建了全国消防标准化委员会等监督机构，制定了多项消防标准和工程设计防火规范。1990 年公安部召开了第二次全国消防科技工作会议。20 世纪 90 年代我国消防安全领域逐步掌握了高层建筑火灾智能探测技术、循环启闭自动灭火系统、新型建筑构件、移动式灭火装备系统等一系列具有国际水平的消防科学技术。同时，我国的消防科研队伍也在不断地发展和壮大，许多院校纷纷加入到消防科研工作的开展之中，建立火灾科学及消防工程学实验室，积极进行国际交流与合作，为消防科学技术的发展贡献力量。

三、我国消防科技发展情况研究

1. 消防基础设施发展状况

（1）消防机构的发展。在研究消防技术和消防产品方面，中国科学技术大学火灾科学国家重点实验室是重要研究场所。该实验室重点进行了火灾技术、火灾隐患、火灾模拟仿真等方面的分析与研究，并获得了许多有价值的成果，我国其他相关部门也成立了对应的防火科研实验室，比如北京理工大学的阻尼材料研究重点学科专业实验室、林业局成立的森林消防研究所、交通部门成立的远东防火实验室等。

（2）消防研究所的发展。自 1965 年以来，我国许多城市都先后成立了消防研究所。比如上海、四川、天津、沈阳等。上海消防研究所的主要研究方向是消防设备、灭火器具、防护技术以及火灾理论等方面的内容；四川消防研究所主要研究防火材料、建筑防火等方面的内容；天津消防研究所重点研究灭火系统、灭火理论、火灾分析与鉴定等方面的内容；沈阳研究所重点研究火灾报警、火灾预防、电子应用等方面的内容。

2. 消防科学技术成果

（1）防火技术的成果。在防火技术研究方面，我国科研机构主要对火场排烟技术、建筑耐火性、烟气毒性等进行了深入的分析和研究。另外，再利用小白鼠来做实验测试，并在该基础上利用火灾毒气的毒性等级来进行分层试验，从而得到良好的防火技术成果。而在防火阻燃技术层面，利用科学技术研发的 SF 无机防火涂料、SWB 防火涂料、复合剂阻燃材料等进行研究和开发，希望这些防火技术的应用能够得出有规律的火灾蔓延形势。

（2）火灾预警和灭火技术。我国相关消防研究所和科研机构对感烟感温探测、火灾报警吸气式探测、灵敏火灾探测等进行了仔细的研究和分析，从而开发了油罐火灾的监测报警方式。而针对灭火技术来讲，我国相关机构对灭火的原理、灭火的有效性和可靠性等方面进行仔细研究后发现，利用灭火原理、灭火效果和自动喷水灭火系统、消防机器人、高层建筑报警系统、中低压消防泵等结合能够达到良好的灭火效果，以上技术都能够对楼层火灾进行一定时间的预防与控制。

（3）火灾防治分析研究。从 2002 年以来，我国消防部门结合各大高校都对火灾的预防和防治工作进行了探讨研究，研究内容主要包括火灾早期预防、火灾风险预估、高阻燃技术等方面，进而针对防止火灾蔓延材料和相关火灾预防设备等的研发做出了研究与分析，并获得了显著成效。这对我国防火技术的发展有一定的促进作用，也对保障人民生命财产安全、社会市场经济的快速进步有推动作用。

(4) 模化技术与安全研究分析。在我国防火研究领域，对性能消防设计的研究成为新的发展方向。消防科研机构根据火灾的燃烧原理和燃烧性质以及发生火灾的建筑主体材料进行模拟分析，从而建立了多维的建筑火灾蔓延模型，根据研究过程模型、人员逃生模拟图等诸多的模型研究得出较好的火灾预防和控制成果。针对烟气流动方面的研究工作也可利用炭黑生成、热辐射模型等进行优化设计。

四、未来中国消防科学技术的发展分析

(1) 优化消防设备及器材性能，实现现代化建设目标。在当前消防科学技术的基础上，未来我国消防科学技术发展中将会注重消防设备、器材性能的优化研究，促使具有节能环保型、智能型等功能的设备器材能够广泛地应用于消防领域中。像功能强大的机器人、智能头盔、高效的灭火救援技术等，都将成为消防科学技术的重要发展方向。

(2) 应对特大火灾的消防科学技术。结合现代城市的发展需要，需要在消防科学技术未来发展中注重充分地考虑特大火灾的应对效果。因此，需要加强火灾动力学及风险理论运用，对其中可能存在的重大危险源进行分析，制造出性能可靠的消防设备。同时，需要注重消防供水、消防设施等方面的整体规划，提升现代城市整体的火灾防控水平。

(3) 积极探索火灾动力学规律，开展抗火设计技术研究。结合信息技术、火灾理论及计算机网络的优势，需要建立专业的火灾统计数据库，促使其使用中能够具有预测火灾发生的功能，从而为建筑物中人员疏散计划的有效制定与实施提供参考依据。同时，应从抗火设计方法、基于火灾事故发生时的升温模型等方面入手，开展抗火设计技术研究工作，促使消防科学技术实践应用中能够达到预期效果。因此，未来中国消防科学技术发展中应给予火灾动力学规律、抗火设计技术更多的关注，实现对火灾事故的有效预防。

五、结束语

我国消防科学技术起步较晚，从无到有，从停顿发展到恢复科研，从满足国家需求到具备国际水准，从实验科研到理论模型和计算机模拟科研，从单项科研到多学科、多领域的交叉研究，从国内合作科研到国际合作科研等发展阶段，逐步改变了我国消防科学技术薄弱、消防科技产品落后、消防装备依赖进口等发展状态，取得了大量的消防科研成果，缩小了与国际先进消防科学技术之间的距离，增强了社会防控火灾的能力。

在经济全球化的形势下，我国的消防科学技术面临着新的挑战，在同学们为作为安全专业的学生将来要从事保护人类免受事故灾难而激情满怀、为消防事业的未来发展愿景感到催人奋进的同时，是否感到生逢盛世，肩负重任？希望同学们不仅要努力学习，掌握专业知识和技术，锻炼服务社会的本领，也要在继承中发展，在发展中创新，在建设中国式现代化的战线上，为祖国安全事业贡献自己的才智和力量！

第二章

建设项目生产和储存物品的火灾危险性判定

【学习目标】

1. 了解评定物质火灾危险性的主要指标。

2. 了解生产、储存各类别物品的火灾危险性特征。

3. 熟悉生产和储存的火灾危险性分类方法，并能对生产和储存的物质进行火灾危险性分类。

第一节　评定物质火灾危险性的主要指标

物质相态不同，相应的理化指标也不同，因此，固体、液体、气体三者的火灾危险性指标是不同的。

一、评定气体火灾危险性的主要指标

点燃在空气中的气体，气体可能会引爆，也可能会很快停止。至于是哪种情况，是由气体在空气中的浓度来决定的。当气体浓度太低时，没有足够燃料来维持爆炸；当气体浓度太高时，没有足够氧气燃烧。气体只有在两个浓度之间才可能引爆，这两个浓度称为爆炸下限（LEL）、爆炸上限（UEL），惯以百分比表示。它们是气体的爆炸极限（又称爆炸界限）。

可燃性混合物的爆炸极限有爆炸（着火）下限和爆炸（着火）上限之分：分别称为爆炸下限和爆炸上限。爆炸上限指的是可燃性混合物能够发生爆炸的高浓度。在高于爆炸上限时，空气不足，导致火焰不能蔓延不会爆炸，但能燃烧。爆炸下限指的是可燃性混合物能够发生爆炸的低浓度。由于可燃物浓度不够，过量空气的冷却作用阻止了火焰的蔓延，因此在低于爆炸下限时不爆炸也不着火。

自燃点和爆炸极限是评定气体火灾危险性的主要指标。可燃气体的爆炸浓度极限范围越大，爆炸下限越低，越容易与空气或其他助燃气体形成爆炸性气体混合物，其火灾爆炸危险性越大。可燃气体的自燃点越低，遇有高温表面等热源引燃的可能性越大，火灾爆炸的危险性越大。

了解各种可燃气体、蒸气或粉尘的爆炸极限，对于做好防火、防爆工作具有重要的意义。可燃物质危险性的大小，主要取决于爆炸极限幅度的宽窄。幅度越宽，其危险性就越大。例如：乙炔的爆炸极限是2.3%～72.3%；乙烷的爆炸极限是3%～16%。两

者相比，乙炔的危险性比乙烷大 8.4 倍。因此，在生产和使用这类物质时，就要特别注意防止“跑、冒、滴、漏”，注意设备的密闭性，严防空气进入，同时还要注意安全操作。在日常生活和化工生产中，为了降低爆炸浓度极限，可以加入惰性气体或其他不易燃的气体来降低浓度或者在排放气体前，或者以涤气器、吸附法来清除可爆的气体。

常见可燃气体爆炸极限见表 2-1。

表 2-1　　常见可燃气体爆炸极限

物质名称	在空气中的爆炸极限（体积分数）/%		物质名称	在空气中的爆炸极限（体积分数）/%	
	爆炸下限（LEL）	爆炸上限（UEL）		爆炸下限（LEL）	爆炸上限（UEL）
甲烷	5	15	氢气	4.1	74.8
乙烷	3	16	乙烯	2.7	36
丙烷	2.1	9.5	汽油	1.4	7.6
甲醇	6	36.5	乙炔	2.3	72.3
乙醇	3.3	19.0	硫化氢	4.3	45.5

二、评定液体火灾危险性的主要指标

闪点是评定液体火灾危险性的主要指标。评定可燃液体火灾危险性最直接的指标是蒸气压，蒸气压越高，越易挥发，闪点也越低，由于蒸气压很难测量，所以世界各国都是根据液体的闪点来确定其危险性。闪点越低的液体，越易挥发而形成爆炸性气体混合物，引燃也越容易。

三、评定固体火灾危险性的主要指标

对于大部分可燃固体来说，熔点和燃点是评定其火灾危险性的主要指标参数。熔点低的固体易蒸发或气化，燃点也较低，燃烧速度也较快。许多低熔点的易燃固体还会有闪燃现象。固体物料由于组成和性质存在的差异较大，各有其不同的燃烧特点，复杂的燃烧现象，增加了评定火灾危险性的难度，评定的标志不一。例如，具有自燃性的固体是以其自燃点作为标志；而粉状可燃固体以爆炸浓度下限作为标志；遇水燃烧固体则以与水反应速度快慢和放热量的大小为标志；受热分解可燃固体是以其分解温度作为评定标志。固体、液体、气体火灾危险性指标见表 2-2。

表 2-2　　固体、液体、气体火灾危险性指标

物料状态	评定指标	火灾危险性	其余影响因素
气体	爆炸极限	范围越大、下限越低	比重和扩散性、化学性质活泼与否、带电性和受热膨胀性等
	自燃点	越低	
液体	闪点	越低（蒸气压越高）	爆炸温度极限、受热蒸发性、流动扩散性和带电性
	自燃点	越低	
固体	熔点	越低	反应危险性、燃烧危险性、毒害性、腐蚀性和放射性
	燃点	越低	
	评定粉状可燃固体是以爆炸浓度下限作为标志的，评定遇水燃烧固体是以与水反应速度快慢和放热量的大小为标志，评定自燃性固体物料是以其自燃点作为标志，评定受热分解可燃固体是以其分解温度作为评定标志		

第二节 生产和储存场所的火灾危险性分类方法

目前，国际上对生产厂房和储存物品仓库的火灾危险性尚无统一的分类方法。国内主要依据现行国家标准《建筑设计防火规范》(GB 50016—2014)，把生产和储存的火灾危险性分为5类，生产场所的火灾危险性分类见表2-3，储存场所的火灾危险性分类见表2-4。

表2-3 生产场所的火灾危险性分类

生产的火灾危险性类别	使用或产生下列物质生产的火灾危险性特征	火灾危险性举例
甲	1. 闪点<28℃的液体	1. 闪点<28℃的油品和有机溶剂的提炼、回收或洗涤部位及其泵房，橡胶制品的涂胶和胶浆部位，二硫化碳的粗馏、精馏工段及其应用部位，青霉素提炼部位，原料药厂的非纳西汀车间的烃化、回收及电感精馏部位，皂素车间的抽提、结晶及过滤部位，冰片精制部位，农药厂乐果厂房、敌敌畏的合成厂房，磺化法糖精厂房、氯乙醇厂房，环氧乙烷、环氧丙烷工段，苯酚厂房的磺化、蒸馏部位，焦化厂吡啶工段，胶片厂片基厂房，汽油加铅室，甲醇、乙醇、丙酮、丁酮异丙醇、醋酸乙酯、苯等的合成或精制厂房，集成电路工厂的化学清洗间（使用闪点<28℃的液体），植物油加工厂的浸出车间；白酒液态酿酒车间、酒精蒸馏塔，酒精度为38度及以上的勾兑车间、灌装车间、酒泵房；白兰地蒸馏车间、勾兑车间、灌装车间、酒泵房
	2. 爆炸下限<10%的气体	2. 乙炔站，氢气站，石油气体分馏（或分离）厂房，氯乙烯厂房，乙烯聚合厂房，天然气、石油伴生气、矿井气、水煤气或焦炉煤气的净化（如脱硫）厂房压缩机室及鼓风机室，液化石油气罐瓶间，丁二烯及其聚合厂房，醋酸乙烯厂房，电解水或电解食盐厂房，环己酮厂房，乙基苯和苯乙烯厂房，化肥厂的氢氮气压缩厂房，半导体材料厂使用氢气的拉晶间，硅烷热分解室
	3. 常温下能自行分解或在空气中氧化能导致迅速自燃或爆炸的物质	3. 硝化棉厂房及其应用部位，赛璐珞厂房，黄磷制备厂房及其应用部位，三乙基铝厂房，染化厂某些能自行分解的重氮化合物生产部位，甲胺厂房，丙烯腈厂房
	4. 常温下受到水或空气中水蒸气的作用，能产生可燃气体并引起燃烧或爆炸的物质	4. 金属钠、钾加工厂房及其应用部位，聚乙烯厂房的一氯二乙基铝部位，三氯化磷厂房，多晶硅车间三氯氢硅部位，五氧化磷厂房
	5. 遇酸、受热、撞击、摩擦、催化，以及遇有机物或硫黄等易燃的无机物，极易引起燃烧或爆炸的强氧化剂	5. 氯酸钠、氯酸钾厂房及其应用部位，过氧化氢厂房，过氧化钠、过氧化钾厂房，次氯酸钙厂房
	6. 受撞击、摩擦或与氧化剂、有机物接触时能引起燃烧或爆炸的物质	6. 赤磷制备厂房及其应用部位，五硫化二磷厂房及其应用部位
	7. 在密闭设备内操作温度不小于物质本身自燃点的生产	7. 洗涤剂厂房石蜡裂解部位，冰醋酸裂解厂房

续表

生产的火灾危险性类别	使用或产生下列物质生产的火灾危险性特征	火灾危险性举例
乙	1. 28℃≤闪点＜60℃的液体	1. 28℃≤闪点＜60℃的油品和有机溶剂的提炼、回收、洗涤部位及其泵房，松节油或松香蒸馏厂房及其应用部位，醋酸酐精馏厂房，己内酰胺厂房，甲酚厂房，氯丙醇厂房，樟脑油提取部位，环氧氯丙烷厂房，松针油精制部位，煤油罐桶间
	2. 爆炸下限≥10%的气体	2. 一氧化碳压缩机室及净化部位，发生炉煤气或鼓风炉煤气净化部位，氨压缩机房
	3. 不属于甲类的氧化剂	3. 发烟硫酸或发烟硝酸浓缩部位，高锰酸钾厂房，重铬酸钠（红钒钠）厂房
	4. 不属于甲类的易燃固体	4. 樟脑或松香提炼厂房，硫黄回收厂房，焦化厂精萘厂房
	5. 助燃气体	5. 氧气站、空分厂房
	6. 能与空气形成爆炸性混合物的浮游状粉尘、纤维，闪点≥60℃的液体雾滴	6. 铝粉或镁粉厂房，金属制品抛光部位，煤粉厂房、面粉厂的碾磨部位，活性炭制造及再生厂房，谷物筒仓工作塔，亚麻厂的除尘器和过滤器室
丙	1. 闪点≥60℃的液体	1. 闪点≥60℃的油品和有机液体的提炼、回收工段及其抽送泵房，香料厂的松油醇部位和乙酸松油脂部位，苯甲酸厂房，苯乙酮厂房，焦化厂焦油厂房，甘油、桐油的制备厂房，油浸变压器室，机器油或变压油罐桶间，柴油罐桶间，润滑油再生部位，配电室（每台装油量＞60kg 的设备），沥青加工厂房，植物油加工厂的精炼部位
	2. 可燃固体	2. 煤、焦炭、油母页岩的筛分、转运工段和栈桥或储仓，木工厂房，竹、藤加工厂房，橡胶制品的压延、成型和硫化厂房，针织品厂房，纺织、印染、化纤生产的干燥部位，服装加工厂房，棉花加工和打包厂房，造纸厂备料、干燥厂房，印染厂成品厂房，麻纺厂粗加工厂房，谷物加工房，卷烟厂的切丝、卷制、包装厂房，印刷厂的印刷厂房，毛涤厂选毛厂房，电视机、收音机装配厂房，显像管厂装配工段烧枪间，磁带装配厂房，集成电路工厂的氧化扩散间、光刻间，泡沫塑料厂的发泡、成型、印片压花部位，饲料加工厂房，畜（禽）屠宰、分割及加工车间、鱼加工车间
丁	1. 对不燃烧物质进行加工，并在高温和熔化状态下经常产生强辐射热、火花或火焰的生产	1. 金属冶炼、锻造、铆焊、热轧、铸造、热处理厂房
	2. 利用气体、液体、固体作为燃料或将气体、液体进行燃烧作其他的各种生产	2. 锅炉房，玻璃原料熔化厂房，灯丝烧拉部位，保温瓶胆厂房，陶瓷制品的烘干、烧成厂房，蒸汽机车库，石灰焙烧厂房，电石炉部位，耐火材料烧成部位，转炉厂房，硫酸车间焙烧部位，电极煅烧工段配电室（每台装油量≤60kg 的设备）
	3. 常温下使用或加工难燃烧物质的生产	3. 难燃铝塑材料的加工厂房，酚醛泡沫塑料的加工厂房，印染厂的漂炼部位，化纤厂后加工润湿部位

续表

生产的火灾危险性类别	使用或产生下列物质生产的火灾危险性特征	火灾危险性举例
戊	常温下使用或加工不燃烧物质的生产	制砖车间，石棉加工车间，卷扬机室，不燃液体的泵房和阀门室，不燃液体的净化处理工段，金属（镁合金除外）冷加工车间，电动车库，钙镁磷肥车间（焙烧炉除外），造纸厂或化学纤维厂的浆粕蒸煮工段，仪表、器械或车辆装配车间，氟利昂厂房，水泥厂的轮窑厂房，加气混凝土厂的材料准备、构件制作厂房

表 2-4　储存场所的火灾危险性分类

类别	火灾危险性特征	举例
甲	1. 闪点<28℃的液体	1. 己烷，戊烷，石脑油，环戊烷，二硫化碳，苯，甲苯，甲醇，乙醇，乙醚，甲酸甲酯，醋酸甲酯，硝酸乙酯，汽油，丙酮，丙烯，乙醚，60度以上的白酒
	2. 爆炸下限<10%的气体，受到水或空气中水蒸气的作用能产生爆炸下限<10%气体的固体物质	2. 乙炔，氢，甲烷，乙烯，丙烯，丁二烯，环氧乙烷，水煤气，硫化氢，氯乙烯，液化石油气，电石，碳化铝
	3. 常温下能自行分解或在空气中氧化能导致迅速自燃或爆炸的物质	3. 硝化棉，消化纤维胶片，喷漆棉，火胶棉，赛璐珞棉，黄磷
	4. 常温下受到水或空气中水蒸气的作用能产生可燃气体并引起燃烧或爆炸的物质	4. 金属钾、钠、锂、钙、锶，氢化锂，四氢化锂铝，氢化钠
	5. 遇酸、受热、撞击、摩擦以及遇有机物或硫黄等易燃的无机物，极易引起燃烧或爆炸的强氧化剂	5. 氯酸钾，氯酸钠，过氧化钾，过氧化钠，硝酸铵
	6. 受撞击、摩擦或与氧化剂、有机物接触时能引起燃烧或爆炸的物质	6. 赤磷，五硫化磷，三硫化磷
乙	1. 28℃≤闪点<60℃的液体	1. 煤油，松节油，丁烯醇，异戊醇，丁醚，醋酸丁酯，硝酸戊酯，乙酰丙酮，环己胺，溶剂油，冰醋酸，樟脑油，甲酸
	2. 爆炸下限≥10%的气体	2. 氨气，液氯
	3. 不属于甲类的氧化剂	3. 硝酸铜，铬酸，亚硝酸钾，重铬酸钠，铬酸钾，硝酸，硝酸汞，硝酸钴，发烟硫酸，漂白粉
	4. 不属于甲类的易燃固体	4. 硫黄，镁粉，铝粉，赛璐珞板（片），樟脑，萘，生松香，硝化纤维漆布，硝化纤维色片
	5. 助燃气体	5. 氧气，氟气
	6. 常温下与空气接触能缓慢氧化，积热不散引起自燃的物品	6. 漆布及其制品，油布及其制品，油纸及其制品，油绸及其制品

续表

类别	火灾危险性特征	举例
丙	1. 闪点≥60℃的液体	1. 动物油，植物油，沥青，蜡，润滑油，机油，重油，闪点≥60℃的柴油，糖醛，白兰地成品库的白酒
	2. 可燃固体	2. 化学、人造纤维及其织物，纸张，棉、毛、丝、麻及其织物，谷物，面粉，天然橡胶及其制品，竹、木及其制品，中药材，电视机、收录机等电子产品，计算机房已录数据的磁盘储存间，冷库中的鱼、肉间
丁	难燃烧物品	自熄性塑料及其制品，酚醛泡沫塑料及其制品，水泥刨花板
戊	不燃烧物品	钢材，铝材，玻璃及其制品，搪瓷制品，陶瓷制品，不燃气体，玻璃棉，岩棉，陶瓷棉，硅酸铝纤维，矿棉，石膏及其无纸制品，水泥，石，膨胀珍珠岩

依据上述生产和储存场所的火灾危险性分类标准，选择学校或市区范围内生产或储存场所，尝试对其进行火灾危险性分类，进行分类时，需要注意以下事宜。

一、生产场所火灾危险性类别检查

（1）同一座厂房或厂房的任一防火分区内有不同火灾危险性生产时，厂房或防火分区内的生产火灾危险性类别按火灾危险性较大的部分确定；当生产过程中使用或产生易燃、可燃物的量较少，不足以构成爆炸或火灾危险时，按实际情况确定。例如，机械修配厂或修理车间，虽然使用少量的汽油等甲类溶剂清洗零件，但是因为其数量少，当气体全部逸出或可燃液体全部气化也不会在同一时间内使厂房内任何部位的混合气体处于爆炸极限范围内。所以，该厂房的火灾危险性仍能够按戊类考虑。

（2）火灾危险性较大的生产部分占本层或本防火分区面积的比例小于5%或丁、戊类厂房内的油漆工段小于10%，且发生火灾事故时不足以蔓延至其他部位或火灾危险性较大的生产部分采取了有效的防火措施时，按火灾危险性较小的部分确定。

（3）丁、戊类厂房内的油漆工段，当采用封闭喷漆工艺，封闭喷漆空间内保持负压、油漆工段设置可燃气体探测报警系统或自动抑爆系统，且油漆工段占其所在防火分区面积的比例不大于20%时，按火灾危险性较小的部分确定。例如，在一座汽车总装厂房中，喷漆工段占总装厂房的面积比例不足20%，并将喷漆工段采用防火分隔和自动灭火设施保护时，厂房的生产火灾危险性类别仍可按戊类划分。

二、仓库等储存场所火灾危险性类别检查

（1）同一座仓库或仓库的任一防火分区内储存不同火灾危险性物品时，仓库或防火分区的火灾危险性按火灾危险性最大的物品确定。例如，同一座仓库存放有甲、乙、丙三类物品，仓库就需要按甲类储存物品仓库划分。

（2）丁、戊类物品本身虽属难燃烧或不燃烧物质，但有很多物品的包装是可燃的木箱、纸盒、泡沫塑料等。因此，这两类仓库，除考虑物品本身的燃烧性能外，还要考虑可燃包装的数量，在防火要求上应较丁、戊类仓库严格。当可燃包装重量大于物品本身重量的1/4或可燃包装（如泡沫塑料等）体积大于物品本身体积的1/2时，按丙类确定仓库的火灾危险性。

【练习题】

一、单选题

1. 某百货仓库存有陶瓷器具、玻璃制品、塑料玩具、自行车，该仓库火灾危险性类别应该确定为（　　）。

A. 甲类　　B. 乙类　　C. 丙类　　D. 丁类

2. 储存物品为戊类的是（　　）。

A. 乙炔　　B. 煤油　　C. 玻璃棉　　D. 甲苯

3. 若某生产企业的一座镁粉厂内存有汽油、煤油和柴油，且汽油、煤油和柴油所占本层面积分别达到5%、6%和7%，则该厂房的火灾危险性依据（　　）来确定。

A. 镁粉　　B. 汽油　　C. 煤油　　D. 柴油

4. 若丁、戊类厂房内的油气工段，当采用封闭喷漆工艺，封闭喷漆空间内保持负压，油气工段设置可燃气体探测报警系统或自动抑爆系统，且油气工段占其所在防火分区面积的比例不大于（　　）时，其火灾危险性可按火灾危险性较小的部分确定。

A. 5%　　B. 10%　　C. 20%　　D. 30%

5. 某面粉加工厂的面粉碾磨车间为3层钢筋混凝土结构建筑，建筑高度为25m，建筑面积为3600m^2。根据生产的火灾危险性分类标准，该面粉碾磨车间的火灾危险性类别应确定为（　　）。

A. 甲类　　B. 乙类　　C. 丙类　　D. 丁类

6. 某仓库储存有相同规格的搪瓷工艺品，用泡沫与木箱包装，包装后每件物品重量为7.3kg，泡沫和木箱的重量为2.1kg，在不考虑体积的情况下，该仓库的火灾危险性为（　　）。

A. 丙类　　B. 丁类　　C. 戊类　　D. 乙类

7. 某玻璃灯具仓库，先采用纸箱包装将酚醛泡沫塑料分成100份后再采用木箱整体包装，纸箱重量共为5kg，木箱重量为5kg，总重量为50kg，该仓库火灾危险性分类属于（　　）。

A. 甲类　　B. 乙类　　C. 丙类　　D. 丁类

8. 下列储存的油类物品中，火灾危险性与其他选项不同的是（　　）。

A. 松节油　　B. 润滑油　　C. 溶剂油　　D. 樟脑油

9. 下列物质在储存时，火灾危险性均属于乙类的是（　　）。

A. 溶剂油、樟脑油、松节油、煤油

B. 硝化纤维胶片、硝化纤维漆布、硝化纤维色片、赛璐珞板

C. 润滑油、机油、柴油、煤油

D. 电石、漂白粉、硫黄、氧气

10. 白兰地成品库的火灾危险性属于（　　）。

A. 甲类　　B. 乙类　　C. 丙类　　D. 丁类

11. 某单层木器加工厂房，建筑面积为200m^2。该厂房内油漆工段建筑面积为

$180m^2$，与厂房其他区域进行了防火分隔，油漆工段使用的有机溶剂的闪点为 23℃。该厂房的火灾危险性分类为（　　）。

A. 甲类　　B. 乙类　　C. 丙类　　D. 丁类

12. 某植物油加工厂房，建筑面积为 $6000m^2$，在该厂房内同时设有一个浸出车间，浸出车间建筑面积为 $300m^2$，根据《建筑设计防火规范》（GB 50016—2014）规定，该植物油加工厂房火灾危险性分类为（　　）。

A. 甲类　　B. 乙类　　C. 丙类　　D. 丁类

二、多选题

1. 根据《建筑设计防火规范》（GB 50016—2014）规定，下列生产物质的火灾危险性分类与氯丙醇厂房的火灾危险性不同的是（　　）。

A. 甲酚　　B. 漂白粉

C. 苯甲酸　　D. 环氧氯丙烷

E. 苯乙酮

2. 根据《建筑设计防火规范》（GB 50016—2014）规定，下列储存物质的火灾危险性分类属于与硅酸铝纤维火灾危险性不同的是（　　）。

A. 玻璃棉　　B. 水泥刨花板

C. 膨胀珍珠岩　　D. 自熄性塑料

E. 酚醛泡沫塑料

3. 根据《建筑设计防火规范》（GB 50016—2014）规定，下列物品中，储存与生产火灾危险性类别不同的有（　　）。

A. 漂白粉　　B. 竹藤家具

C. 松节油　　D. 赛璐珞板

E. 谷物面粉

第三章

建筑分类

【学习目标】

1. 了解建筑分类的标准。
2. 掌握建筑高度及建筑层数的计算方法。
3. 掌握民用建筑的分类。

第一节 建筑分类方法

根据消防救援局数据显示：2014—2019 年我国火灾发生数量不断减少，2020 年则有所增加，2020 年中国火灾数量为 25.2 万起，较 2019 年增加了 1.9 万起；火灾造成直接财产损失为 40.09 亿元，较 2019 年增加了 3.97 亿元。2021 年全国消防救援队伍共接报火灾 74.8 万起，死亡 1987 人，受伤 2225 人，直接财产损失 67.5 亿元，与 2020 年相比，起数和伤人数、直接财产损失分别上升 9.7%、24.1%和 28.4%，亡人数下降 4.8%。而其中建筑火灾是防范的重点。中国较大火灾主要发生在住宅场所，2020 年住宅共发生较大火灾 38 起，生产企业共发生较大火灾 10 起，商业场所共发生较大火灾 6 起，仓储场所及建筑工地分别发生较大火灾 3 起、2 起。2020 年住宅火灾造成死亡人员占全国总数的 77.5%。2021 年，高层建筑火灾不断上升，人员密集场所亡人概率相对较高。全年共接报高层建筑火灾 4057 起、死亡 168 人，死亡人数比上年增加了 22.6%，且主要集中于居住场所，其中，发生高层住宅火灾 3438 起、死亡 155 人，分别占高层建筑火灾的 84.7%和 92.3%。学校、医院、商场市场、宾馆饭店、文化娱乐、交通枢纽、大型综合体等人员密集场所火灾伤亡相对集中，全年共发生火灾 3.2 万起，死亡 179 人，受伤 422 人，起数只占总数的 4.3%，但死亡人数、受伤人数分别占 9%和 19%。了解和掌握建筑常识及相关建筑防火、灭火内容，是做好建筑消防安全工作的前提。

建筑分类是确定消防安全要求的基础，主要依据建筑的使用功能、火灾危险性、疏散和扑救的难度进行分类，不同类别的建筑要分别采取不同的防火措施，既能达到保障建筑的功能性要求，又能确保消防安全和节约投资。而建筑耐火等级的选择和确定，又是建筑防火技术措施中最基本的措施之一，与建筑的使用功能和性质、火灾的危险性大小、建筑设计层数等联系密切，必须与建筑分类相适应。建筑使用和管理单位在建筑防火检查中，首先要对建筑分类的正确性和耐火等级的合理性进行检查，以便为下一步总平面布局与平面布置、防火防烟分区、安全疏散、灭火设施等方面的检查提供相应的判定依据。

一、建筑分类方法

建筑分类的方式有许多种，可按照使用性质和建筑结构两种方式进行分类。

（1）按照建筑结构分类，可分为木结构、砖木结构、砖混结构、钢筋混凝土结构、钢结构、钢混结构、其他结构。

（2）按照使用性质分类，可分为民用建筑、工业建筑和农业建筑。

1）民用建筑：供人们居住和进行公共活动的建筑的总称。

2）工业建筑：以工业性生产为主要使用功能的建筑。如生产车间、辅助车间、动力用房、仓储建筑等。

3）农业建筑：以农业性生产为主要使用功能的建筑。如温室、畜禽饲养场、粮食与饲料加工站、农机修理站等。

（3）按照建筑高度分类：单、多层建筑和高层建筑。按我国《建筑设计防火规范》（GB 50016—2014）中规定，建筑高度超过 100m 时，不论住宅或公共建筑均为超高层建筑。

二、民用建筑

1. 民用建筑分类

民用建筑按使用功能分为居住建筑和公共建筑两大类。

（1）居住建筑：供人们居住使用的建筑。居住建筑可分为住宅建筑和宿舍建筑。

（2）公共建筑：供人们进行各种公共活动的建筑。

1）教育建筑：如托儿所、幼儿园、学校等。

2）办公建筑：如机关、企业单位的办公楼等。

3）科研建筑：如研究所、实验室等。

4）商业建筑：如商店、商场、菜市场、餐馆、食堂、旅店等。

5）金融建筑：如银行、证券交易所、保险公司等。

6）文娱建筑：如电影院、剧院、音乐厅、影城、会展中心、展览馆、博物馆等。

7）医疗建筑：如医院、诊所、疗养院等。

8）体育建筑：如体育馆、体育场、健身房等。

9）交通建筑：如航空港、火车站、汽车站、地铁站、水路客运站等。

10）民政建筑：如养老院、福利院、殡仪馆等。

11）司法建筑：如检察院、法院、公安局、监狱等。

12）宗教建筑：如寺院、教堂等。

13）通信建筑：如电信楼、广播电视台、邮电局等。

14）园林建筑：如公园、动物园、植物园、亭台楼榭等。

15）纪念性建筑：如纪念堂、纪念碑、陵园等。

根据建筑防火设计规范：民用建筑包括单、多层和高层的住宅建筑和公共建筑，其中，高层民用建筑的类别分为一类和二类。防火检查中，主要通过对建筑物的高度、层数、火灾危险性、使用性质等进行检查，核实建筑分类（工业建筑含火灾危险性分类）是否符合现行国家工程建设消防技术标准的要求。民用建筑的分类见表3-1。

表3-1 民用建筑的分类

名称	高层民用建筑		单、多层民用建筑
	一类	二类	
住宅建筑	建筑高度大于54m的住宅建筑（包括设置商业服务网点的住宅建筑）	建筑高度大于27m但不大于54m的住宅建筑（包括设置商业服务网点的住宅建筑）	建筑高度不大于27m的住宅建筑（包括设置商业服务网点的住宅建筑）
公共建筑	（1）建筑高度大于50m的公共建筑 （2）建筑高度24m以上部分任一楼层建筑面积大于1000m² 的商店、展览、电信、邮政、财贸金融建筑和其他多功能组合建筑 （3）医疗建筑、重要公共建筑（必须是高层） （4）省级及以上的广播电视和防火指挥调度建筑、网局级和省级电力调度（必须是高层） （5）藏书超过100万册的图书馆、书库（必须是高层）	除住宅建筑和一类高层公共建筑以外的其他高层民用建筑	（1）建筑高度大于24m的单层公共建筑 （2）建筑高度不大于24m的其他民用建筑

2. 注意事项

商业服务网点为设置在住宅建筑的首层或者首层及二层，每个分割单元建筑面积不大于300m² 的商店、邮政所、储蓄所、理发店、小型超市等小型营业性建筑。

需要注意的是：

（1）一类公共建筑里的条款是“或”的关系，也就是满足任何一个条件就是一类公共建筑。

（2）医疗建筑和医院不同，医疗建筑是指保健中心、康复中心等的以疗养为主的建筑。

（3）重要公共建筑包括党政机关、学校、医院、礼堂、电影院等人员密集且发生火灾后人员损伤较大、财产损失较多、社会影响较大的建筑。

（4）表3-1中的高层民用建筑如果按照建筑高度分类必须是高层建筑。

（5）商店、展览、电信、邮政、财贸金融建筑和其他多功能组合建筑，指的只是这5种用途或2种用途以上的组合（如办公+商店）。

（6）公共建筑的建筑高度大于24m，但是为单层，比如说建筑高度大于24m的单层厂房，也是单、多层公共建筑。

第二节 建筑高度及建筑层数的计算

一、建筑高度的计算方法

建筑高度是进行民用建筑分类的重要依据，其计算方法如下：

（1）建筑屋面为坡面时（坡屋面坡度不应小于3%，否则按平屋面处理）建筑高度应为建筑室外设计地面至其檐口与屋脊的平均高度（图 3－1）。

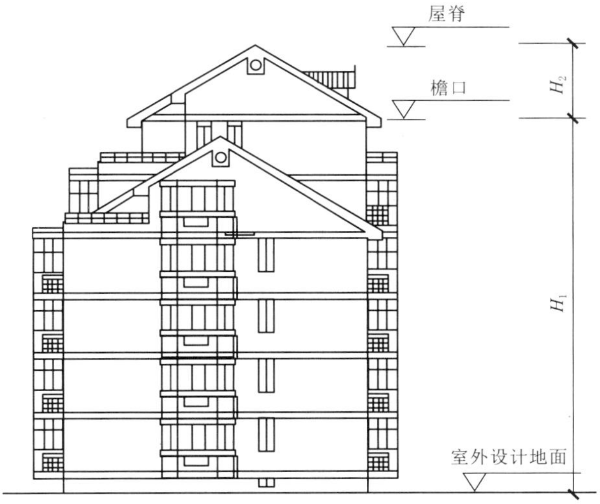

图 3－1　坡屋面建筑剖面示意图

（2）建筑屋面为平屋面时（包括有女儿墙的平屋面），建筑高度应为建筑室外设计地面至其屋面面层高度（图 3－2）。

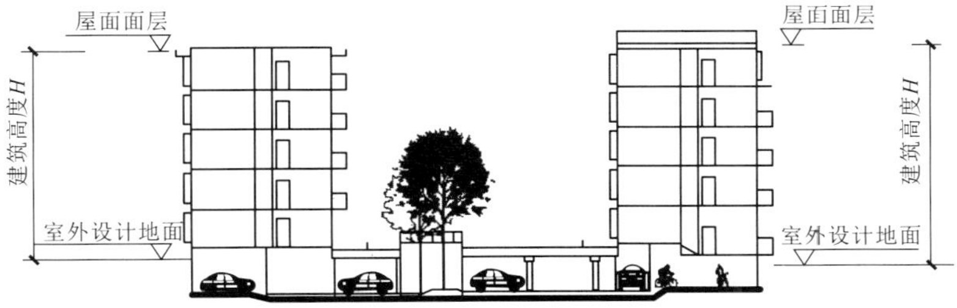

图 3－2　平屋面建筑剖面示意图

（3）同一座建筑有多种形式的屋面时，建筑高度应按上述方法分别计算，取最大值（图 3－3）。

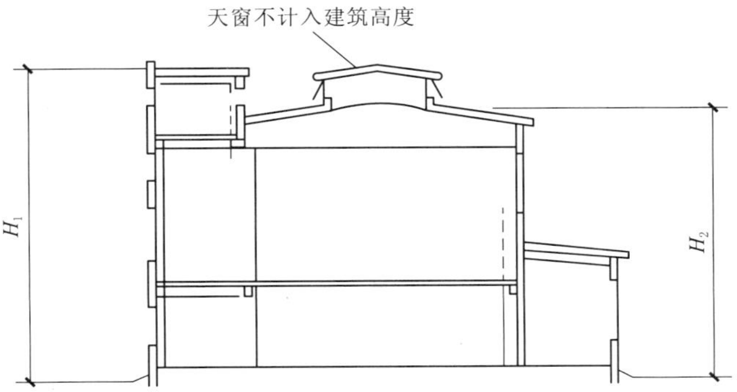

图 3－3　多种形式屋面建筑剖面示意图

（4）对于台阶式地坪，当位于不同高程地坪上同一建筑有防火墙分隔、有各自符合规定的安全出口且沿建筑两长边设置贯通式或者尽头式消防车道时，可分别计算高度，否则建筑高度取分别计算出的最大值（图 3-4）。

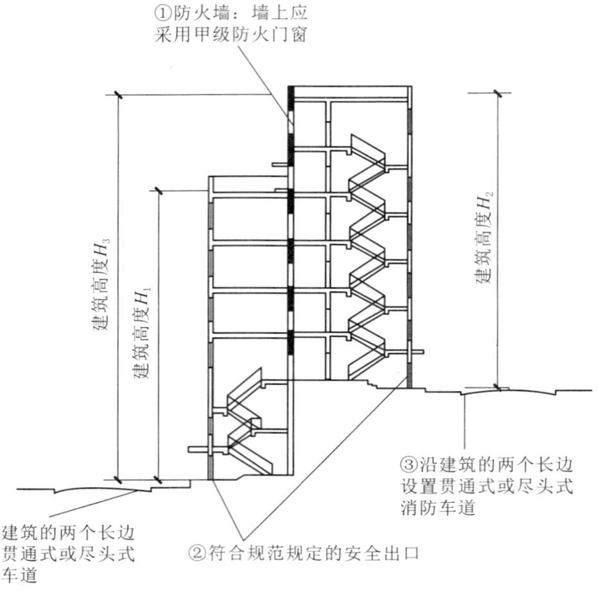

注：同时具备①②③三个条件时可按H_1、H_2分别计算建筑高度，否则应按H_3计算建筑高度。

图 3-4　台阶式地坪建筑剖面示意图

（5）局部凸出屋顶的瞭望塔、冷却塔、水箱间、微波天线间或设施、电梯机房、排风和排烟机房以及楼梯出口小间等辅助用房占屋面面积不大于 1/4 者，可不计入建筑高度（图 3-5）。

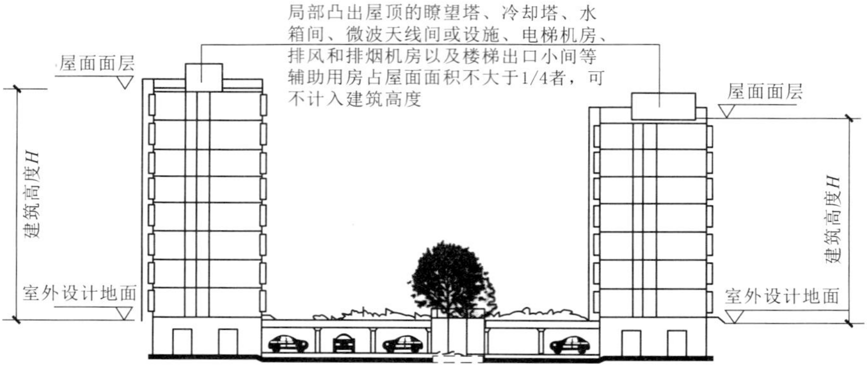

图 3-5　局部凸出屋顶的辅助用房建筑剖面示意图

（6）对于住宅建筑，设置在底部且室内高度不大于 2.2m 的自行车库、储藏室、敞开空间，室内外高差或建筑的地下或半地下室的顶板面高出室外设计地面的高度不大于

1.5m 的部分，不计入建筑高度（图 3－6）。

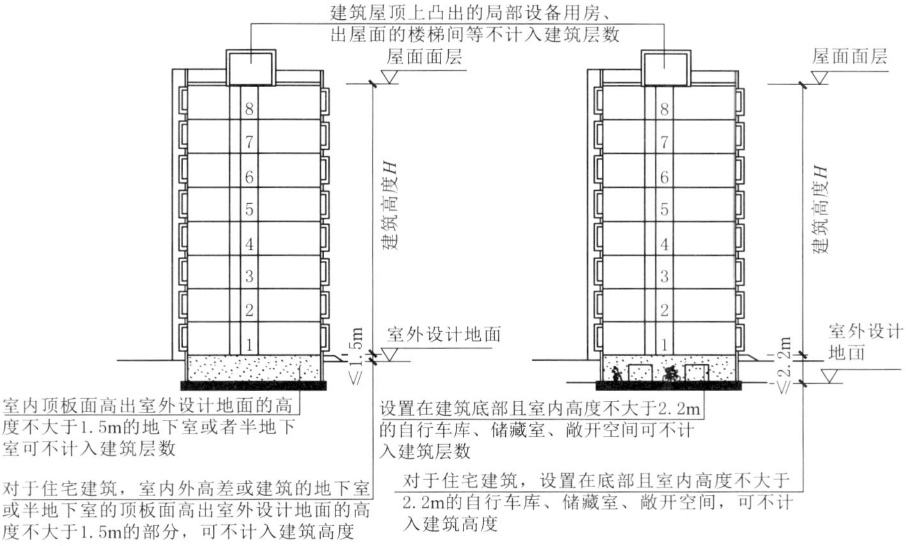

图 3－6　住宅建筑剖面示意图

二、建筑层数的计算方法

建筑层数应按照建筑的自然层数计算，建筑层数检查时，下列空间可不计入建筑层数：

（1）室内顶板面高出室外设计地面的高度不大于 1.5m 的地下室或半地下室。

（2）设置在建筑底部且室内高度不大于 2.2m 的自行车库、储存室、敞开空间。

（3）建筑屋顶突出的局部设备用房、出屋面的楼梯间等。

三、实践联系

学生进行分组，每组学生针对学校及所在城市的各种建筑功能的建筑，尽可能地通过查阅消防设计文件、建筑平面图、剖面图等有关资料，了解消防设计时确定的建筑高度和建筑层数等确定建筑类别的基础数据后，开展现场实地检查。实地查看建筑层数、测量建筑高度，核实建筑分类的准确性。

【练习题】

1. 某住宅建筑，建筑屋面为坡屋面，室内设计地面至檐口，屋脊的高度分别为 46m 和 48m，室内、外设计地面的标高分别为±0.00m 和－1.20m，该住宅建筑的高度为（　　）m。

A. 45.8　　B. 47　　C. 47.2　　D. 46.8

2. 某商业楼，地上 6 层，每层建筑面积 $1000m^2$，屋面为平屋面。首层地面设计标高为±0.000m，建筑室外地面设计标高为±0.000m。六层屋面面层的标高为 23.700m，屋顶水箱间标高 24m，屋顶水箱间建筑面积 $260m^2$，该建筑高度为（　　）m。

A. 23.7　　B. 24　　C. 25　　D. 24.3

3. 某住宅建筑，首层室内地坪标高为±0.000m，室外地坪高为－0.300m，建筑屋面有平屋顶、坡屋顶两种形式的屋面，建筑室外设计地面至其屋面面层的高度为51m，建筑室外设计地面至其檐口、屋脊的高度分别为53m、56m，该建筑的类别应确定为（　　）。

A. 二类高层公共建筑　　B. 一类高层公共建筑

C. 一类高层住宅建筑　　D. 二类高层住宅建筑

4. 下列建筑中属于一类高层民用建筑的有（　　）。

A. 高度25m的医院的门诊楼　　B. 高度24m的高级旅馆

C. 高度54m的普通住宅　　D. 藏书60万册的高层图书馆

E. 高度52m的办公楼

5. 某16层民用建筑，一至三层为商场，每层建筑面积为3000m^2，四至十六层为单元式住宅，每层建筑面积为1200m^2，建筑首层室内地坪标高为±0.000m，室外地坪标高为－0.300m，商场平层面层标高为14.6m，住宅平层面层标高为49.7m，女儿墙顶部标高为50.9m。根据《建筑设计防火规范》（GB 50016—2014）规定的建筑分类，该建筑的类别应确定为（　　）。

A. 二类高层公共建筑　　B. 一类高层公共建筑

C. 一类高层住宅建筑　　D. 二类高层住宅建筑

6. 某办公建筑，建筑屋面为坡屋面，室内设计地面至檐口、屋脊的高度分别为46m和48m，室内、外设计地面的标高分别为±0.00m和－1.20m，该办公建筑的高度为（　　）m。

A. 45.8　　B. 47　　C. 48.2　　D. 46.8

7. 某商业建筑，建筑首层室内地坪标高为±0.000m，室外地坪高为－0.300m，该建筑屋面为坡屋顶，建筑室外设计地面至其檐口、屋脊的高度分别为50m、52m，该建筑的建筑高度为（　　）m。

A. 50　　B. 51　　C. 52　　D. 51.3

8. 某商业建筑，建筑首层室内地坪标高为±0.000m，室外地坪高为－0.300m，该建筑屋面为坡屋顶，建筑室内设计地面至其檐口、屋脊的高度分别为50m、52m，该建筑的建筑高度为（　　）m。

A. 51.3　　B. 50　　C. 52　　D. 51

9. 某住宅，地上6层，屋面为平屋面。首层地面设计标高为±0.000m，建筑室外地面设计标高为±0.00m。六层屋面面层的标高为24.00m，建筑底部设置一自行车库，车库屋顶标高2.2m，该建筑建筑高度为（　　）m。

A. 21.8　　B. 24　　C. 22　　D. 24.2

10. 某医院病房楼，地上6层，屋面为平屋面。首层地面设计标高为±0.000m，建筑室外地面设计标高为－0.600m。六层屋面面层的标高为23.700m，女儿墙顶部标高为24.800m，该建筑类别应确定为（　　）。

A. 二类高层公共建筑　　B. 一类高层公共建筑

C. 一类高层住宅建筑　　D. 二类高层住宅建筑

11. 某单位新建员工集体宿舍，室内地面标高±0.000m，室外地面标高−0.450m，地上7层，局部8层，一至七层为标准层，每层建筑面积1200m^2，七层屋面面层标高+21.000m，八层为设备用房，建筑面积290m^2，八层屋面面层标高+25.000m，根据现行国家标准《建筑设计防火规范》（GB 50016—2014），该建筑类别为（　　）。

A. 二类高层住宅建筑　　B. 二类高层公共建筑

C. 多层住宅建筑　　D. 多层公共建筑

12. 高层民用建筑可分为一类、二类。对高层民用建筑进行分类时，主要考虑的因素不包括（　　）。

A. 建筑高度　　B. 建筑的使用功能

C. 建筑的耐火等级　　D. 楼层建筑面积

13. 某独立建造的老年照料设施建筑，地上7层，建筑高度为27m，根据《建筑设计防火规范》（GB 50016—2014）规定，该建筑属于（　　）。

A. 一类高层公共建筑　　B. 一类高层住宅建筑

C. 二类高层公共建筑　　D. 二类高层住宅建筑

14. 根据《建筑设计防火规范》（GB 50016—2014）规定，下列建筑中属于一类高层民用建筑的是（　　）。

A. 建筑高度为54m的住宅建筑

B. 地上8层的电信大楼，每层建筑面积2000m^2，每层层高均为4m

C. 地上6层的商业建筑，每层建筑面积2000m^2，建筑高度为25m

D. 藏书100万册的图书馆，建筑高度为24m

第四章

建筑的耐火等级判定

【学习目标】

1. 了解建筑材料的燃烧性能分级。
2. 了解掌握建筑构件的燃烧性能和耐火极限。
3. 掌握建筑耐火等级的判定依据。

耐火等级，是衡量建筑物耐火程度的分级标度。它由组成建筑物的构件的燃烧性能和耐火极限来确定。规定建筑物的耐火等级是建筑设计防火规范中规定的防火技术措施中的最基本措施之一。

影响耐火等级选定的因素有：建筑物的使用性质、重要性、火灾危险性、建筑物的高度和面积以及火灾荷载的大小等因素。

第一节　建筑材料及建筑构件的燃烧性能

一、建筑材料的燃烧性能

建筑材料的燃烧性能是指建筑材料燃烧或遇火时所发生的一切物理和化学变化，这项性能由材料表面的着火性和火焰传播性、发热、发烟、炭化、失重以及毒性生成物的产生等特性来衡量。燃烧可以发光、放热。

建筑材料及制品的燃烧性能等级见表 4－1。

表 4－1　建筑材料及制品的燃烧性能等级

燃烧性能等级	名　称	燃烧性能等级	名　称
A	不燃材料（制品）	B_2	可燃材料（制品）
B_1	难燃材料（制品）	B_3	易燃材料（制品）

建筑材料及制品等级判据的主要参数及概念：

（1）材料。是指单一物质均匀分布的混合物。

（2）燃烧滴落物/微粒。在燃烧试验过程中，从试样上分离的物质或微粒。

（3）临界热辐射通量。火焰熄灭处的热辐射通量或试验 30min 时火焰传播到的最远处的热辐射通量。

（4）燃烧增长速率——FIGRA。试样燃烧的热释放速率值与其对应时间比值的最大值，用于燃烧性能分级。$FIGRA_{0.2MJ}$ 是指当试样燃烧释放热量达到 0.2MJ 时的燃烧增长速率指数。$FIGRA_{0.4MJ}$ 是指当试样燃烧释放热量达到 0.4MJ 时的燃烧增长速率指数。

（5）THR_{600s}。试验开始后 600s 内试样的热释放总量（MJ）。

测试仪器：

建筑材料的燃烧性能需要专门的仪器设备来测试，一般来说，比较通用的仪器设备有 m606 氧指数测定仪、z801 建材烟密度测试仪、z802 建材不燃性试验炉、z803 建材可燃性试验装置、z805 建材制品燃烧热值试验装置等。

常用建筑内部装修材料燃烧性能等级划分举例见表 4－2。

表 4－2　　常用建筑内部装修材料燃烧性能等级划分举例

材料类别	级别	材料举例
各部位材料	A	花岗石、大理石、水磨石、水泥制品、混凝土制品、石膏板、石灰制品、黏土制品、玻璃、瓷砖、马赛克、钢铁、铝、铜合金等
顶棚材料	B_1	纸面石膏板、纤维石膏板、水泥刨花板、矿棉装饰吸声板、玻璃棉装饰吸声板、珍珠岩装饰吸声板、难燃胶合板、难燃中密度纤维板、岩棉装饰板、难燃木材、铝箔复合材料、难燃酚醛胶合板、铝箔玻璃钢复合材料等
墙面材料	B_1	纸面石膏板、纤维石膏板、水泥刨花板、矿棉板、玻璃棉板、珍珠岩板、难燃胶合板、难燃中密度纤维板、防火塑料装饰板、难燃双面刨花板、多彩涂料、难燃墙纸、难燃墙布、难燃仿花岗岩装饰板、氯氧镁水泥装配式墙板、难燃玻璃钢平板、PVC 塑料护墙板、轻质高强复合墙板、阻燃模压木质复合板材、彩色阻燃人造板、难燃玻璃钢等
地面材料	B_1	硬 PVC 塑料地板、水泥刨花板、水泥木丝板、氯丁橡胶地板等
其他装饰材料	B_1	聚氯乙烯塑料、酚醛塑料、聚碳酸酯塑料、聚四氟乙烯塑料、三聚氰胺、脲醛塑料、硅树脂塑料装饰型材、经阻燃处理的各类织物等。另见顶棚材料和墙面材料内中的有关材料等
墙面材料	B_2	各类天然木材、木制人造板、竹材、纸制装饰板、装饰微薄木贴面板、印刷木纹人造板、塑料贴面装饰板、聚酯装饰板、复塑装饰板、塑纤板、胶合板、塑料壁纸、无纺贴墙布、墙布、复合壁纸、天然材料壁纸、人造革等
地面材料	B_2	半硬质 PVC 塑料地板、PVC 卷材地板、木地板、氯纶地毯等
其他装饰材料	B_2	经阻燃处理的聚乙烯、聚丙烯、聚氨酯、聚苯乙烯、玻璃钢、化纤织物、木制品等

二、建筑构件的燃烧性能

由建筑材料构成建筑构件，主要指墙、柱、梁、楼板、门、窗等。构件的燃烧性能和耐火极限与构成构件的材料和构件的构造做法有关，应由消防检测部门试验检测确定。《建筑设计防火规范》（GB 50016—2014）附录中可查阅常见的构件的燃烧性能和耐火极限。

目前，我国把建筑构件按其燃烧性能分为不燃性构件、难燃性构件和可燃性构件等三类。

1．不燃性构件

用不燃性材料制成的构件。不燃性材料指的是在空气中遇到火烧或高温作用时不起火、不微燃、不碳化的材料，如砖、石、钢材、混凝土等。

2．难燃性构件

用难燃性材料做成的构件或用燃烧性材料做成而用不燃烧材料做保护层的构件。难燃性材料是指在空气中遇到火烧或高温作用时难起火、难微燃、难碳化，当火源移走后燃烧或微燃立即停止的材料，如经过阻燃处理的木材、沥青混凝土、水泥刨花板等。

3．可燃性构件

用燃烧材料做成的构件。燃烧性材料是指在空气中遇到火烧或高温作用时立即起火或微燃，且火源移走后仍继续燃烧或微燃的材料，如塑料、木材等。

第二节　耐火极限及建筑耐火等级

一、耐火极限

耐火极限是指建筑构件按时间-温度标准曲线进行耐火试验，从受到火的作用时起，到失去支撑能力或完整性或失去隔火作用时止的这段时间，用小时（h）表示。其中：

支撑能力是指在标准耐火试验条件下，承重或非承重建筑构件在一定时间内抵抗垮塌的能力。

耐火完整性是指在标准耐火试验条件下，建筑分隔构件的某一面受火时，该面能在一定时间内防止火焰和热气穿透或在其背火面出现火焰的能力。

耐火隔热性是指在标准耐火试验条件下，建筑分隔构件的某一面受火时，其背火面温度能在一定时间内不超过规定值的能力。

提高建筑构件燃烧性能和耐火极限的方法如下。

1．适当增加构件的截面尺寸

建筑构件的截面尺寸越大，其耐火极限越长。此法对提高建筑构件的耐火极限十分有效。

2．对钢筋混凝土构件增加保护层厚度

钢筋混凝土构件的耐火性能主要取决于其受力筋在高温下的强度变化情况。增加保护层厚度可以延缓和减少火灾高温场所的热量向建筑构件内钢筋的传递，使钢筋温升减慢，强度不致降低过快，从而提高构件的耐火能力。这是提高钢筋混凝土构件耐火极限的一种简单而常用的方法，对钢筋混凝土屋架、梁、板、柱都适用。

研究表明：砖墙、钢筋混凝土墙的耐火极限基本上是与其厚度成正比增加的；钢筋混凝土梁的耐火极限是随着其主筋保护层厚度成正比增加的；楼板耐火极限随着保护层厚度的增加而增加，随着荷载的增加而减小，并且支撑条件不同时，耐火极限也不相同。

3．在构件表面做耐火保护层

在钢结构表面做耐火保护层的构造措施：

（1）用砂浆或灰胶泥做耐火保护层。所使用的材料一般有砂浆、轻质砂浆、珍珠岩砂浆或灰胶泥、蛭石砂浆或石膏灰胶泥等。上述材料均有良好的耐火性能，其施工方法常为在金属网上涂抹上述材料。

（2）用矿物纤维做耐火保护层。所使用的材料有石棉、岩棉及矿渣棉等。具体施工方法是将矿物纤维与水泥混合，再用特殊喷枪与水的喷雾同时向底子喷涂，则构成海绵状的覆盖层，然后抹平或任其呈凹凸状。上述方式可直接喷涂在钢构件上，也可以向其上的金属网喷涂，以后者效果较好。

（3）用现浇混凝土做耐火保护层。所使用的材料有混凝土、轻质混凝土及加气混凝土等。这些材料既有不燃性，又有较大的热容量，用作耐火保护层时能使构件的升温减缓。由于混凝土的表层在火灾高温下易于剥落，如能在钢材表面加敷设钢丝网，便可进一步提高其耐火性能。

（4）用防火板材做耐火保护层。所用材料有轻质混凝土板、泡沫混凝土板、硅酸钙成型板及石棉成型板等。其构造做法是，以上述预制防火板材包覆钢构件，板间连接可采用钉合及黏合。这种构造方式施工简便而工期较短，并有利于工业化。同时，承重（钢结构）与防火（预制板）的功能划分明确，火灾后修复简便且不影响主体结构的功能，因而具有良好的复原性。

4. 在构件表面涂覆防火涂料

防火涂料涂覆在被保护的可燃基材上时，具有装饰、防锈、防腐及延长被保护材料使用寿命的作用；同时当遇到火焰或热辐射的作用时，防火涂料则迅速发生物理和化学变化，具有隔热、阻止火焰传播蔓延的作用。

在进行建筑耐火设计时，经常会遇到钢结构构件、预应力混凝土楼板达不到耐火等级所规定的耐火极限值的要求，以及有些可燃构件、可燃装修材料由于燃烧性能达不到要求的情况，这时都可以使用防火涂料加以解决。防火涂料涂敷于建筑构件可有效提高其耐火极限，涂于可燃性材料表面，可改变其燃烧性能，在建筑构件、装修材料方面的应用前景十分广阔。

5. 进行合理的耐火构造设计

构造设计的目的就是通过采用巧妙的约束去抵抗结构的过大挠曲和断裂，合理的构造设计可以延长构件的耐火极限，提高结构的安全性和经济性。

二、建筑耐火等级

建筑耐火等级是由组成建筑物的墙、柱、楼板、屋顶承重构件和吊顶等主要构件的燃烧性能和耐火极限所决定。耐火等级分为一、二、三、四级。耐火等级，是衡量建筑物耐火程度的分级标度。规定建筑物的耐火等级是建筑设计防火规范中规定的防火技术措施中的最基本措施之一。

影响耐火等级选定的因素有：建筑物的重要性、使用性质和火灾危险性、建筑物的高度和面积、火灾荷载的大小等因素。

第三节 建筑耐火等级的划分

一、建筑耐火等级的划分依据

建筑耐火等级的划分是建筑防火技术措施中最基本的措施之一，我国的建筑设计规范把建筑物的耐火等级分为一、二、三、四级，一级最高，耐火能力最强；四级最低，耐火能力最弱。建筑物的耐火等级取决于组成该建筑物的建筑构件的燃烧性能和耐火极限。所谓建筑构件是指建筑物的墙体、基础、梁、柱、楼板、楼梯、吊顶等一系列基本组成构件。常用建筑构件的燃烧性能和耐火极限见表 4-3 和表 4-4。

表 4-3　　不同耐火等级厂房和仓库建筑构件的燃烧性能和耐火极限

构件名称		耐火等级			
		一级	二级	三级	四级
墙	防火墙	不燃性 3.00	不燃性 3.00	不燃性 3.00	不燃性 3.00
	承重墙	不燃性 3.00	不燃性 2.50	不燃性 2.00	难燃性 0.50
	楼梯间和前室的墙，电梯井的墙	不燃性 2.00	不燃性 2.00	不燃性 1.50	难燃性 0.50
	疏散走道两侧的隔墙	不燃性 1.00	不燃性 1.00	不燃性 0.5	难燃性 0.25
	非承重外墙房间隔墙	不燃性 0.75	不燃性 0.50	难燃性 0.5	难燃性 0.25
柱		不燃性 3.00	不燃性 2.50	不燃性 2.00	难燃性 0.50
梁		不燃性 2.00	不燃性 1.50	不燃性 1.00	难燃性 0.50
楼板		不燃性 1.50	不燃性 1.00	不燃性 0.75	难燃性 0.50
屋顶承重构件		不燃性 1.50	不燃性 1.00	难燃性 0.5	可燃性
疏散楼梯		不燃性 1.50	不燃性 1.00	不燃性 0.75	可燃性
吊顶（包括吊顶搁栅）		不燃性 0.25	难燃性 0.25	难燃性 0.15	可燃性

表 4-4　　不同耐火等级民用建筑相应构件的燃烧性能和耐火极限

构件名称		耐火等级			
		一级	二级	三级	四级
墙	防火墙	不燃性 3.00	不燃性 3.00	不燃性 3.00	不燃性 3.00
	承重墙	不燃性 3.00	不燃性 2.50	不燃性 2.00	难燃性 0.50
	非承重外墙	不燃性 1.00	不燃性 1.00	不燃性 0.50	可燃性
	楼梯间和前室的墙，电梯井的墙，住宅建筑单元之间的墙和分户墙	不燃性 2.00	不燃性 2.00	不燃性 1.50	难燃性 0.50
	疏散走道两侧的隔墙	不燃性 1.00	不燃性 1.00	不燃性 0.50	难燃性 0.25
	房间隔墙	不燃性 0.75	不燃性 0.50	难燃性 0.50	难燃性 0.25
柱		不燃性 3.00	不燃性 2.50	不燃性 2.00	难燃性 0.50
梁		不燃性 2.00	不燃性 1.50	不燃性 1.00	难燃性 0.50
楼板		不燃性 1.50	不燃性 1.00	不燃性 0.50	可燃性
屋顶承重构件		不燃性 1.50	不燃性 1.00	可燃性 0.50	可燃性
疏散楼梯		不燃性 1.50	不燃性 1.00	不燃性 0.50	可燃性
吊顶（包括吊顶搁栅）		不燃性 0.25	难燃性 0.25	难燃性 0.15	可燃性

（1）建筑构件的燃烧性能是指由建筑构件的材料遇火反应，分为不燃烧体、难燃烧体和燃烧体三类，对建筑构件而言不燃烧体如墙柱、基础等；难燃烧体如吊架、吊顶及

内部管道；燃烧体如门窗、吊顶、装饰材料等。

（2）建筑构件的耐火极限：将任一建筑构件按时间-温度标准曲线进行耐火试验，从受到火的作用时起，到失去支持能力或完整性被破坏或失去隔火作用时止的这段时间称为耐火极限，以小时（h）表示。时间-温度标准曲线是指按特定的加温方法，在标准的实验室条件下，所表示的现场火灾发展情况的一条理想化了的试验曲线。该曲线已被国际标准化组织采纳，目的是对建筑构件的极限耐火时间有一个统一的检验标准。我国采纳了国际标准 ISO834 的标准火灾升温曲线。该曲线公式为 $T-T_0=345\lg(8t+1)$，式中 t 为时间，以 min 计；T 为当所用时间为 t 时，构件所承受的温度值，以℃计；T_0 为初始温度，以℃计，计算时设定为 20℃。

二、耐火极限的判定条件

建筑构件达到耐火极限有三个条件，即：失去支持能力、失去完整性、失去隔火作用时为止的这段时间；只要三个条件中达到任一个条件，就确定其达到其耐火极限了。

（1）失去支持能力：如果试件在试验中受到火焰或高温作用下，承载能力和刚度降低，截面缩小，承受不了原设计的荷载而发生垮塌或变形量超过规定数值，则表明失去支持能力。

（2）失去完整性：主要指薄壁分隔构件（如楼梯、门窗、隔墙、吊顶等）在火焰或高温作用下，发生爆裂或局部塌落，形成穿透裂缝或孔洞，火焰穿过构件，使其背面可燃物燃烧起来。如楼板受火焰或高温作用时，完整性被破坏，火焰穿到上层房间，表明楼板的完整性被破坏。

（3）失去隔火作用：主要指起分隔作用的构件失去隔热过量热传导的性能。在试验中，如果构件的背火面测得的平均温度超过 140℃，或背火面任一点温度超过初始温度 180℃时，均表明构件失去隔火作用。

三、实践练习

每组对学校既有建筑物，通过查阅消防设计文件、建筑平面图、剖面图、钢结构涂料的形式检验报告等有关资料，了解建筑性质、规模和建筑类别，依据上述分类标准，确定建筑物需要满足的耐火等级、主要构件需要满足的燃烧性能和耐火极限，核实建筑的耐火等级是否符合现行国家工程建设消防技术标准的规定。

（1）建筑主要构件的燃烧性能和耐火极限不得低于建筑相应耐火等级的要求。主要检查要求：一级耐火等级建筑的主要构件都是不燃烧体；二级耐火等级的主要建筑构件，除吊顶为难燃烧体外，其余构件都是不燃烧体；三级耐火等级建筑构件，除吊顶和隔墙体为难燃烧体外，其余构件都是不燃烧体；四级耐火等级建筑构件，除防火墙体外其余构件可采用难燃烧体或燃烧体。以木柱承重且以不燃烧材料作为墙体的建筑物，其耐火等级按四级确定。

若建筑内存在金属建筑构件，金属建筑构件在高温条件下会有强度降低和蠕变现象，容易失去承载力，因此需要核实其是否进行了防火保护，防火保护措施是否满足现行国家工程建设消防技术标准的规定，且不低于所属整体建筑所需耐火等级对应的最低耐火极限要求。目前钢结构建筑构件防火保护措施主要有两种，一种是采用砖石、砂浆、防火板等无机耐火材料进行包覆；另一种是施涂于建筑物和构筑物钢结构构件表面，形成耐火隔热保护层钢结构防火涂料，以提高钢结构耐火极限。按其涂层厚度及性能特点分为薄涂型、厚涂型两类。具体核实内容为：

1）建筑耐火等级为二、三级，且设置了自动灭火系统的多层丙类厂房的屋顶承重构件和设置了自动灭火系统的单层丙类厂房和单、多层丁、戊类厂房（仓库）的梁、柱、屋顶承重构件可以采用无防火保护的金属结构；但若建筑中存在能受到甲、乙、丙三类液体或可燃气体火焰影响的部位，需要采取其外包覆不燃材料或其他防火保护措施。

2）一级耐火等级的单、多层厂房（仓库），当采用自动喷水灭火系统且能有效保护采用无防火保护措施的金属结构构件的全部部位时，可以不采用防火技术措施。但是，假如厂房内虽设置了自动灭火系统，但对这些构件无保护作用时，仍需对这些构件进行防火保护。

3）若民用建筑的中庭和屋顶承重构件使用金属构件，可通过采取外包敷不燃材料、设置自动喷水灭火系统和喷涂防火涂料等技术措施，保证其耐火极限不低于耐火等级的要求。

4）对于建筑内预制钢筋混凝土结构构件的节点和明露的钢支承构件部位等构件的防火薄弱环节和结构的重要受力点，要采取防火保护措施保证节点的耐火极限不低于相应构件的耐火极限。

（2）耐火等级与建筑分类的一致性。主要核实建筑耐火等级的选定与建筑高度、使用功能、重要性质和火灾扑救难度等是否一致。不同类别的建筑，所需要的耐火等级不同，要求如下：

1）厂房和仓库。

a. 使用或储存特殊贵重的机器、仪表、仪器等设备或物品时，建筑耐火等级不低于一级。

b. 高层厂房，甲、乙类厂房，使用或产生丙类液体的厂房和有火花、赤热表面、明火的丁类厂房，油浸变压器室、高压配电装置室，锅炉房，高架仓库、高层仓库、甲类仓库和多层乙类仓库，粮食筒仓，建筑的耐火等级不低于二级。

c. 单、多层丙类厂房，多层丁、戊类厂房，单层乙类仓库，单、多层丙类仓库和多层丁、戊类仓库，粮食平房仓，建筑的耐火等级不低于三级。

d. 建筑面积不大于 $300m^2$ 的独立甲、乙类单层厂房，建筑面积不大于 $500m^2$ 的单层丙类厂房或建筑面积不大于 $1000m^2$ 的单层丁类厂房，燃煤锅炉房且锅炉的总蒸发量不大于 4t/h 时，可采用三级耐火等级的建筑。

2）民用建筑。地下或半地下建筑（室）和一类高层建筑的耐火等级不低于一级；单、多层重要公共建筑和二类高层建筑的耐火等级不低于二级，这里的重要公共建筑主要是指对某一地区的政治、经济和生产活动以及居民的正常生活有很大影响的公共建筑，如电信、医疗、电力调度等建筑。

3）汽车库、修车库。地下、半地下和高层汽车库，甲、乙类物品运输车的汽车库、修车库，Ⅰ类汽车库、修车库的耐火等级不低于一级。Ⅱ、Ⅲ类汽车库、修车库的耐火等级不低于二级。Ⅳ类汽车库、修车库的耐火等级不低于三级。

（3）不同耐火等级的建筑，可建造的建筑层数有所不同，要求如下：

1）厂房。二级耐火等级的乙类厂房建筑层数最多为6层；三级耐火等级的丙类厂房建筑层数最多为2层，丁、戊类厂房建筑层数最多为3层。

2）设有儿童用房、儿童活动场所和老年人活动场所等特殊场所的民用建筑。

a. 托儿所、幼儿园的儿童用房，老年人活动场所和儿童游乐厅等儿童活动场所，当设置在一、二级耐火等级建筑内时，该场所所在的层数不得超过3层。

b. 商店、托儿所、幼儿园的儿童用房，老年人活动场所和儿童游乐厅等儿童活动场所，医院和疗养院的住院部分，教学建筑、食堂、菜市场，剧场、电影院和礼堂，当设置在三级耐火等级建筑时，该场所所在的层数不得超过2层。

c. 商店、托儿所、幼儿园的儿童用房，老年人活动场所和儿童游乐厅等儿童活动场所，医院和疗养院的住院部分，教学建筑、食堂、菜市场，当设置在四级耐火等级建筑时，该场所只允许设在首层。

【练习题】

1. 建筑高度大于100m的民用建筑，其楼板的耐火极限不应低于（　　）h。

A. 1.00　　B. 1.50　　C. 2.00　　D. 2.50

2. 一些性质重要、火灾扑救难度大、火灾危险性大的民用建筑，还应达到最低耐火等级要求。一类高层民用建筑耐火等级应为（　　）级。

A. 一　　B. 二　　C. 甲　　D. 乙

3. 二类高层民用建筑耐火等级不应低于（　　）级。

A. 一　　B. 二　　C. 三　　D. 四

4. 某总建筑面积为900m^2的办公建筑，地上3层，地下1层，地上部分为办公用房，地下一层为自行车库和设备用房，该建筑地下部分最低耐火等级为（　　）。

A. 二级　　B. 一级　　C. 三级　　D. 四级

5. 对高层民用建筑耐火等级的选定，正确的有（　　）。

A. 一类高层民用建筑耐火等级不应低于一级

B. 二类高层民用建筑耐火等级不应低于二级

C. 裙房的耐火等级不应低于二级

D. 高级宾馆的耐火等级不应低于二级

E. 33m的二类高层建筑的耐火等级不应低于一级

6. 在标准耐火试验条件下，对一墙体耐火极限试验，试验记录显示，该墙体在受火作用至0.5h时粉刷层开始脱落，受火作用至1.00h时背火面的温度超过定值，受火作用至1.20h时出现了穿透裂缝，受火作用至1.50h时墙体开始垮塌。该墙体的耐火极限是（　　）h。

A. 1.0　　B. 0.5　　C. 1.2　　D. 1.5

7. 根据相关规定，我国建筑材料及制品燃烧性能分为（　　）级。

A. 四　　B. 三　　C. 二　　D. 一

8. 高层建筑、公共娱乐场所、百货商场等在进行室内装修时应采用（　　）。

A. 易燃材料　　B. 难燃材料和不燃材料
C. 可燃材料　　D. 无要求

9. 三级耐火等级的（　　）等多层民用建筑层数不应超过二层。

A. 展览馆　　B. 电影院　　C. 礼堂　　D. 食堂
E. 住宅

10. 建筑构件按其燃烧性能可分为（　　）构件。

A. 不燃性　　B. 难燃性　　C. 易燃性　　D. 可燃性
E. 轰燃性

11. 在标准耐火试验条件下，判断承重墙的耐火极限时，不需要考虑的因素是（　　）。

A. 墙体厚度　　B. 承载能力　　C. 完整性　　D. 隔热性

12. 下列关于耐火极限判定条件的说法中，正确的有（　　）。

A. 如果试件失去承载能力，则自动认为试件的隔热性和完整性不符合要求
B. 如果试件的完整性被破坏，则自动认为试件的隔热性不符合要求
C. 如果试件的隔热性被破坏，则自动认为试件的完整性不符合要求
D. 甲级防火门的耐火极限应以耐火完整性和隔热性作为判定条件
E. C类防火玻璃耐火极限以耐火完整性和隔热性作为判定条件

13. 某4层KTV，建筑高度20m，耐火等级二级，其楼板耐火极限不低于（　　）。

A. 二级　　B. 一级　　C. 三级　　D. 四级

14. 某单层植物油精炼厂房，建筑面积为 $480m^2$，根据相关规定，该建筑的耐火等级最低可以为（　　）。

A. 二级　　B. 一级　　C. 三级　　D. 四级

15. 某耐火等级为三级的老年人照料设施，当其吊顶采用难燃材料时，根据相关规定，该建筑吊顶的耐火极限不应低于（　　）。

A. 0.50h　　B. 0.25h　　C. 0.15h　　D. 0.10h

第五章

建筑总平面布局

【学习目标】

1. 了解城市建筑总体布局和常见企业总平面布局的一般原则。
2. 掌握防火间距的确定原则和要求。
3. 熟悉防火间距的作用和防火间距不足时的防火技术措施。
4. 掌握对平面布局开展防火检查的具体内容和方法。

建筑物是人们从事生产、生活、工作的主要空间与场所。建筑的总平面布局不仅会影响到人民的生活和周围的环境，而且还对建筑自身及相邻建筑物的使用和安全有比较大的影响。建筑物的总平面布局不仅要服从城市的总体规划，还要服从城市消防规划要求。建筑总平面布局主要指根据建筑物的使用性质、建筑规模、火灾危险性、所在地区常年主导风向和地形地势等因素，对辖区内的建筑物、设施等进行合理布局，避免建筑火灾、爆炸后可能造成严重后果，并且为消防人员和消防车辆扑救火灾提供可靠的保证。特别是对于重要的高层公共建筑、厂房、仓库和人员密集或火灾危险性大的建筑物，更应该进行详细的调查研究，综合分析，科学、合理、安全地进行平面布局。建筑物总平面布局处理的是建筑物与外部事物之间的关系，包括建筑位置、防火间距、消防车道和消防水源等，而平面布置处理是建筑物自身内部空间的布置问题，总体来讲，总平面布局主外、平面布置主内。

第一节　建筑总平面布局的一般原则

一、合理布置建筑

应根据各建筑物的使用性质、规模、火灾危险性，以及所处的环境、地形、风向等因素合理布置，建筑之间要留有足够的防火间距，以消除或减少建筑物之间及周边环境的相互影响和火灾危害。

二、合理划分功能区域

工厂、仓库的总平面布局，要根据建筑物的火灾危险性、地形、周围环境以及长年主导风向等，进行合理布置，一般应满足以下要求：

规模较大的企业要根据实际需要，合理划分生产区、储存区（包括露天储存区）、生产辅助设施区、行政办公和生活福利区等。

同一企业内，若有不同火灾危险的生产建筑，则应尽量将火灾危险性相同的或相近的建筑集中布置，以利采取防火防爆措施，便于安全管理。

（1）注意周围环境。选择工厂、仓库地址时，既要考虑本单位的安全，又要顾及周围临近地区的企业和居民的安全。

易燃易爆的工厂和仓库的生产区、储存区内不得修建办公楼、宿舍等生活民用建筑。为了便于防止火灾蔓延，易燃、易爆工厂、仓库，应用实体墙与外界隔开。

（2）地势条件。甲、乙、丙类液体仓库，宜布置在地势较低且不易被水淹没的地方，以免对周围环境造成火灾威胁；若必须布置在地势较高处，则应采取一定的防火措施。遇水产生可燃气体会发生爆炸的乙炔站等，严禁布置在易被水淹没的地方。对于爆炸物品库，应优先利用地形，选择多面环山，附近没有建筑物的地方，以减少发生爆炸时对周围的危害。

（3）注意风向。

1）散发可燃气体、可燃蒸气和可燃粉尘的车间、装置等，宜布置在明火或散发火花地点的常年最小频率风向的上风侧。液化石油气储罐区宜布置在本单位或本地区全年最小频率风向的上风侧，并选择通风良好的地点独立设置。易燃材料的露天堆场宜设置在天然水源充足的地方，并宜布置在本单位或本地区全年最小频率风向的上风侧。

2）物质接触能引起燃烧、爆炸的相邻建筑物或露天生产装置应分开布置，并应保持足够的安全距离。例如，氧气站空分设备的吸风口，应位于乙炔站和电石渣堆或散发其他碳氢化合物的部位全年主导风向的上风向。

3）风玫瑰图。风玫瑰图也叫风向频率玫瑰图，它是根据某一地区多年平均统计的各个风向和风速的百分数值，并按一定比例绘制，一般多用十六个罗盘方位表示，如图5－1所示，在风玫瑰图中，频率最高的方位，表示该风向出现次数最多。最常见的风玫瑰图是一个圆，圆上引出16条放射线，它们代表16个不同的方向，每条直线的长度与这个方向的风的频度成正比。由于该图的形状形似玫瑰花朵，故名“风玫瑰”。玫瑰图上所表示风的吹向（即风的来向），是指从外面吹向地区中心的方向。

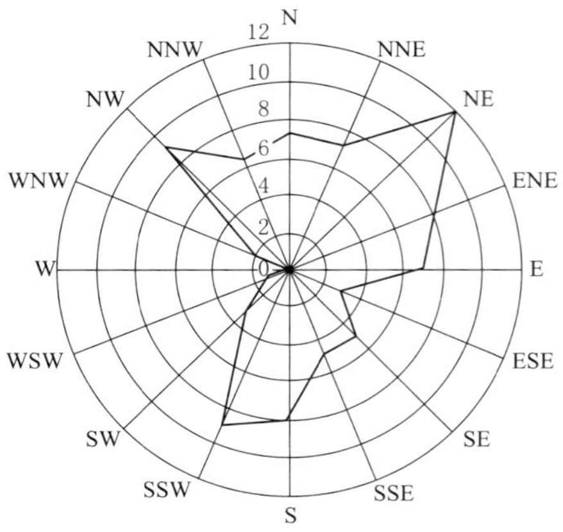

图5－1 风玫瑰图

风玫瑰图是消防监督部门根据国家有关消防技术规范在开展建审工作时必不可少的工具，一般由当地气象部门提供。它的作用主要表现在以下两个方面：

a. 在城市规划中，可以根据风玫瑰图正确确定大型易燃、可燃气体和液体贮罐，易燃、可燃材料堆场，大型可燃物品仓库以及散发可燃气体、液体蒸气的甲类生产厂房或甲类物品库房及生活区的位置。

由于这类贮罐、危险物品仓库、堆场火灾危害性较大，而且建造过程中的投资也比较大，一旦建好就将成为永久性的建筑物或构筑物，因此，在审核图纸时，一定要根据风玫瑰选择恰当的位置，避开城市市区和居民生活区及重要的工矿企业，防止遗留先天性的重大火险隐患。一般来讲，易燃、可燃气体、液体贮罐和易燃、可燃材料堆场等应建造在城市的边缘地带且处在常年主导风向的侧风向，并与相邻单位保持足够的防火间距。显而易见，这样布置有两个优点：一是外来的可燃物和火种进入场内或库内的概率较小；二是一旦起火，由于缺少蔓延成灾的客观条件，对四邻的威胁较小，可以避免出现“火烧连营”的现象。

b. 对于生产易燃、易爆物品、散发可燃气体、液体蒸气的工厂，在选址和审核厂区的整体规划时，可以根据风玫瑰图考虑风向对生产装置、工艺流程以及相邻企业的生产和本厂生活区的影响。

风玫瑰图是一个地区，特别是平原地区风的一般情况。但由于地形、地物的不同，它对风气候起到直接的影响。由于地形、地面情况往往会引起局部气流的变化，使风向、风速改变，因此在进行建筑总平面设计时，要充分注意到地方小气候的变化，在设计中善于利用地形、地势，综合考虑对建筑的布置。风玫瑰图在建审工作中的作用是不容忽视的，工业布局时注意风向对工程位置的影响，防止出现重大失误。

地区局部风：城市风、海陆风、山谷风，亦会对城市规划布局产生影响。

第二节　防　火　间　距

一、防火间距的定义

在建筑物间距离一定的条件下，辐射热强度越高，相邻建筑物被烤燃的可能性越大；起火建筑物内外冷热空气对流速度越快，越容易把尚未燃的物件（即飞火）抛向邻近的可燃物体，从而导致火灾蔓延。火灾能否蔓延到相邻建筑物，除建筑物间的距离外，还受建筑物发生火灾时的热辐射、热对流和飞火等三个因素的制约。防火间距是一幢建筑物起火，周围相邻建筑物在热辐射的作用下，即使没有任何保护措施，也不会起火的最小距离。

二、设置防火间距的原因

建筑物发生火灾时，火灾除了在建筑物内部蔓延扩大外，有时还会通过一定的途径蔓延到邻近的建筑物上。为了防止火灾在建筑物之间蔓延，十分有效的措施就是在相邻建筑物之间留出一定的防火安全距离，即防火间距。从消防方面考虑，防火间距还起到了为消防灭火战斗、为建筑物内人员和物资的紧急疏散提供场地的作用。在建筑总平面布局防火中，确定好建筑物之间的防火间距是一项十分重要的措施。

通过对建筑物进行合理布局和设置防火间距，可以防止火灾在相邻建筑物之间蔓延，合理利用和节约土地，并为人员疏散和灭火救援提供条件，减少失火对邻近建筑及其居住（或使用）者的热辐射和烟气影响。

三、影响因素

影响防火间距的因素很多，如热辐射、热对流、风向、风速、外墙材料的燃烧性能及其开口面积的大小，室内堆放的可燃物种类及数量，相邻建筑物的高度、室内消防设施情况，着火时的气温及湿度，消防车到达的时间及扑救情况等。

(1) 热辐射。热辐射是影响防火间距的主要因素。当火焰温度达到最高数值时，其辐射强度最大，也最危险，如伴有飞火则更危险。

(2) 热对流。无风时，因热对流的温度在离开窗口以后会大幅降低，所以热对流对相邻建筑物的影响不大，通常不足以构成威胁。

(3) 建筑物外墙门窗洞口的面积。许多火灾实例表明，当建筑物外墙开口面积较大时，发生火灾后，在可燃物的种类和数量相同的条件下，由于通风好、燃烧快、火焰温度高，因而热辐射增强。在此情况下，相邻建筑物接受的热辐射也多，当达到一定程度时便会很快被烤着起火。

(4) 建筑物的可燃物种类和数量。可燃物种类不同，在一定时间内燃烧火焰的温度也有差异。如汽油、苯、丙酮等易燃液体，燃烧速度比木材快，发热量也比木材大，因而热辐射也比木材强。在一般情况下，可燃物的数量与发热量成正比关系。

(5) 风速。风能够加强可燃物的燃烧，促使火灾加快蔓延。露天火灾中，风能使燃烧的颗粒和燃烧着的碎片等飞散到数十米远的地方，强风时则更远。风给火灾的扑救带来困难。

(6) 相邻建筑物的高度。一般地说，较高的建筑物着火对较低的建筑物威胁较小；反之，则较大。特别是当屋顶承重构件毁坏塌落、火焰穿出房顶时，威胁更大。据测定，着火的较低建筑物对较高建筑物辐射角在30°～45°时，辐射强度最大。

(7) 建筑物内消防设施。建筑物内设有火灾自动报警装置和较完善的其他消防设施时，能将火灾扑灭在初期阶段。这样不仅可以减少火灾对建筑物造成的损失，而且很大程度上减少了火灾蔓延到附近其他建筑物的可能性。可见，在防火条件和建筑物防火间距大体相同的情况下，设有完善消防设施的建筑物比消防设施不完善的建筑物的安全性要高。

(8) 灭火时间。建筑物发生火灾后，其温度通常随着火灾延续时间的长短而变化。火灾延续时间越长，则火场温度相应增高，对周围建筑物的威胁增大。当可燃物数量逐渐减少时，火场温度逐渐降低。

(9) 确定原则。影响防火间距的因素很多，在实际工程中不可能都考虑，通常根据以下原则确定建筑物的防火间距。

1) 防止火灾蔓延。考虑火灾发生后热辐射效应。火灾实例表明，一、二级耐火等级的低层民用建筑，保持7～10m的防火间距，在有消防队扑救的情况下，一般不会蔓延到相邻建筑物。

2) 考虑灭火作战的实际需要。建筑物的高度不同，救火使用的消防车也不同。对低层建筑，普通消防车即可；而对高层建筑，则要使用曲臂、云梯等登高消防车。防火间距应满足消防车的最大工作回转半径的需要。最小防火间距的宽度应能通过1辆消防车，一般宜为4m。

3) 有利于节约土地资源。如果设定的防火间距过大，就会造成土地资源的浪费。在有消防队扑救的条件下，以能够阻止火灾向相邻建筑物蔓延为原则。

四、厂房的防火间距

厂房之间及其与乙、丙、丁、戊类仓库、民用建筑等之间的防火间距见表5-1。

表 5-1　厂房之间及其与乙、丙、丁、戊类仓库、民用建筑等之间的防火间距　单位：m

名称			甲类厂房	单、多层乙类厂房（仓库）	单、多层丙、丁、戊类厂房（仓库） 耐火等级			高层厂房（仓库）	民用建筑 耐火等级		
					一、二级	三级	四级		一、二级	三级	四级
甲类厂房			12	12	12	14	16	13	25		
单、多层乙类厂房			12	10	10	12	14	13	25		
单、多层丙、丁类厂房	耐火等级	一、二级	12	10	10	12	14	13	10	12	14
		三级	14	12	12	14	16	15	12	14.0	16
		四级	16	14	14	16	18	17	14	16.0	18
单、多层戊类厂房		一、二级	12	10	10	12	14	13	6	7	9
		三级	14	12	12	14	16	15	7	8	10
		四级	16	14	14	16	18	17	9	10	12
高层厂房			13	13	13	15	17	13	13	15	17
室外变、配电站变压器总油量/t	≥5，≤10		25	25	12	15	20	12	15	20	25
	>10，≤50				15	20	12	15	20	25	30
	>50				20	12	15	20	25	30	35

五、民用建筑的防火间距

民用建筑之间的防火间距见表 5-2。

表 5-2　民用建筑之间的防火间距　单位：m

建筑类别		高层民用建筑	裙房和其他民用建筑		
		一、二级	一、二级	三级	四级
高层民用建筑	一、二级	13	9	11	14
裙房和其他民用建筑	一、二级	9	6	7	9
	三级	11	7	8	10
	四级	14	9	10	12

在依据表 5-2 进行检查核实时，应注意以下几点：

（1）相邻两座单、多层建筑，当相邻外墙为不燃性墙体且无外露的可燃性屋檐，每面外墙上无防火保护的门、窗、洞口不正对开设且面积之和不大于该外墙面积的 5% 时，其防火间距可按表 5-2 规定减少 25%。

（2）两座建筑相邻较高一面外墙为防火墙，或高出相邻较低一座一、二级耐火等级建筑的屋面 15m 及以下范围内的外墙为防火墙时，其防火间距可不限，如图 5-2 所示。

（3）相邻两座高度相同的一、二级耐火等级建筑中相邻任一侧外墙为防火墙，屋顶的耐火极限不低于 1.00h 时，其防火间距可不限。

（4）相邻两座建筑中较低一座建筑的耐火等级不低于二级，屋顶的耐火极限不低于

1.00h，屋顶无天窗且相邻较低一面外墙为防火墙时，其防火间距不应小于3.5m；对于高层建筑，不应小于4m，如图5－3所示。

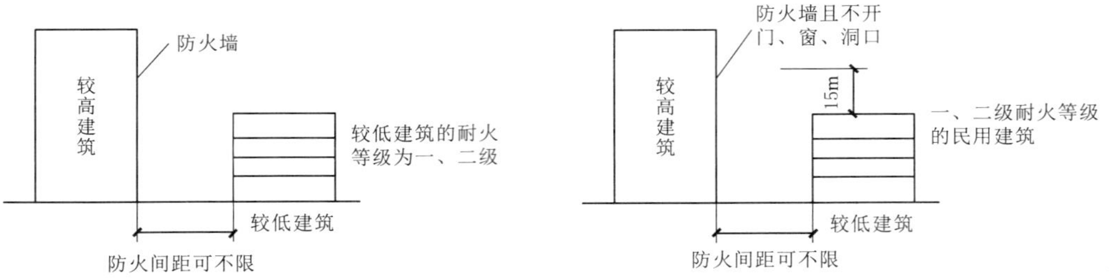

图5－2 当较高一面外墙为防火墙时防火间距示意图

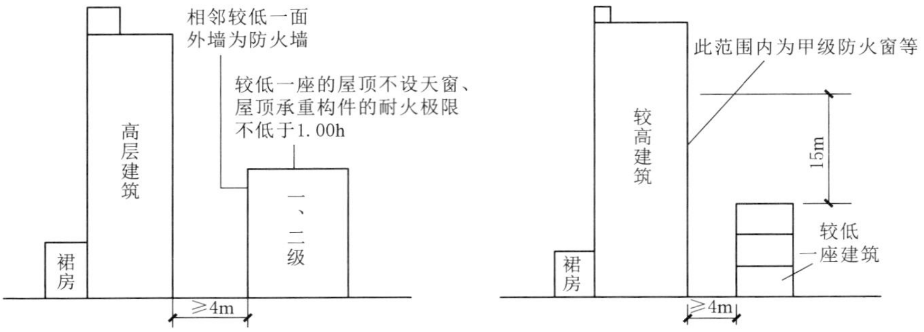

图5－3 防火间距示意图

（5）相邻两座建筑中较低一座建筑的耐火等级不低于二级且屋顶无天窗，相邻较高一面外墙高出较低一座建筑的屋面15m及以下范围内的开口部位设置甲级防火门、窗，或设置符合《自动喷水灭火系统设计规范》（GB 50084—2017）规定的防火分隔水幕或符合《建筑设计防火规范》（GB 50016—2014）规定的防火卷帘时，其防火间距不应小于3.5m；对于高层建筑，不应小于4m，如图5－3所示。

（6）对于建筑高度大于100m的超高民用建筑与相邻建筑的防火间距，当符合规范允许减小的条件时，仍不能减小。

六、防火间距不足时的消防技术措施

防火间距由于场地等原因，难以满足国家有关消防技术规范的要求时，可根据建筑物的实际情况采取以下几种措施补救。

（1）改变建筑物的生产和使用性质，尽量降低建筑物的火灾危险性，改变房屋部分结构的耐火性能，提高建筑的耐火等级。

（2）调整生产厂房的部分工艺流程，限制库房内储存物品的数量，提高部分构件的耐火极限和燃烧性能。

（3）将建筑物的普通外墙改造为防火墙或减少相邻建筑的开口面积。

（4）拆除部分耐火等级低、占地面积小，使用价值低且与新建筑物相邻的原有旧建

筑物。

（5）设置独立的室外防火墙，并应兼顾通风排烟和破拆扑救。

七、实践练习

1. 防火间距的测量

每组通过查阅现有建筑消防设计说明、总平面图等资料，了解建筑类别确定需满足的防火间距后开展现场核实。内容主要包括不同类别的建筑之间，U形或山形建筑的两翼之间，成组布置的建筑之间的防火间距。

对防火间距实地进行测量时，沿建筑周围选择相对较近处测量间距，测量值的允许负偏差不得大于规定值的5%。具体测量方法如下：

（1）建筑物之间的防火间距从相邻建筑外墙的最近水平距离进行测量，当外墙有凸出的可燃或难燃构件时，从凸出部分的外缘进行测量。建筑物与储罐、堆场的防火间距，按建筑外墙至储罐外壁的最近水平距离测量；与堆场之间的防火间距按建筑外墙至堆场中相邻堆垛外缘的最近水平距离测量。

（2）储罐之间的防火间距从相邻两个储罐外壁的最近水平距离测量；储罐与堆场之间的防火间距按储罐外壁至堆场中相邻堆垛外缘的最近水平距离测量。

（3）堆场之间的防火间距从两堆场中相邻堆垛外缘的最近水平距离测量。

（4）变压器之间的防火间距从相邻变压器外壁的最近水平距离测量。变压器与建筑物、储罐或堆场的防火间距，按变压器外壁至建筑外墙、储罐外壁或相邻堆垛外缘的最近水平距离测量。

（5）道路、铁路与建筑物、储罐或堆场的防火间距，从道路或铁路距建筑外墙、储罐外壁或相邻堆垛外缘最近一侧路边及铁路线中心线的最小水平距离测量。

2. 城市总体布局

每组选择一座城市，根据该城市总体规划图，核实大型易燃易爆物品生产、储存场所，汽车加油、加气站，易燃易爆化学物品的专用码头，车站，城市消防站等在城市中的位置是否合理，其是否满足城乡的总体规划和城市消防规划的要求。

（1）易爆物品的工厂，仓库，甲、乙、丙类液体储罐区，液化石油气储罐区，可燃、助燃气体储罐区，可燃材料堆场等，布置在城市（区域）的边缘或相对独立的安全地带，并位于城市（区域）全年最小频率风向的上风侧；与影剧院、会堂、体育馆、大型商场、游乐场等人员密集的公共建筑或场所保持足够的防火安全距离。

（2）可燃蒸气和可燃粉尘的工厂和大型液化石油气储存基地，布置在城市全年最小频率风向的上风侧，并与居住区、商业区或其他人员集中地区保持足够的防火安全距离。

（3）石油库、液化石油气储罐站等，沿城市河流布置时，布置在城市河流的下游，并采取防止液体流入河流的可靠措施。

（4）加气站远离人员集中的场所、重要的公共建筑。一级加油站、一级加气站、一级加油加气合建站和CNG加气母站设置在城市建成区和中心区域以外的区域。输油、输送可燃气体干管上不得有违法修建建筑物、构筑物或堆放物质。

（5）修车库、停车场远离易燃、可燃液体或可燃气体的生产装置区和储存区；汽车库与甲、乙类厂房、仓库分开建造。

（6）装运液化石油气和其他易燃易爆化学物品的专用码头，与其他物品码头之间的距离不小于最大装运船舶长度的两倍，距主航道的距离不小于最大装运船舶长度的一倍。

（7）城市消防站的布置应结合城市交通状况和各区域的火灾危险性进行合理布局；街区道路布置和市政消火栓的布局能满足灭火救援需要，街区道路中心线间距离一般在160m以内，市政消火栓沿可通行消防车的街区道路布置，间距不得大于120m。

需要注意的是，对于旧城区中严重影响城市消防安全的企业，要及时纳入城市改造计划，采取限期迁移或改变生产使用性质等措施。对于耐火等级低的建筑密集区和棚户区，要结合改造工程，拆除一些破旧房屋，建造一、二级耐火等级的建筑；对一时不能拆除重建的，可划分占地面积不大于2500m^2的防火分区，各分区之间留出不小于6m的防火通道或设置高出建筑屋面不小于50cm的防火墙。对于无市政消火栓或消防给水不足、无消防车通道的区域，要结合本区域内给水管道的改建，增设给水管道管径和消火栓，或根据具体条件修建容量为100～200m^3的消防蓄水池。

3. 常见企业总平面的布局

每组选择一家企业单位，核实所选择企业工程选址、总平面布局是否考虑其周围环境，是否能保证企业内厂（库）房本身的安全，保证相邻企事业单位和居住区的安全；是否考虑了厂（库）址的地形条件和当地的主导方向。

（1）石油化工企业。根据工厂的生产流程及各组成部分的生产特点和火灾危险性，结合地形、风向等条件，检查企业的功能分区、集中布置的建筑和装置等总平面布置。可能散发可燃气体的工艺装置、罐组、装卸区或全厂性污水处理场等设施，宜布置在人员集中场所及明火或散发火花地点的全年最小频率风向的上风侧；在山区或丘陵地区，需避免布置在窝风地带。

厂区主要出入口不少于两个，设置在不同方位。生产区的道路宜采用双车道。工艺装置区、液化烃储罐区、可燃液体的储罐区、装卸区及化学危险品仓库区按规定设置环形消防车道。

消防站的设置位置便于消防车迅速通往工艺装置区和罐区，宜位于生产区全年最小频率风向的下风侧且避开工厂主要人流道路。

（2）火力发电厂。厂址布置在厂区地势较低的边缘地带，当设置安全防护设施时，也能够布置在地形较高的边缘地带。布置在厂区内的点火油罐区，其围栅高度不小于1.8m；当利用厂区围墙作为点火油罐区的围栅时，实体围墙高度不小于2.5m。

厂区的出入口不少于两个，其位置便于消防车出入。主厂房、点火油罐区及储煤场周围设置环形消防车道。

（3）钢铁冶金企业。储存或使用甲、乙、丙类液体，可燃气体，明火或散发火花以及产生大量烟气、粉尘、有毒有害气体的车间，布置在厂区边缘或主要生产车间、职工生活区全年最小频率风向上风侧。

煤气罐区四周均设置围墙，实地测量柜体外壁与围墙的间距。当总容积不超过 200000m^3 时，罐体外壁与围墙的间距不小于 15m；当总容积大于 200000m^3 时，罐体外壁与围墙的间距不小于 18m。

高炉煤气、发生炉煤气、转炉煤气和铁合金电炉煤气的管道不能埋地敷设。氧气管道不得与燃油管道、腐蚀性介质管道和电缆、电线同沟敷设，动力电缆不得与可燃、助燃气体和燃油管道同沟敷设。

【练习题】

1. 对于建筑高度大于 100m 的民用建筑与相邻建筑的防火间距，当符合规范允许减小的条件时，（　　）。

A. 在规范基础上减小 2m　　B. 在规范基础上减小 4m

C. 在规范基础上减少不超过 25%　　D. 仍不应减小

2. 除规范另有规定外，高层乙类厂房与甲类厂房的防火间距不应小于（　　）m。

A. 12　　B. 10　　C. 13　　D. 11

3. 甲类厂房与明火或散发火花地点的防火间距不应小于（　　）m。

A. 15　　B. 20　　C. 30　　D. 50

4. 某厂为满足生产要求，拟建设一个总储量为 1000m^2 的液化石油气储罐区。在其他条件均满足规范要求的情况下，该储罐区宜布置在本地区的（　　）。

A. 全年最小频率风的上风侧　　B. 上风侧

C. 全年最小频率风的下风侧　　D. 下风侧

5. 甲类厂房与重要公共建筑的防火间距不应小于（　　）m。

A. 15　　B. 20　　C. 30　　D. 50

6. 两座厂房相邻较高一面外墙为防火墙时，其防火间距不限，但对于甲类厂房之间，防火间距不应小于（　　）m。

A. 2　　B. 4　　C. 5　　D. 10

7. 相邻两座单、多层建筑，当相邻外墙为不燃性墙体且无外露的可燃性屋檐，每面外墙上无防火保护的门、窗、洞口不正对开设且面积之和不大于该外墙面积的（　　）时，其防火间距可按相关规定减少 25%。

A. 1%　　B. 3%　　C. 5%　　D. 10%

8. 两相邻高层建筑中，其较低一座建筑的耐火等级不低于二级，屋面板的耐火极限不低于 1.00h，屋顶无天窗且相邻较低一面外墙为防火墙时，其防火间距不应小于（　　）m。

A. 2　　B. 4　　C. 5　　D. 10

9. 下列关于防火间距不足时采取的措施的说法错误的是（　　）。

A. 可改变建筑物的生产和使用性质，尽量降低建筑物的火灾危险性

B. 可调整生产厂房的全部工艺流程，限制库房内储存物品的数量

C. 拆除部分耐火等级低、占地面积小，使用价值低且与新建筑物相邻的原有陈旧建筑物

D. 设置独立的室外防火墙

10. 某工厂有一座建筑高度为 21m 的丙类生产厂房，耐火等级为二级。现要在旁边新建一座建筑耐火等级为二级、建筑高度为 15m、屋顶耐火极限不低于 1.00h 且屋面无天窗的丁类生产厂房。如该丁类生产厂房与丙类厂房相邻一侧的外墙采用无任何开口的防火墙，则两座厂房之间的防火间距不应小于（　　）m。

A. 3.5　　B. 4　　C. 6　　D. 10

11. 某造纸厂区内设有一露天秸秆堆场，造纸厂所在区域全年最小频率风向为西南风，下列关于该秸秆堆场与生活区的布置符合规定的是（　　）。

A. 布置在生活区的东北侧

B. 布置在生活区的西南侧且靠近天然水源

C. 布置在生活区的东北侧且靠近天然水源

D. 布置在生活区的西南侧

12. 某综合楼高 96m，拟在其右侧新建一座 126m 的写字楼，与综合楼相邻一侧设置为防火墙，其新建写字楼与综合楼之间的防火间距（　　）。

A. 不应小于 4m　　B. 不应小于 3.5m

C. 不应小于 13m　　D. 可不限

13. 某建筑高度为 38m 的办公楼建筑与建筑高度 32m 耐火等级为二级的氟利昂厂房的防火间距不应小于（　　）m。

A. 13　　B. 25　　C. 15　　D. 18

14. 下列建筑相邻两面外墙均为不燃性墙体，当无外露的可燃性屋檐，每面外墙上的门、窗、洞口面积之和各不大于该外墙面积的 5%，且门、窗、洞口不正对开设时，其防火间距可按规定减少 25%的是（　　）。

A. 氨压缩机房与汽车总装车间

B. 建筑高度为 56m 的商业综合楼与建筑高度为 23.8m 的住宅

C. 汽车的装配车间与汽车轮毂的抛光车间

D. 某造纸厂与其成品仓库

15. 某 PVC 生产企业，生产过程中需要用到电石，故该企业计划在厂区合适的位置设置一座电石仓库，该地区全年最小频率风向为西北风。下列关于电石仓库的设置位置说法正确的是（　　）。

A. 设置在厂区的东南侧

B. 设置在厂区靠近厂房附近的西北侧低洼处

C. 设置在厂区东南侧较高处

D. 设置在厂区远离厂房的西北侧

课程思政——“8·12”天津滨海新区爆炸事故

【教学目的】

通过“8·12”天津滨海新区爆炸事故，帮助学生树立正确的新时代社会主义核心价值观，要求他们在今后的消防执法过程中做到有法必依、执法必严。

一、事故概况

“8·12”天津滨海新区爆炸事故是一起发生在天津市滨海新区的特别重大安全事故。2015 年 8 月 12 日 22 时 51 分 46 秒，位于天津市滨海新区天津港的瑞海公司危险品仓库发生火灾爆炸事故，本次事故中爆炸总能量约为 450 吨 TNT 当量。造成 165 人遇难（其中参与救援处置的公安现役消防人员 24 人、天津港消防人员 75 人、公安民警 11 人，事故企业、周边企业员工和居民 55 人）、8 人失踪（其中天津消防人员 5 人，周边企业员工、天津港消防人员家属 3 人），798 人受伤（伤情重及较重的伤员 58 人、轻伤员 740 人），304 幢建筑物、12428 辆商品汽车、7533 个集装箱受损。

截至 2015 年 12 月 10 日，依据《企业职工伤亡事故经济损失统计标准》等标准和规定统计，事故已核定的直接经济损失 68.66 亿元。经国务院调查组认定，“8·12”天津滨海新区爆炸事故是一起特别重大的生产安全责任事故。

2016 年 11 月 7 日至 9 日，“8·12”天津市滨海新区爆炸事故所涉 27 件刑事案件一审分别由天津市第二中级人民法院和 9 家基层法院公开开庭进行了审理，并于 9 日对上述案件涉及的被告单位及 24 名直接责任人员和 25 名相关职务犯罪被告人进行了公开宣判。宣判后，各案被告人均表示认罪、悔罪。天津市交通运输委员会主任武岱等 25 名国家机关工作人员分别被以玩忽职守罪或滥用职权罪判处三年到七年不等的有期徒刑，其中李志刚等 8 人同时犯受贿罪，予以数罪并罚。

二、责任认定

调查组查明，事故的直接原因是：瑞海公司危险品仓库运抵区南侧集装箱内硝化棉由于湿润剂散失出现局部干燥，在高温天气等因素的作用下加速分解放热，积热自燃，引起相邻集装箱内的硝化棉和其他危险化学品长时间大面积燃烧，导致堆放于运抵区的硝酸铵等危险化学品发生爆炸。

调查组认定，瑞海公司严重违反有关法律法规，是造成事故发生的主体责任单位。该公司无视安全生产主体责任，严重违反天津市城市总体规划和滨海新区控制性详细规划，违法建设危险货物堆场，违法经营、违规储存危险货物，安全管理极其混乱，安全隐患长期存在。

调查组同时认定，有关地方党委、政府和部门存在有法不依、执法不严、监管不力、履职不到位等问题。天津交通、港口、海关、安监、规划和国土、市场和质检、海事、公安以及滨海新区环保、行政审批等部门单位，未认真贯彻落实有关法律法规，未认真履行职责，违法违规进行行政许可和项目审查，日常监管严重缺失；有些负责人和工作人员贪赃枉法、滥用职权。

天津市委、市政府和滨海新区区委、区政府未全面贯彻落实有关法律法规，对有关部门、单位违反城市规划行为和在安全生产管理方面存在的问题失察失管。

交通运输部作为港口危险货物监管主管部门，未依照法定职责对港口危险货物安全管理督促检查，对天津交通运输系统工作指导不到位。

海关总署督促指导天津海关工作不到位。有关中介及技术服务机构弄虚作假，违法违规进行安全审查、评价和验收等。

1. 责任单位

部分主要责任单位或部门名单	
瑞海国际物流有限公司	负有主体责任单位
严重违法违规经营，该公司严重违反天津市城市总体规划和滨海新区控制性详细规划，无视安全生产主体责任，非法建设危险货物堆场，在现代物流和普通仓储区域违法违规从2012年11月至2015年6月多次变更资质经营和储存危险货物，安全管理极其混乱，致使大量安全隐患长期存在	
天津市交通运输委员会	危险化学品经营管理行业主管部门
对危险化学品经营业务负有审批、监管等职责，未认真履行职责，违规发放经营许可证	
天津市安全生产监督管理局	安全生产的监督管理部门
对辖区内企业特别是危化品经营企业的安全生产负有监管职责，监管不力，对瑞海公司存在的安全隐患和违法违规经营问题未及时检查发现和依法查处	
滨海新区安全生产监督管理局	安全生产的监督管理部门
对辖区内企业特别是危化品经营企业的安全生产负有监管职责，监管不力，对瑞海公司存在的安全隐患和违法违规经营问题未及时检查发现和依法查处	
滨海新区规划和国土资源管理局	辖区各类建设项目的规划管理部门
对辖区内企业经营危险化学品仓储业务规划负有审批职责，明知瑞海公司经营危险化学品仓储地点违反安全距离规定，未严格审查把关，违规批准该公司危险化学品仓储业务规划	
天津新港海关	辖区危化品进出口的监管部门
对辖区内企业的危化品进出口活动负有监管职责，危化品进出口监管活动中对工作严重不负责任，对瑞海公司日常监管工作失察，对其违法从事危化品经营活动未及时发现并查处；给不具备资质的瑞海公司开辟绿色进出关通道，放纵瑞海公司从事违法经营活动	
天津港（集团）有限公司	港区企业管理单位
对辖区内经营企业负有安全生产监管等职责，疏于管理，对瑞海公司存在的安全隐患和违法违规经营问题未有效督促纠正和处置	
天津中滨海盛安全评价监测有限公司	瑞海国际物流有限公司安全报告的评价单位
对辖区内经营企业提供安全评价报告	

2. 责任人员

公安、检察机关对49名企业人员和行政监察对象依法立案侦查并采取刑事强制措施。其中，公安机关对24名相关企业人员依法立案侦查并采取刑事强制措施（瑞海公司13人，中介和技术服务机构11人）；检察机关对25名行政监察对象依法立案侦查并采取刑事强制措施（正厅级2人，副厅级7人，处级16人），其中交通运输部门9人，海关系统5人，天津港（集团）有限公司5人，安全监管部门4人，规划部门2人。

根据事故原因调查和事故责任认定结果，调查组另对123名责任人员提出了处理意见，建议对74名责任人员给予党纪政纪处分，其中省部级5人，厅局级22人，县处级22人，科级及以下25人；对其他48名责任人员，建议由天津市纪委及相关部门视情况予以诫勉谈话或批评教育；1名责任人员在事故调查处理期间病故，建议不再给予其处分。

三、结束语

同学们，根据以往就业去向，我们中很多人会从事防火监督、检查、审核等执法工作，这些工作环节权力大、责任重，有可能滋生腐败违法现象。如果你们面对权力、金钱甚至是美色的诱惑，你们应该怎么做？大家一定要树立正确的价值观，今后工作中做到廉洁自守。

第六章

建筑平面布置

【学习目标】

掌握建筑厂房、民用建筑的平面布置要求，熟悉对平面布置开展防火检查的具体内容和方法。

第一节 建筑平面布置的布置原则

总平面布局是全局，建筑间。平面布置是局部，建筑内。一座建筑，建筑物内部除了考虑满足功能需求外，不同功能空间的火灾危险性和人员疏散要求是不一样的，一般应根据建筑的耐火等级、火灾危险性、使用性质、人员密集场所人员快捷疏散和火灾扑救等因素，对建筑物内部空间进行合理布置，将火灾危险性大的空间相对集中并划分为不同的防火分区，或者将这样的空间布置在对建筑结构或人员疏散影响较小并便于扑救或控火的部位等，以防止火灾和烟气在建筑内部蔓延，确保火灾时的人员生命安全，减少财产损失。

建筑平面布置的布置原则如下：

（1）当建筑物的内部某处发生火灾时，能降低对邻近（上下层、水平相邻空间）分隔区域受到强辐射热和烟气的影响。

（2）为消防救援人员进行救援、利用灭火设施进行作战活动提供便利。

（3）当建筑内部某部位着火时，能限制火灾和烟气在建筑内部和外部的蔓延，并为人员疏散、消防救援人员的救援和灭火提供保护。

（4）在有火灾或爆炸危险的建筑内布置的设备，其设备的设置部位应能防止对人员和贵重设备造成影响或危害；或采取防范措施防止发生火灾或爆炸，及时控制灾害的蔓延扩大。

（5）除了为满足民用建筑使用功能所设置的附属房屋外，民用建筑内不应设置生产车间和其他库房。民用建筑内严禁附设经营、存放和使用甲、乙类火灾危险性物品的商店、作坊的储藏间。

第二节 民用建筑

民用建筑内商店、歌舞娱乐放映游艺场所、托儿所、幼儿园的儿童用房、儿童活动场所、老年人活动场所、柴油发电机房、锅炉房等特殊场所或重要设备用房要符合现行国家工程建设消防技术标准的要求。

一、营业厅、展览厅

营业厅、展览厅主要核实检查以下内容：

（1）设置层数。地下商店营业厅不得设置在地下三层及以下；三级耐火等级建筑内的商店可设置在二层及以下的楼层，四级耐火等级建筑内的商店只能布置在首层。

（2）商品经营种类。营业厅经营和储存商品的火灾危险性不得为甲、乙类。

（3）地下、半地下营业厅的防火分隔。当地下或半地下商业营业厅总建筑面积大于20000m²时，需采用不开设门窗洞口的防火墙进行分隔；对确需局部连通的相邻区域，检查是否采取下沉式广场、防火隔间、避难走道和防烟楼梯间等措施进行防火分隔。

商店、展览建筑场所平面布置要求见表6－1。

表6－1　商店、展览建筑场所平面布置要求

检查内容	要　求	
设置层数	不应设置在地下三层及以下楼层	
	设置在三级耐火等级建筑内的应在首层或二层	独立不超过二层
	设置在四级耐火等级建筑内的应在首层	独立应为单层
商品种类	经营和储存商品的火灾危险性不得为甲、乙类	

二、儿童活动场所

儿童活动场所主要是指设置在建筑内的儿童游乐厅、儿童乐园、儿童培训班、早教中心等类似用途的场所。如果这些场所与其他功能的场所混合建造，发生火灾时不利于儿童疏散和灭火救援，所以应严格控制。

托儿所、幼儿园的儿童用房和儿童游乐厅等儿童活动场所宜设置在独立的建筑内，并且不应设置在地下或半地下；当采用一、二级耐火等级的建筑时，不应超过3层；采用三级耐火等级的建筑时，不应超过2层；采用四级耐火等级的建筑时，应为单层；若确需设置在其他民用建筑内时，应符合下列规定：

（1）应采用耐火极限不低于2.00h的防火隔墙和耐火极限不低于1.00h的楼板与其他场所或部位分隔，墙上必须设置的门、窗应采用乙级防火门、窗。

（2）设置在一、二级耐火等级的建筑内时，应布置在首层、二层或三层。

（3）设置在三级耐火等级的建筑内时，应布置在首层或二层。

（4）设置在四级耐火等级的建筑内时，应布置在首层。

（5）设置在高层建筑内时，应设置独立的安全出口和疏散楼梯。

（6）设置在单、多层建筑内时，宜设置独立的安全出口和疏散楼梯。

三、老年人照料设施

老年人照料设施宜独立设置。当老年人照料设施与其他建筑上、下组合时，老年人照料设施宜设置在建筑的下部，并应符合下列规定：

（1）独立建造的一、二级老年人照料设施的建筑高度不宜大于32m，不应大于

54m；独立建造的三级耐火等级的老年人照料设施不应超过 2 层。

（2）老年人照料设施部分应采用耐火极限不低于 2.00h 的防火隔墙和耐火极限不低于 1.00h 的楼板与其他场所或部位分隔，墙上必须设置的门、窗应采用乙级防火门、窗。

（3）当老年人照料设施中的老年人公共活动用房、康复与医疗用房设置在地下、半地下时，应设置在地下一层，每间用房的建筑面积不应大于 $200m^2$ 且使用人数不应大于 30 人。

（4）老年人照料设施中的老年人公共活动用房、康复与医疗用房设置在地上四层及以上时，每间用房的建筑面积不应大于 $200m^2$ 且使用人数不应大于 30 人。

四、医院和疗养院的住院部分

医院和疗养院的住院部分不应设置在地下或半地下。医院和疗养院的住院部分采用三级耐火等级建筑时，不应超过两层；采用四级耐火等级建筑时，应为单层；设置在三级耐火等级的建筑内时，应布置在首层或二层；设置在四级耐火等级和建筑内时，应布置在首层。

医院和疗养院的病房楼内相邻护理单元之间应采用耐火极限不低于 2.00h 的防火隔墙分隔，隔墙上的门应采用乙级防火门，设置在走道上的防火门应采用常开防火门。

儿童活动场所及老年人建筑平面布置要求见表 6－2。

表 6－2　儿童活动场所及老年人建筑平面布置要求

检查内容	要　求	
设置层数	不应设置地下、半地下，宜独立设置	
	设在一、二级耐火等级建筑的首层、二层、三层	独立不超过 3 层
	设在三级耐火等级建筑的首层、二层	独立不超过 2 层
	设在四级耐火等级建筑的首层	独立应为单层
安全出口	设置在高层建筑内时，应设置独立的安全出口和疏散楼梯	
	设置在单、多层建筑内时，宜设置单独的安全出口和疏散楼梯	
防火分隔	设置在其他民用建筑内时，采用耐火极限不低于 2.00h 的不燃烧体性墙体和 1.00h 的楼板隔开	

五、教学建筑、食堂、菜市场

教学建筑、食堂、菜市场采用三级耐火等级建筑时，不应超过两层；采用四级耐火等级建筑时，应为单层；设置在三级耐火等级的建筑内时，应布置在首层或二层；设置在四级耐火等级的建筑内时，应布置在首层。

教学建筑、食堂、菜市场建筑平面布置要求见表 6－3。

表 6－3　教学建筑、食堂、菜市场建筑平面布置要求

检查内容	要　求	
设置层数	设在三级耐火等级建筑的首层、二层	独立不超过 2 层
	设在四级耐火等级建筑的首层	独立应为单层

六、剧场、电影院、礼堂

（1）与建筑其他部位的防火分隔。宜设置在独立的建筑内。必须设置在其他民用建

筑内时，至少设置 1 个独立的安全出口和疏散楼梯，并采用耐火极限不小于 2.00h 的防火隔墙和甲级防火门与其他区域分隔。

（2）设置层数。宜布置一、二级耐火等级的多层建筑的首层、二层或三层；设置在三级耐火等级的建筑内时，不得布置在三层及以上楼层；设置在地下或半地下时，宜设置在地下一层，不得设置在地下三层及以下楼层。

（3）观众厅的布置。设置在高层民用建筑或多层民用建筑的四层及以上楼层时，每个观众厅的建筑面积不宜大于 $400m^2$，且一个厅、室的疏散门不少于 2 个。

剧场、电影院、礼堂建筑平面布置要求见表 6－4。

表 6－4　　剧场、电影院、礼堂建筑平面布置要求

检查内容	宜独立设置，设在其他建筑内的要求
设置层数	在地下或半地下时，宜在地下一层，不得在地下三层及以下楼层。 在一、二级耐火等级的建筑内时，观众厅宜布置在首层、二层或三层。 在三级耐火等级的建筑内时，不得布置在三层及以上楼层
其他楼层	在四层及以上楼层时，每个观众厅的建筑面积不宜大于 $400m^2$，且一个厅、室的疏散门不少于 2 个。设置在高层建筑内时，应设置火灾自动报警系统及自动喷水灭火系统等自动灭火系统
防火分隔	至少设置 1 个独立的安全出口和疏散楼梯，并采用耐火极限不低于 2.00h 的防火隔墙和甲级防火门分隔

七、燃油或燃气锅炉房

燃油或燃气锅炉房应符合下列规定：

（1）设置部位。宜设置在建筑外的专用房间内；受条件限制必须贴邻民用建筑时，该建筑的耐火等级不得低于一、二级，锅炉房与所贴邻的建筑采月防火墙分隔，且未贴邻人员密集场所；必须布置在民用建筑内时，不得布置在人员密集场所的上一层、下一层或贴邻。

（2）设置层数。锅炉房设置在首层或地下一层的靠外墙部位，如为常（负）压燃油或燃气锅炉，可设置在地下二层或屋顶上。设置在屋顶上的常（负）压燃气锅炉，距离通向屋面的安全出口不小于 6m。采用相对密度（与空气密度的比值），不得设置在地下或半地下。

（3）与建筑其他部位的防火分隔。与其他部位之间采用耐火极限不低于 2.00h 的防火隔墙和耐火极限不低于 1.50h 的不燃性楼板分隔。必须在隔墙上开设的门、窗为甲级防火门、窗。

（4）疏散门的设置。疏散门直通室外或安全出口。

（5）储油间的设置。锅炉房内设置的储油间总储存量不得大于 $1m^3$，且储油间采用防火墙与锅炉间分隔；必须在防火墙上开设的门为甲级防火门。

（6）储油罐的设置。布置在建筑外的储油罐与建筑间防火间距符合规定；当设置中间罐时，中间罐的容量不得大于 $1m^3$，设置在一、二级耐火等级的单独房间时，房间门为甲级防火门。

（7）锅炉的容量。锅炉的容量符合现行国家标准《锅炉房设计标准》（GB 50041—2020）的有关规定。

（8）燃料供给管道的设置。在进入建筑物前和设备间内的管道上设置自动和手动切断阀；储油间的油箱密闭且设置通向室外的通气管，通气管设置带阻火器的呼吸阀，油箱的下部设置防止油品流散的设施。

（9）设施的配置。锅炉房设置火灾报警装置、独立的通风系统和建筑规模相适应的灭火设施；燃气锅炉房还需检查是否设置爆炸泄压设施。

八、变压器室

变压器室应符合下列规定：

（1）设置部位。变压器室设有油浸变压器、充有可燃油的高压电容器和多油开关，且受条件限制必须贴邻民用建筑时，该建筑的耐火等级不得低于一、二级，锅炉房与所贴邻的建筑之间采用防火墙分隔，且未贴邻人员密集场所；必须布置在民用建筑内时，不得布置在人员密集场所的上一层、下一层或贴邻。

（2）疏散门的设置。疏散门直通室外或安全出口。

（3）变压器的容量。油浸变压器的总容量不大于1260kV·A，单台容量不大于630kV·A。

（4）设施的配置。油浸变压器、多油开关室、高压电容器室，设置火灾报警装置、防止油品流散的设施和建筑规模相适应的灭火设施；对于油浸变压器，还需要检查其下面是否设置能储存变压器全部油量的事故储油设施。

九、柴油发电机房

柴油发电机房应符合下列规定：

（1）设置层数。不得布置在人员密集场所的上一层、下一层或贴邻，宜布置在建筑物的首层及地下一、二层。

（2）与建筑其他部位的防火分隔。耐火极限不低于2.00h的防火隔墙和耐火极限不低于1.50h的不燃性楼板分隔，门为甲级防火门。

（3）储油间的设置。检查机房内设置储油间的总储存量不大于$1m^3$，且储油间采用防火墙和甲级防火门与发电机间隔开。

（4）燃料供给管道的设置。在进入建筑物前和设备间内的管道上设置自动和手动切断阀；储油间的油箱密闭且设置通向室外的通气管，通气管设置带阻火器的呼吸阀，油箱的下部设置防止油品流散的设施。

（5）设施的配置。检查是否设置火灾报警装置；如建筑内其他部位设置自动喷水灭火系统，机房需设置自动喷水灭火系统。

十、消防控制室

消防控制室应符合下列规定：

（1）设置部位。消防控制室可设置在建筑物的地下一层，宜设置在建筑物内首层的靠外墙部位，应远离电磁场干扰较强及其他可能影响消防控制设备工作的设备用房；如单独建造，建筑物的耐火等级不低于二级。

（2）与其他部位的防火分隔。采用耐火极限不低于2.00h的防火隔墙和耐火极限不低于1.50h的不燃性楼板分隔，开向建筑内的门为乙级防火门。

（3）疏散门的设置。疏散门直通室外或安全出口。

（4）设施的设置。为避免消防控制室被淹或进水受到影响，需设置挡水门槛等挡水措施，如消防控制室设置在地下时，还需检查是否设置排水沟等防淹措施。

锅炉房、柴油发电机房、变压器室建筑平面布置设置部位、设置层数、其他要求见表 6－5～表 6－7。

表 6－5　锅炉房、柴油发电机房、变压器室建筑平面布置设置部位要求

设备用房	设置部位要求	
锅炉房、变压器室	宜设置在建筑外的专用房间内，若确需贴邻民用建筑，其专用房间的耐火等级不应低于二级，应采用防火墙分隔，且不应贴邻人员密集场所	若布置在民用建筑内，不应布置在人员密集场所的上一层、下一层或贴邻
柴油发电机房	若布置在民用建筑内，不应布置在人员密集场所的上一层、下一层或贴邻	
消防控制室	单独建造时，其耐火等级不应低于二级	
消防水泵房		

表 6－6　锅炉房、柴油发电机房、变压器室建筑平面布置设置层数要求

设备用房	设置层数要求	
锅炉房 变压器室	应在首层或地下一层的靠外墙部位	常（负）压燃油或燃气锅炉，可设置在地下二层或屋顶上。设置在屋顶上的常（负）压燃气锅炉，距离通向屋面的安全出口不小于 6m。采用相对密度（与空气密度的比值）不小于 0.75 的可燃气体为燃料的锅炉，不得设置在地下或半地下
柴油发电机房	宜在首层及地下一、二层	
消防控制室	宜在首层或地下一层靠外墙部位	远离电磁场干扰较强及其他可能影响消防控制设备工作的设备用房。严禁与消防控制室无关的电气线路和管路穿过
消防水泵房	不应设置在地下三层及以下	不应设置在地下室内地面不室外出入口地坪高差大于 10m 的楼层内

表 6－7　锅炉房、柴油发电机房、变压器室建筑平面布置其他要求

其他检查内容	要求
锅炉房、柴油发电机房的储油间	总储存量不得大于 $1m^3$，且应采用耐火极限不低于 3.00h 的防火隔墙与锅炉间分隔；若确需在防火墙上开设门，其为甲级防火门
锅炉房、柴油发电机房、变压器室的消防设施	应设置火灾报警装置、独立的通风系统和与建筑规模相适应的灭火设施；若建筑内其他部位设置自动喷水灭火系统，其也要相应设置；燃油锅炉房应采用丙类液体作燃料
变压器容量	油浸变压器的总容量不大于 1260kV·A，单台容量不大于 630kV·A
变压器室防流散设施	油浸变压器、多油开关室、高压电容器室，应设置防止油品流散的设施；对于油浸变压器，应设置能储存变压器全部油量的事故储油设施

第三节　厂　房、仓　库

一、办公室、休息室

（1）甲、乙类生产场所（仓库）不应设置在地下或半地下。

（2）办公室、休息室等不应设置在甲、乙类厂房内，确需贴邻本厂房时，其耐火等级不应低于二级，并应采用耐火极限不低于 3.00h 的防爆墙隔开且应设置独立的安全出口。

（3）在丙类厂房内设置的办公室、休息室，应采用耐火极限不低于 2.50h 的防火隔墙和耐火极限不低于 1.00h 的楼板与厂房隔开，并应至少设置一个独立的安全出口。如隔墙上需开设相互连通的门时，应采用乙级防火门。

（4）甲、乙类仓库内严禁设置办公室、休息室等，且不应贴邻建造。

（5）在丙、丁类仓库内设置的办公室、休息室，应采用耐火极限不低于 2.50h 的防火隔墙和耐火极限不低于 1.00h 的楼板与库房隔开，并应设置独立的安全出口。如隔墙上需开设相互连通的门时，应采用乙级防火门。

（6）员工宿舍严禁设置在厂房、仓库内。

工业附属用房平面布置其他要求见表 6－8。

表 6－8　工业附属用房平面布置其他要求

<table>
<tr><th>内容</th><th>厂　房　内</th><th>仓　库　内</th></tr>
<tr><td>员工宿舍</td><td colspan="2">严禁设置</td></tr>
<tr><td rowspan="2">办公室、休息室</td><td>甲、乙类厂房内，不应设置。
若确需贴邻时：其耐火等级不低于二级；采用耐火极限不低于 3.00h 的防爆墙隔开；设置独立的安全出口</td><td>甲、乙类仓库，严禁设置并不得贴邻建造</td></tr>
<tr><td colspan="2">丙类厂房（丙、丁类仓库）内设置：采用耐火极限不低于 2.50h 的防火隔墙和 1.00h 的楼板隔开；至少设置 1 个独立安全出口；如隔墙上需开设相互连通的门，应采用乙级防火门</td></tr>
</table>

二、液体中间储罐

厂房中的丙类液体中间储罐应设置在单独房间内，其容积不应大于 $5m^3$。设置该中间储罐的房间，应采用耐火极限不低于 3.00h 的防火隔墙和耐火极限不低于 1.50h 的楼板与其他部位分隔，房间的门应采用甲级防火门。

三、附属仓库

厂房内设置不超过一昼夜需要量的甲、乙类中间仓库时，中间仓库应靠外墙布置，并应采用防火墙和耐火极限不低于 1.50h 的不燃性楼板与其他部分隔开。

厂房内设置丙类仓库时，必须采用防火墙和耐火极限不低于 1.50h 的楼板与厂房隔开，设置丁、戊类仓库时，应采用耐火极限不低于 2.00h 的防火隔墙和耐火极限不低于 1.00h 的楼板与其他部位隔开。

中间仓库、中间储罐平面布置其他要求见表 6－9。

表 6－9　中间仓库、中间储罐平面布置其他要求

厂房内	设　置　要　求
中间仓库	甲、乙类中间仓库：储量不宜超过一昼夜的需要量；靠外墙布置
	甲、乙、丙类仓库：用防火墙和耐火极限不低于 1.50h 的楼板隔开
	丁、戊类仓库：采用耐火极限不低于 2.00h 的防火隔墙和 1.00h 的楼板隔开

续表

厂房内	设 置 要 求
中间储罐	丙类液体中间储罐应设置在单独房间内，其容量不大于 $5m^3$。应采用耐火极限不低于 3.00h 的防火隔墙和 1.50h 的楼板与其他部位分隔，房间门应为甲级防火门

【练习题】

1. 某地上 10 层、地下 3 层的建筑，每层建筑面积为 $1200m^2$，首层为大堂，二层至五层为商店，地上六层以上各层为办公区，地下一层层高 5m，设置设备用房和夜总会。下列关于该夜总会的设置及消防设计的说法中，正确的有（　　）。

A. 豪华包间的建筑面积为 $200m^2$

B. 每个房间采用耐火极限为 1.00h 的防火隔墙与其他房间分隔

C. 夜总会所在空间采用耐火极限为 1.50h 的防火隔墙和 1.00h 的楼板与其他场所分隔

D. 夜总会也可设置在地下二层，但需采用防火墙与其他区域分隔

2. 厂房内设置不超过一昼夜需要量的甲、乙类中间仓库时，中间仓库应靠外墙布置，并应采用防火墙和耐火极限不低于（　　）h 的不燃烧性楼板与其他部分隔开。

A. 1.00　　B. 1.50　　C. 2.50　　D. 3.00

3. 厂区围墙与厂区内建筑的间距不宜小于（　　）m，围墙两侧建筑的间距应满足相应建筑的防火间距要求。

A. 5　　B. 10　　C. 12　　D. 14

4. 当锅炉房内设置储油间时，对于下列选项，其总储存量不应为（　　）m^3，且储油间应采用防火墙与锅炉间隔开的方式，当必须在防火墙上开门时，应设置甲级防火门。

A. 1　　B. 3　　C. 4　　D. 5

5. 某地上 15 层、地下 1 层的建筑，每层建筑面积为 $1500m^2$，建筑高度为 50m，地上五层以上各层为办公区，五层设一多功能会议厅；地下一层层高 4m，设置设备用房和歌舞厅。下列说法中，错误的有（　　）。

A. 歌舞厅的建筑面积为 $180m^2$

B. 多功能会议厅的建筑面积为 $300m^2$

C. 多功能会议厅的建筑面积为 $200m^2$，设置一个疏散门

D. 歌舞厅采用耐火极限为 1.50h 的防火隔墙与其他场所分隔

E. 歌舞厅内设置火灾自动报警系统和自动喷水灭火系统等消防设施

6. 对厂房、仓库进行防火检查时，应检查厂房、仓库的平面布置情况。某家具厂的下列做法中，不符合规范要求的是（　　）。

A. 厂房内设置员工宿舍，采用防火墙和甲级防火门与生产车间分隔，并设置独立出口

B. 厂房内设置办公室，并采用耐火极限为 2.50h 的防火墙与生产车间分隔

C. 厂房内设置办公室，连通生产车间的门采用乙级防火门

D. 靠外墙设置存放油漆的中间仓库，采用防火墙与生产区分隔，且设置直通室外的出口

7. 某建筑公司承接了一座建筑高度为 38m 的商业建筑项目，地上 11 层，地下 2 层，地下二层室内地面与室外出入口地坪高差为 11m，商业建筑每层建筑面积均为 $3500m^2$，整体性质为商场营业厅，局部设置儿童游乐厅以及电影院，并设置了火灾自动报警系统、自动喷水灭火系统，并采用不燃材料装修，下列关于其设计方案不正确的是（　　）。

A. 将幼儿园布置在地上三层

B. 将电影院布置在地下二层

C. 儿童游乐厅设置了独立的安全出口和疏散楼梯，电影院未设置独立的安全出口

D. 电影院区域采用耐火极限 2.50h 的防火隔墙和甲级防火门与其他区域分隔

8. 关于食堂的说法不正确的是（　　）。

A. 食堂可以布置在三级耐火等级建筑的三层

B. 食堂可以布置在二级耐火等级建筑的三层

C. 食堂可以布置在一级耐火等级建筑的三层

D. 食堂可以布置在四级耐火等级建筑的首层

9. 办公室、休息室等不得设置在甲、乙类厂房内，必须设置时只能与耐火等级不低于二级的厂房贴邻建造，并采用耐火极限不低于（　　）h 的不燃烧体防爆墙隔开和设置独立的安全出口。

A. 1.00　　B. 2.00　　C. 3.00　　D. 4.00

10. 建筑防火检查中，要求地下商店营业厅不得设置在地下（　　）及以下。

A. 一层　　B. 二层　　C. 三层　　D. 四层

11. 国家建设工程消防技术标准教学建筑设置层数规定，中学教学楼的主要教学用房不得设置在（　　）层以上。

A. 3　　B. 4　　C. 5　　D. 6

12. 某市横店影视城设置在高层民用建筑五层，该影视城观众厅的建筑面积不宜大于（　　）m^2，且一个厅、室的疏散门不少于 2 个。

A. 100　　B. 200　　C. 300　　D. 400

13. 根据《建筑设计防火规范》（GB 50016—2014）规定，下列关于商店的防火设计说法中错误的是（　　）。

A. 采用三级耐火等级的商店建筑，建筑层数为 2 层

B. 经营润滑油的商店设置在高层民用建筑的首层

C. 商店营业厅设置在地下三层

D. 商店营业厅设置在三级耐火等级建筑的地上二层

14. 某民用建筑地上 16 层，地下 2 层，层高均为 4.5m，每层建筑面积为 $3000m^2$，一至三层为商场，四至十六层为酒店。地下一层设置设备用房、酒店后勤管理办公室用房及汽车库，地下二层设置设备用房及汽车库。根据《建筑设计防火规范》（GB 50016—

2014)，下列关于该建筑平面布置布置中不符合规范规定的是（　　）。

A. 常压燃油锅炉房、干式变配电房设置在地下一层

B. 空调机房、消防水池及水泵房，柴油发电机房设置在地下二层

C. 锅炉房、空调机房、消防水泵房、柴油发电机房应设置自动喷水灭火系统

D. 若地下二层设备用房建筑面积不大于 $2000m^2$，则地下二层可划分为一个防火分区

15. 根据《建筑设计防火规范》（GB 50016—2014）规定，下列关于建筑平面布置的说法中错误的是（　　）。

A. 展览厅不应布置在地下三层

B. 医院病房楼内护理单元之间应采用耐火极限不低于 2.50h 的防火隔墙分隔

C. 单独建造的三层教学楼，耐火等级不应低于二级

D. 电影院不应设置在地下三层及以下楼层

第七章

防火防烟分区

【学习目标】

1. 了解防火、防烟分区的概念、划分及划分应考虑的因素。

2. 熟悉各类建筑防火分区面积要求，管道井、建筑幕墙、变形缝和伸缩缝等特殊功能区的防火分隔。

3. 掌握常见防火墙、防火门（窗）、防火卷帘、防火阀、挡烟垂壁等防火分隔措施设置要求等基本知识，并掌握对防火防烟分区开展检查的具体内容和方法。

建筑物的某空间发生火灾后，火势便会因热气对流、辐射作用，或者是从楼板、墙壁的烧损处和门窗洞口向其他空间蔓延扩大开来，最后发展成为整座建筑的火灾。因而，对规模、面积大，或多层、高层的建筑而言，在一定时间内把火势控制在着火的一定区域内，是非常重要的。

防火分区就是采用具有一定耐火性能的分隔构件划分的，能在一定时间内防止火灾向同一建筑物的其他部分蔓延的局部区域（空间单元）。在建筑物内采取划分防火分区这一措施，可以在建筑物一旦发生火灾时，有效地把火势控制在一定的范围内，减少火灾损失，同时可以为人员安全疏散、消防扑救提供有利条件。防火分区，按照防止火灾向防火分区以外扩大蔓延的功能可分为两类，其一是竖向防火分区，用以防止多层或高层建筑物层与层之间竖向发生火灾蔓延；其二是水平防水分区，用以防止火灾在水平方向扩大蔓延。

防烟分区是指在建筑内部为有利于建筑物内人员安全疏散与有组织排烟，而采取的技术措施。采用挡烟设施分隔而成，能在一定时间内防止火灾烟气向同一防火分区的其余部分蔓延的局部空间。对于防烟分区的设置其实是为了火灾现场人员的生命安全考虑。很多研究表明，火灾现场的人员出现伤亡很大一部分原因不是因为大火所致，而是因为火灾现场的烟气导致的死亡。因此设置防烟分区可以保证在一定的时间内，大火产生的浓烟不会随意地扩散，而是按照理想的设计模式来扩散到室内，这样对于控制火势蔓延和减少火灾的损失也有很大帮助。在火灾现场，最重要的就是要控制高温烟气的扩散。

划分防火分区与划分防烟分区的目的不同，前者采用防火墙、防火门、防火窗、防火卷帘等划分防火分区，目的在于防止烟火蔓延扩大，在分隔的要求上比防烟分区严格得多。后者的目的在于防止烟气扩散，要用挡烟垂壁、挡烟梁或挡烟隔墙等措施来实现，以满足人们安全疏散和火灾扑救的需要。

从防火的角度看，防火分区划分得越小，越有利于保证建筑物的防火安全。但如果划分得过小，则势必会影响建筑物的使用功能，这样做显然是行不通的。防火分区面积大小的确定应考虑建筑物的使用性质、重要性、火灾危险性、建筑物高度、消防扑救能力以及火灾蔓延的速度等因素。

第一节 防 火 分 区

一、工业建筑的防火分区

1. 厂房的防火分区

厂房的防火分区面积应根据其生产的火灾危险性类别、厂房的层数和厂房的耐火等级等因素确定，厂房的层数和每个防火分区的最大允许建筑面积见表 7－1。

表 7－1　　厂房的层数和每个防火分区的最大允许建筑面积

生产的火灾危险性类别	厂房的耐火等级	最多允许层数	每个防火分区的最大允许建筑面积/m²			
			单层厂房	多层厂房	高层厂房	地下或半地下厂房（包括地下或半地下室）
甲	一级	宜采用单层	4000	3000	—	—
	二级		3000	2000	—	—
乙	一级	不限	5000	4000	2000	—
	二级	6	4000	3000	1500	—
丙	一级	不限	不限	6000	3000	500
	二级	不限	8000	4000	2000	500
	三级	2	3000	2000	—	—
丁	一、二级	不限	不限	不限	4000	1000
	三级	3	4000	2000	—	—
	四级	1	1000	—	—	—
戊	一、二级	不限	不限	不限	6000	1000
	三级	3	5000	3000	—	—
	四级	1	1500	—	—	—

2. 仓库的防火分区

仓库的层数和面积见表 7－2。

表 7－2　　仓 库 的 层 数 和 面 积

储存物品的火灾危险性类别		仓库的耐火等级	最多允许层数	每座仓库的最大允许占地面积和每个防火分区的最大允许建筑面积/m²						
				单层仓库		多层仓库		高层仓库		地下或半地下仓库（包括地下或半地下室）
				每座仓库	防火分区	每座仓库	防火分区	每座仓库	防火分区	防火分区
甲	3、4 项	一级	1	180	60	—	—	—	—	—
	1、2、5、6 项	一、二级	1	750	250	—	—	—	—	—

续表

储存物品的火灾危险性类别		仓库的耐火等级	最多允许层数	每座仓库的最大允许占地面积和每个防火分区的最大允许建筑面积/m²						
				单层仓库		多层仓库		高层仓库		地下或半地下仓库（包括地下或半地下室）
				每座仓库	防火分区	每座仓库	防火分区	每座仓库	防火分区	防火分区
乙	1、3、4项	一、二级	3	2000	500	900	300	—	—	—
		三级	1	500	250	—	—	—	—	—
	2、5、6项	一、二级	5	2800	700	1500	500	—	—	—
		三级	1	900	300	—	—	—	—	—
丙	1项	一、二级	5	4000	1000	2800	700	—	—	150
		三级	1	1200	400	—	—	—	—	—
	2项	一、二级	不限	6000	1500	4800	1200	4000	1000	300
		三级	3	2100	700	1200	400	—	—	—
丁		一、二级	不限	不限	3000	不限	1500	4800	1200	500
		三级	3	3000	1000	1500	500	—	—	—
		四级	1	2100	700	—	—	—	—	—
戊		一、二级	不限	不限	不限	不限	2000	6000	1500	1000
		三级	3	3000	1000	2100	700	—	—	—
		四级	1	2100	700	—	—	—	—	—

二、民用建筑的防火分区

不同耐火等级民用建筑防火分区的最大允许建筑面积见表 7-3。

表 7-3　　不同耐火等级民用建筑防火分区的最大允许建筑面积

名　称	耐火等级	防火分区的最大允许建筑面积/m²	备　注
高层民用建筑	一、二级	1500	对于体育馆、剧场的观众厅，防火分区的最大允许建筑面积可适当增加
单、多层民用建筑	一、二级	2500	
	三级	1200	—
	四级	600	—
地下或半地下建筑	一级	500	设备用房的防火分区最大允许建筑面积不应大于 1000m²

当以上建筑内设置自动灭火系统时，每个防火分区最大允许建筑面积可按表 7-1～表 7-3 的规定增加 1 倍；局部设置时，其防火分区的增加面积可按该局部面积的 1 倍计算。裙房与高层建筑主体之间设置防火墙时，墙上开口部位采用甲级防火门分隔时，裙房的防火分区可按单、多层建筑的要求确定。

二级耐火等级建筑内的营业厅、展览厅，当设置自动灭火系统和火灾自动报警系统并采用不燃或难燃装修材料时，每个防火分区的最大允许建筑面积可适当增加，并应符合下列规定：

（1）设置在高层建筑内时，不应大于 $4000m^2$。

（2）设置在单层建筑内或仅设置在多层建筑的首层内时，不应大于 $10000m^2$。

（3）设置在地下或半地下时，不应大于 $2000m^2$。

总建筑面积大于 $20000m^2$ 的地下或半地下商店，应采用无门、窗、洞口的防火墙、耐火极限不低于 2.00h 的楼板分隔为多个建筑面积不大于 $20000m^2$ 的区域。相邻区域确需局部连通时，应采用符合规定的下沉式广场等室外开敞空间、防火隔间、避难走道、防烟楼梯间等方式进行连通，如图 7-1 所示。

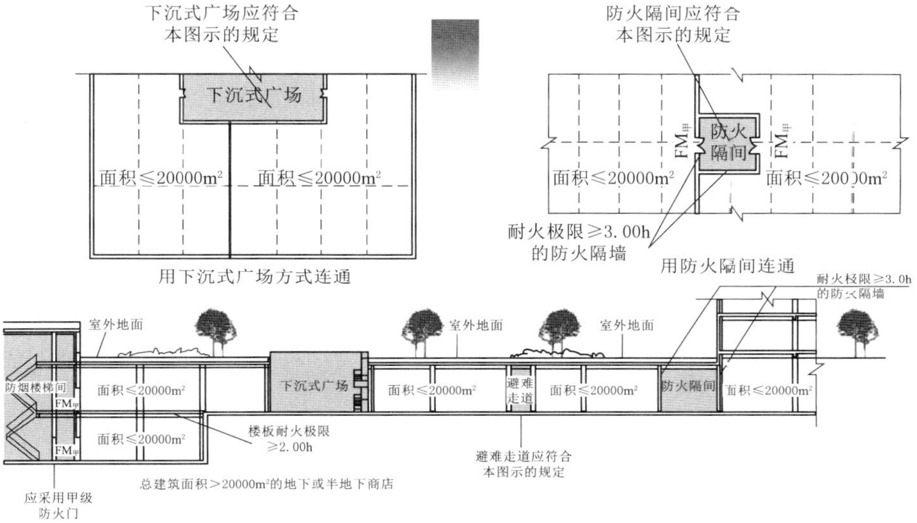

图 7-1　地下、半地下商店连通方式

三、实践练习

（一）防火分区的划分

防火分区的划分主要包括楼板的水平防火分区和垂直防火分区两部分。防火分区-水平防火分区，一般采用防火墙、防火卷帘、防火水幕带、甲级防火门来划分。竖向防火分区，一般采用楼板、防火墙、防火水幕带、防火挑檐等来划分。防火分区的面积按《建筑设计防火规范》（GB 50016—2014）等有关消防技术规范的有关条款的规定来确定。

防火检查中，通过对防火分区的面积、防火分隔完整性进行检查，核实防火分区的划分是否符合现行国家工程建设消防技术标准的要求。

1. 工作内容

防火分区面积的大小与建筑物的功能属性、火灾危险性大小、消防扑救能力及火灾蔓延速度等因素有关。需要注意：

（1）检查工业建筑时，根据火灾危险性类别、建筑物耐火等级、建筑层数等因素确定每个防火分区的最大允许建筑面积；在同一座库房或同一个防火隔间内如储存数种火灾危险性不同的物品时，其库房或防火隔间的最大允许建筑面积，按其中火灾危险性最大的物料确定。

（2）检查民用建筑时，根据建筑物耐火等级确定每个防火分区的最大允许建筑面积，同时，对建筑内设置的电影院、汽车库、商场、展厅等功能区，还需检查其防火分区是否符合具体防火分区面积的要求。

（3）当建筑上、下层设有走廊、自动扶梯、敞开楼梯、敞开楼梯间、传送带等开口部位时，要将相连通的各层作为一个防火分区考虑；敞开式、错层式、斜楼板式的汽车库的上下连通层防火分区面积需要叠加及计算，允许最大建筑面积可按常规增加一倍；建筑内设有自动灭火系统时，每个防火分区允许最大建筑面积可按常规增加1倍。局部设置时，增加面积可按局部面积增加1倍计算。

（4）人防工程中，溜冰馆的冰场、游泳馆的游泳池、射击馆的靶道区、保龄球馆的球道区等，其面积可不计入溜冰馆、游泳馆、射击馆、保龄球馆的防火分区面积；水泵房、污水泵房、水库、厕所、盥洗间等无可燃烧的房间面积可不计入防火分区的面积；避难走道不划分防火分区。

此外，对于一些机场候机楼的候机厅、体育馆、剧院的观众厅，展览建筑的展览厅等有特殊功能要求的区域，其防火分区最大允许建筑面积，在最大限度地提高建筑消防安全水平并进行充分论证的基础上，能够根据专家评审纪要中的评审意见适当放宽。

防火分隔的完整性主要通过防火分隔设施实现，即在防火分区间设置的能保证在一定时间内阻止火势蔓延的边缘构件及设施，分为固定不可活动式和活动可启闭式两大类，主要包括防火墙、防火卷帘、防火门（窗）、防火阀、排烟防火阀等，需要注意：

（1）若防火卷帘代替防火墙分隔防火分区，要检查防火卷帘是否采用以背火面温升作耐火极限判定条件，若不以背火面温升作耐火极限判定条件，其卷帘两侧需要设置独立的闭式自动喷水灭火系统保护，且系统喷水延续时间不小于3h。

（2）设在变形缝处附近的防火门，其设置在楼层较多的一侧，且门开启后不得跨越变形缝。

（3）建筑内的隔墙，包括房间隔墙和疏散走道两侧的隔墙，要核实检查是否从楼地面基层隔断砌至顶板底面基层。

2. 工作方法

每组查阅消防设计文件、建筑平面图、防火分区示意图、施工记录等资料，了解建筑分类和耐火等级，建筑平面布局等基本要素，确定防火分区划分的标准后开展现场检查。对于功能复杂的建筑工程，检查时要注意涵盖不同使用功能的楼层，其中歌舞娱乐放映游艺场所必须检查。防火分区建筑面积测量值的允许正偏差不得大于规定值的5%。对规范有特殊规定或经专家评审确定的，可从其规定，但需要逐条检查专家评审纪要中评审意见是否已落实。

（二）电梯井和管道井等竖向井道防火分隔

建筑内的管道和管道井是火灾烟气和火灾蔓延的通道之一，在火灾时极易产生烟囱效应。防火检查中，通过对管道井的设置、封堵等方面进行检查，核实竖向井道的设置是否符合现行国家工程建设消防技术标准的要求。

1. 工作内容

工作要求如下：

（1）建筑的电缆井、管道井、排烟道、排气道、垃圾道等竖向井道，均分别独立设置。井壁上的检查门为丙级防火门。

（2）高层建筑内的垃圾道排气口直接开向室外，垃圾斗设在垃圾道前室内，该前室的门为丙级防火门。垃圾斗采用不燃烧材料制作，并能自行关闭。

（3）电梯井独立设置。井内严禁敷设可燃气体和甲、乙、丙类液体管道，并不得敷设与电梯无关的电缆、电线等。井壁除开设电梯门、安全逃生门和通气孔洞外，不开设其他洞口。

竖井防火分隔要求见表 7－4。

表 7－4　竖井防火分隔要求

名称	防火要求
电梯井	1. 应独立设置 2. 井内严禁敷设可燃气体和甲、乙、丙类液体管道，并不应敷设与电梯无关的电缆、电线等 3. 井壁应为不燃性墙体 4. 井壁除开设电梯门、安全逃生门和通气孔洞外，不应开设其他洞口 5. 电梯门的耐火极限不应低于 1.00h，并应符合同家相关规范的要求
电缆井 管道井 排烟道 排气道	1. 这些竖井应分别独立设置 2. 井壁应为耐火极限不低于 1.0h 的不燃性墙体 3. 墙壁上的检查门应采用丙级防火门 4. 电缆井、管道井应每层在楼板处用相当于楼板耐火极限的不燃材料或防火材料封堵 5. 电缆井、管道井与房间、吊顶、走道等相连通的孔洞，应用不燃材料或防火封堵材料严密填实
垃圾道	1. 宜靠外墙独立设置，不宜设在楼梯间内 2. 垃圾道排气口应直接开向室外 3. 垃圾斗宜设在垃圾道前室内，井壁的检查门应采用丙级防火门 4. 垃圾斗应用不燃材料制作并能自动关闭

2. 工作方法

每组查阅消防设计文件、建筑平面图，了解竖向井道类型、设置位置后开展现场检查，实地对照隐蔽工程施工记录、防火门产品质量证明文件、防火封堵产品燃烧性能证明文件等资料，查验防火门、防火封堵材料选型和防火封堵的密实性。

（三）中庭防火分隔

中庭通常是指建筑内部的庭院空间，由回廊和房间围绕而成的庭院。20 世纪六七十年代发展成为旅馆中多层的室内大厅，后又被广泛地运用在办公楼、购物中心等各类大中型公共建筑中，又称为四季厅或共享大厅。中庭顶部可用轻型网架结构上铺玻璃做成，有的还做成活动式玻璃顶。中庭内常常采用一些室外公共空间园林式的布置手法和特征，如绿化、喷泉、路灯、座椅、类似广场的地面铺装等，创造出供人们共享的室内的公共空间，因而又被称为室内的城市空间，是当代流行的建筑空间形式之一。但因开口大、与周围空间相互连通，是火灾竖向蔓延的主要通道，造成火势蔓延迅速、烟气扩散快；人员疏散和火灾扑救难度增大。防火检查中，结合中庭的连通方式，通过对中庭的防火分隔措施、消防设施的设置、装修材料等进行检查，核实中庭的设置是否符合现行国家工程建设消防技术标准的要求。

1. 工作内容

建筑物内设置中庭时，其防火分区的面积按上下层相连通的面积叠加计算，当超过一个防火分区最大允许建筑面积时，主要检查内容：

(1) 中庭与周围连通空间的防火分隔措施有多种，当采用防火隔墙时，其耐火极限不应小于 1.00h；当采用防火玻璃时，其耐火隔热性和耐火完整性不应小于 1.00h，如果采用 C 类防火玻璃时，还需检查是否设置闭式自动喷水灭火系统保护；当采用防火卷帘时，其耐火极限不应低于 3.00h；同时，与中庭相连通的门、窗，均为火灾时能自行关闭的甲级防火门、窗。

(2) 消防设施。主要检查中庭排烟设施，如为高层建筑，还需检查中庭回廊的自动喷水灭火系统和火灾自动报警系统的设置。

(3) 中庭内不得布置任何经营性商业设施、可燃物和用于人员通行外的其他用途。

(4) 与中庭连通部位的装修材料。建筑内上下层相连通的中庭，其连通部位的顶棚、墙面装修材料燃烧等级需为 A 级，其他部位可采用不低于 B_1 级的装修材料。

2. 工作方法

查阅消防设计文件、建筑平面图、剖面图等资料，了解中庭贯通的层数、与周围空间连通的方式，通过计算连通空间的总建筑面积，判断相连通的空间是否处在一个防火分区内，从而确定中庭与四周需采取的防火分隔措施后开展现场检查。查看中庭及相通部位的使用功能，防火门、防火窗、防火卷帘的产品质量证明文件等资料，查验防火门、防火卷帘的选型和设置。

(四) 变形缝分隔

建筑变形缝是根据外界破坏因素的不同，把变形缝分三种，即伸缩缝、防震缝和沉降缝。在工业与民用建筑中，由于受气温变化、地基不均匀沉降以及地震等因素的影响，建筑结构内部将产生附加应力和变形，如处理不当，将会造成建筑物的破坏，产生裂缝甚至倒塌，影响使用与安全。其解决办法有：加强建筑物的整体性，使之具有足够的强度与刚度来克服这些破坏应力，而不产生破坏；预先在这些变形敏感部位将结构断开，留出一定的缝隙，以保证各部分建筑物在这些缝隙中有足够的变形宽度而不造成建筑物的破损。这种将建筑物垂直分割开来的预留缝隙被称为变形缝。

(1) 伸缩缝：建筑构件因温度和湿度等因素的变化会产生胀缩变形。为此，通常在建筑物适当的部位设置垂直缝隙，自基础以上将房屋的墙体、楼板层、屋顶等构件断开，将建筑物分离成几个独立的部分。为克服过大的温度差而设置的缝，基础可不断开，从基础顶面至屋顶沿结构断开。

(2) 防震缝：为使建筑物较规则，以期有利于结构抗震而设置的缝，基础可不断开。它的设置目的是将大型建筑物分隔为较小的部分，形成相对独立的防震单元，避免因地震造成建筑物整体震动不协调，而产生破坏。

(3) 沉降缝：指同一建筑物高低相差悬殊，上部荷载分布不均匀，或建在不同地基土壤上时，为避免不均匀沉降使墙体或其他结构部位开裂而设置的建筑构造缝。沉降缝把建筑物划分成几个段落，自成系统，从基础、墙体、楼板到房顶各不连接。缝宽一般为 70～100mm。将建筑物或构筑物从基础至顶部完全分隔成段的竖直缝。借以避免各段不均匀下沉而产生裂缝。通常设置在建筑高低、荷载或地基承载力差别很大的各部分之间，以及在新旧建筑的连接处。

如果变形缝不实施防火措施，建筑一旦起火，各部分自由沉降虽然避免了由不均匀沉降产生的内力，但是缝的基层及表面装饰材料将出现裂缝，增大了火灾沿缝蔓延的可能性。另由于变形缝上下贯通整个建筑物，镶嵌材料具有一定的燃烧性，而且此处设计的部位不大，常不引起人们的注意，由于存在烟囱效应，火势和烟气可以通过此部位迅速蔓延扩大，具有很大的危险性。防火检查中，对变形缝材质、管道敷设等进行检查，重点核实跨越防火分区的变形缝设置是否符合现行国家工程建设消防技术标准的要求。

1. 工作内容

变形缝构造基层、表面装饰层必须为不燃烧材料。

变形缝内不得设置电缆、可燃气体管道和甲、乙、丙类液体管道。必须穿过时，需检查在穿过处是否加设不燃材料制作的套管或采取其他防变形措施，并采用防火封堵材料套管空隙填塞密实。当通风、空气调节系统的风管穿越防火分隔处的变形缝时，需检查其两侧是否设置公称动作温度为 70℃ 的防火阀。

2. 工作方法

查阅消防设计文件、建筑平面图等资料，确定变形缝的设置位置，是否有穿越的管道或风管等，结合防火阀、防火封堵产品证明文件等开展现场检查，重点查看跨越防火分区的变形缝、伸缩缝。必要时，能够打开变形缝表面装饰层进行检查。

(五) 防火分隔设施

防火分隔设施是指在一定时间能把火势控制在一定空间内，阻止其蔓延扩大的一系列分隔设施。防火分隔设施必须满足我国《建筑设计防火规范》(GB 50016—2014) 中不同等级的防火要求。各类防火分隔设施一般在耐火稳定性、完整性和隔热性等方面具有不同要求。常用的防火分隔设施分为两种：固定式的，如建筑中的内外墙体、楼板、防火墙、防火隔间等；活动式、可启闭式的，如防火门、防火窗、防火卷帘等。

1. 防火墙

防火墙是由不燃烧体构成，耐火极限不低于 3h。为减小或避免建筑、结构、设备遭受热辐射危害和防止火灾蔓延，设置的竖向分隔体或直接设置在建筑物基础上或钢筋混凝土框架上具有耐火性的墙。防火墙能在火灾初期和扑救火灾过程中，将火灾有效地限制在一定空间内，阻止在防火墙一侧而不蔓延到另一侧。防火检查中，通过对防火墙的设置位置、墙体材料、穿越的管道和防火封堵严密性等进行检查，核实防火墙的设置是否符合现行国家工程建设消防技术标准的要求。

(1) 工作内容。防火墙的设置要符合《建筑设计防火规范》(GB 50016—2014) 规定：

1）防火墙应直接设置在建筑的基础或框架、梁等承重结构上，框架、梁等承重结构的耐火极限不应低于防火墙的耐火极限，如图 7－2 所示。

2）防火墙应从楼地面基层隔断至梁、楼板或屋面板的底面基层。当高层厂房（仓库）屋顶承重结构和屋面板的耐火极限低于 1.00h，其他建筑屋顶承重结构和屋面板的耐火极限低于 0.50h 时，防火墙应高出屋面 0.5m 以上，如图 7－3 和图 7－4 所示。

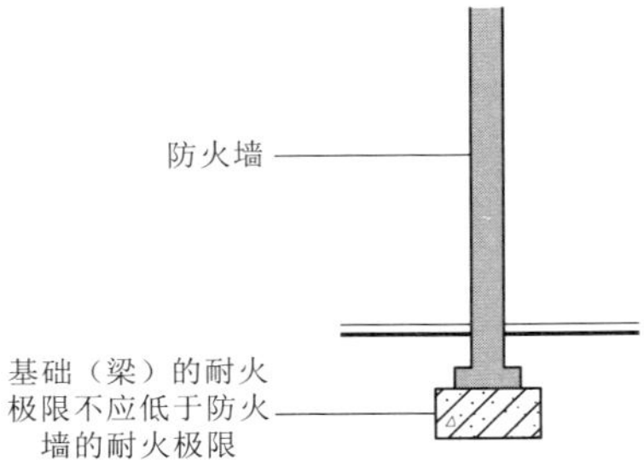

图 7－2　防火墙图示 1

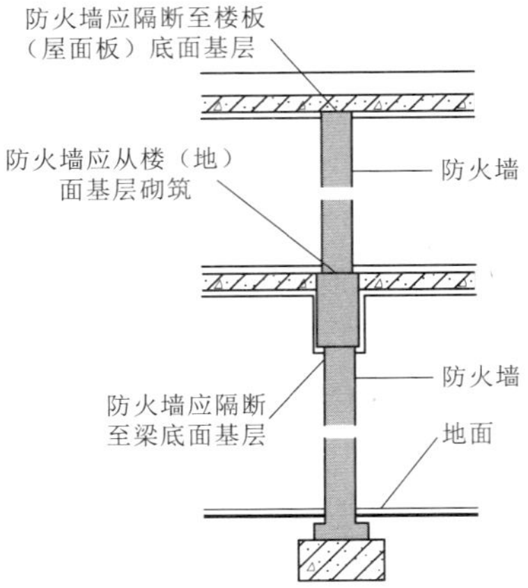

图 7－3　防火墙图示 2

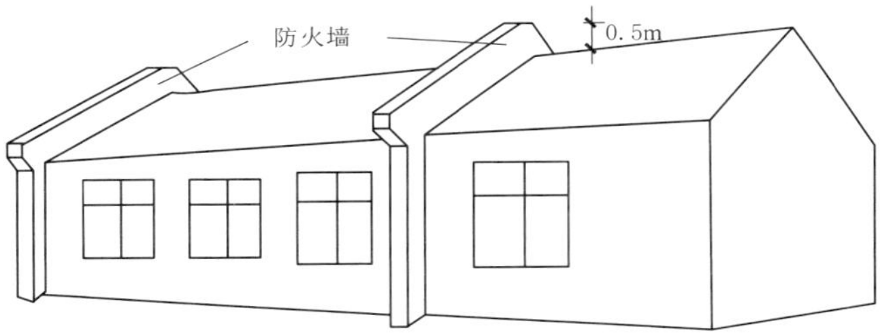

图 7－4　防火墙图示 3

3）防火墙横截面中心线水平距离天窗端面小于 4.0m，且天窗端面为可燃性墙体时，应采取防止火势蔓延的措施，如图 7－5 所示。

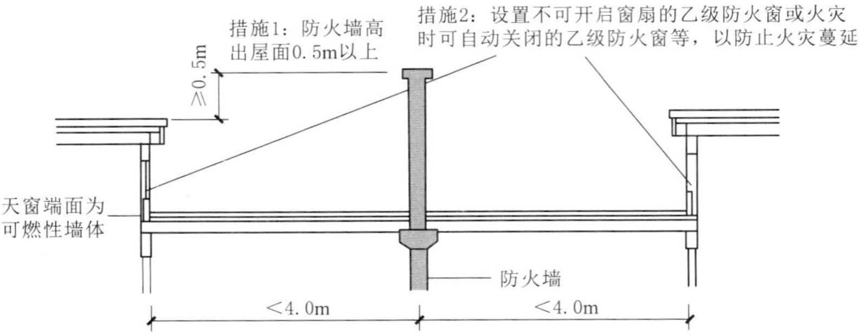

图 7－5　防火墙图示 4

4）建筑外墙为难燃性或可燃性墙体时，防火墙应凸出墙的外表面 0.4m 以上，且防火墙两侧的外墙均应为宽度均不小于 2.0m 的不燃性墙体，其耐火极限不应低于外墙的耐火极限，如图 7－6 所示。

建筑外墙为不燃性墙体时，防火墙可不凸出墙的外表面，紧靠防火墙两侧的门、窗、洞口之间最近边缘的水平距离不应小于 2.0m；采取设置乙级防火窗等防止火灾水平蔓延的措施时，该距离不限，如图 7－7 和图 7－8 所示。

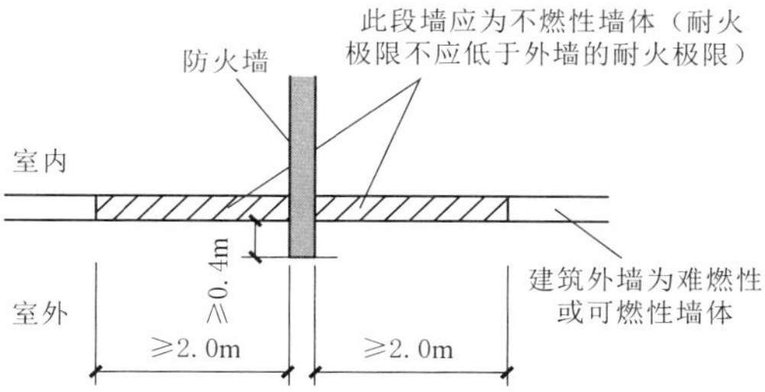

图 7－6　防火墙图示 5

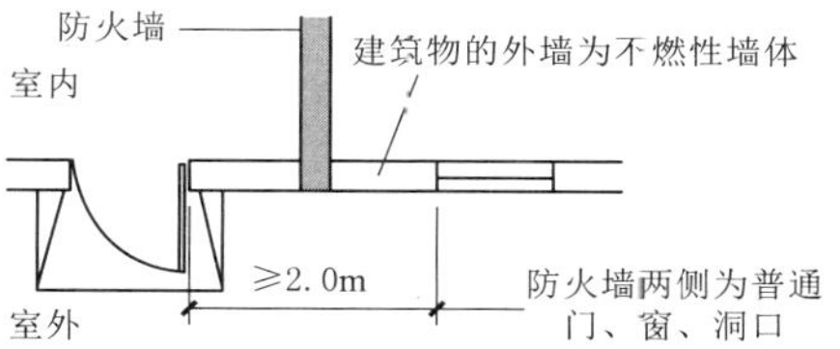

图 7－7　防火墙图示 6

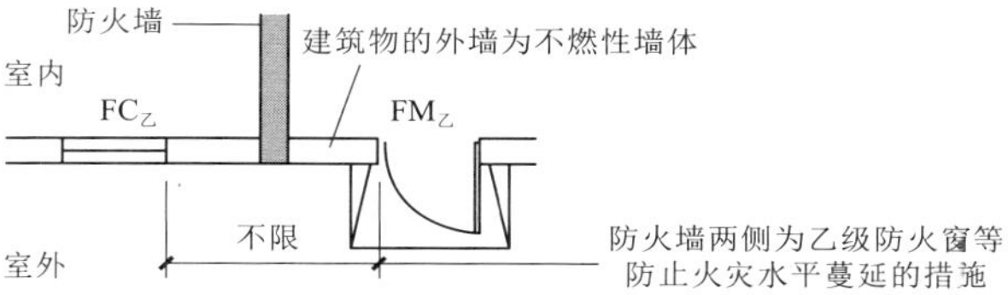

图 7－8　防火墙图示 7

5）建筑内的防火墙不宜设置在转角处，确需设置时，内转角两侧墙上的门、窗、洞口之间最近边缘的水平距离不应小于 4.0m；采取设置乙级防火窗等防止火灾水平蔓延的措施时，该距离不限，如图 7－9 所示。

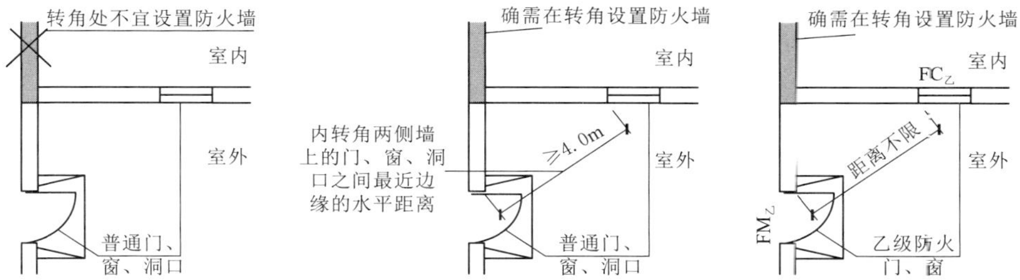

图 7－9　防火墙图示 8

6）防火墙上不应开设门、窗、洞口，确需开设时，应设置不可开启或火灾时能自动关闭的甲级防火门、窗。

可燃气体和甲、乙、丙类液体的管道严禁穿过防火墙。防火墙内不应设置排气道。

7）除上述规定外的其他管道不宜穿过防火墙，确需穿过时，应采用防火封堵材料将墙与管道之间的空隙紧密填实，穿过防火墙处的管道保温材料，应采用不燃材料；当管道为难燃及可燃材料时，应在防火墙两侧的管道上采取防火措施。

8）防火墙的构造应能在防火墙任意一侧的屋架、梁、楼板等受到火灾的影响而破坏时，不会导致防火墙倒塌。

（2）工作方法。查阅消防设计文件、建筑平面图等资料，确定防火墙的设置部位等基本数据后，开展现场检查。主要进行以下操作：

1）测量防火墙两侧的门、窗、洞口之间最近边缘水平距离，距离测量值的允许负偏差不得大于规定值的5%。

2）沿防火墙现场检查管道敷设情况及墙体上嵌有箱体的部位，核查防火封堵材料、保温材料产品与市场准入文件、消防设计文件的一致性。

2. 防火门

防火门是指在一定时间内能满足耐火稳定性、完整性和隔热性要求的门。

防火门除具有普通门的作用外，更具有阻止火势蔓延和烟气扩散的作用，可在一定时间内阻止火势的蔓延，确保人员疏散。

防火门一般设在以下部位：

（1）封闭疏散楼梯，通向走道；封闭电梯间，通向前室及前室通向走道的门。

（2）电缆井、管道井、排烟道、垃圾道等竖向管道井的检查门。

（3）划分防火分区，控制分区建筑面积所设防火墙和防火隔墙上的门。当建筑物设置防火墙或防火门有困难时，要用防火卷帘门代替，同时须用水幕保护。

（4）规范［如《建筑设计防火规范》（GB 50016—2014）］或设计特别要求防火、防烟的隔墙分户门。

例如：附设在高层民用建筑内的固定灭火装置的设备室（钢瓶室、泡沫站等），通风、空气调节机房等的隔墙门应采用甲级防火门；经常有人停留或可燃物较多的地下室房间隔墙上的门，应采用甲级防火门；因受条件限制，必须在高层建筑内布置燃油、燃气的锅炉，可燃油油浸电力变压器，充有可燃油的高压电容器和开关等，专用房间隔墙上的门，都应采用甲级防火门。还有设计有特殊要求的须防火的分户门，如消防监控指挥中心、档案资料室、贵重物品仓库等的分户门，通常选用甲级或乙级防火门。高层高级住宅楼的分户门，常采用防火防盗门。

防火门是消防设备中的重要组成部分，是社会防火中的重要一环，防火门应安装防火门闭门器或设置让常开防火门在火灾发生时能自动关闭门扇的闭门装置（特殊部位使用除外，如管道井门等）。也就是说除了一些特殊的部位，如管道井门这些不需要安装闭门器外，其他的部位都是需要安装防火门闭门器的。

防火门的使用：是各类建筑中最常见的可启闭防火分隔构件。符合要求的防火门应具有良好的耐高温、隔热及防烟雾穿透的性能，并应具备在火灾时人员通过后自行关闭的功能，确保发挥其防火分隔作用。

防火门类别分为：

按制作材质划分：钢质隔热防火门；木质隔热防火门；钢木质隔热防火门；其他材质隔热防火门。

按耐火极限及隔热的性能划分：甲级防火门不小于 1.5h；乙级防火门不小于 1h；丙级防火门不小于 0.5h。

按启闭特征划分：常闭防火门；常开防火门。

防火检查中，通过对防火门的选型、外观、安装质量和系统功能等进行检查，核实防火门的设置是否符合现行国家消防技术标准的要求。

（1）工作内容。防火门按开启状态分为常闭防火门和常开防火门。对设置在建筑内经常有人通行处的防火门优先选用常开防火门，其他位置的均采用常闭防火门。常闭防火门在门扇的明显位置设置“保持防火门关闭”等提示标志。

常闭防火门装有闭门器等，双扇和多扇防火门装有顺序器；常开防火门装有火灾时能自动关闭门扇的装置和现场手动控制装置。防火插销安装在双扇门或多扇门相对固定一侧的门扇上。

用于疏散的防火门向疏散方向开启，在关闭后应能从任何一侧手动开启。设置在变形缝附近的防火门，需安装在楼层数较多的一侧，且门扇开启后不应跨越变形缝。

（2）工作方法。查阅消防设计文件、建筑平面图等资料，了解建筑内防火门的安装位置、数量等数据。对照防火门产品出厂合格证和有效证明文件，核实防火门的型号规格及耐火性能与消防设计的一致性后开展现场检查。

3. 防火窗

防火窗是指用钢窗框、钢窗扇、防火玻璃组成的，能起隔离和阻止火势蔓延的窗。一般设置在防火间距不足部位的建筑外墙上的开口或天窗，建筑内的防火墙或防火隔墙上需要观察等部位以及需要防火火灾竖向蔓延的外墙开口部位。

分为不可开启防火窗：窗扇不能开启的防火窗，即四周密封固定的。

可开启防火窗：窗扇可进行开启，在防火窗启闭装置的作用下可关闭的防火窗。

防火检查中，通过对防火窗的选型、外观、安装质量和控制功能等进行检查，核实防火窗的设置是否符合现行国家消防技术标准的要求。

（1）工作内容。常见防火窗有无可开启窗扇的固定式防火窗、有可开启窗扇且装配有窗扇启闭控制装置的活动式防火窗。防火窗耐火极限选择的正确与否根据具体设置位置结合消防设计文件进行判断。

活动式防火窗装配火灾时能控制窗扇自动关闭的温控释放装置。

有密封要求的防火窗窗框密封槽内镶嵌的防火密封件牢固、完好。钢质防火窗窗框内充填水泥砂浆，窗框与墙体采用预埋钢件或膨胀螺栓等连接牢固。活动式防火窗窗扇启闭控制装置的安装位置明显，便于操作。

主要检查活动式防火窗的控制功能、联动功能、消防控制室手动功能和温控释放功能。

（2）工作方法。查阅消防设计文件、建筑平面图等资料，了解建筑内防火窗的安装位置、数量等数据。核实防火窗的型号规格及耐火性能与消防设计的一致性后开展现场检查：

1）查看防火窗的外观，应完好无损、安装牢固。

2）现场手动启动活动式防火窗的窗扇启闭控制装置，窗扇能灵活开启，并完全关闭，无启闭卡阻现象。

4. 防火卷帘

防火卷帘门在一定时间内，连同框架能满足耐火稳定性和完整性要求的卷帘，由帘板、卷轴、电动机、导轨、支架、防护罩和控制机构等组成。

防火卷帘主要用于需要进行防火分隔的墙体，特别是防火墙、防火隔墙上因生产、使用等需要开设较大开口而又无法设置防火门时的防火分隔。

依据工艺决定的，防火卷帘门除设置在防火墙外，在两个防火分区之间没有防火墙的也应设置防火卷帘。一般设在以下部位：

（1）封闭疏散楼梯，通向走道；封闭电梯间，通向前室及前室通向走道的门。

（2）电缆井、管道井、排烟道、垃圾道等竖向管道井的检查门。

（3）划分防火分区，控制分区建筑面积所设防火墙和防火隔墙上的门。当建筑物设置防火墙或防火门有困难时，要用防火卷帘门代替，同时须用水幕保护。

防火卷帘的主要应用场所：主要用于大型超市（大卖场）、大型商场、大型专业材料市场、大型展馆、厂房、仓库等有消防要求的公共场所。当火警发生时，防火卷帘门在消防中央控制系统的控制下，按预先设定的程序自动放下（下行），从而达到阻止火焰向其他范围蔓延的作用，为实施消防灭火争取宝贵的时间。

防火检查中，通过对防火卷帘的设置部位、选型、外观、安装质量和系统功能等进行检查，核实防火卷帘的设置是否符合现行国家消防技术标准的要求。

（1）工作内容。

1）防火卷帘的设置部位。防火卷帘常见的设置部位有自动扶梯周围、与中庭相连通的过厅和通道等处，防火卷帘下方不得有影响其下降的障碍物。当前在建筑中大量采用大面积、大跨度的防火卷帘替代防火墙进行水平防火分隔的做法，存在较大消防安全隐患。因此，对设置在中庭以外的防火卷帘，需检查其设置宽度，当防火分隔部位的宽度不大于 30m 时，防火卷帘的宽度不大于 10m；当防火分隔部位的宽度大于 30m 时，防火卷帘的宽度不大于该部位宽度的 1/3，且不大于 20m。

2）防火卷帘的选型。当防火卷帘的耐火极限符合耐火完整性和耐火隔热性的判定条件时，可不设置自动喷水灭火系统保护。当防火卷帘的耐火极限仅符合耐火完整性的判定条件时，需设置自动喷水灭火系统保护。

3）防火卷帘的安装质量。防火卷帘的帘板（面）、导轨、门楣、卷门机等组件齐全完好，紧固件无松动现象。门扇各接缝处、导轨、卷筒等缝隙，有防火防烟密封措施防止烟火窜入。防火卷帘上部、周围的缝隙采用不低于防火卷帘耐火极限的不燃烧材料填充、封隔。防火卷帘的控制器和手动按钮盒分别安装在防火卷帘内外两侧的墙壁便于识别的位置，底边距地面高度宜为 1.3～1.5m，并标出上升、下降、停止等功能。防火卷帘与火灾自动报警系统联动时，还需检查防火卷帘的两侧是否安装手动控制按钮、火灾探测器组及其警报装置，并注意：设置在通道位置的防火卷帘由感烟、感温两种不同类型的火灾探测器组联动；设置在其他位置的防火卷帘由同一防火分区两只不同的火灾探测器组联动。

（2）工作方法。查阅消防设计文件、建筑平面图等资料，了解建筑内防火卷帘的安装位置、数量等数据。对照防火卷帘产品出厂合格证和有效证明文件，核实防火卷帘的型号规格及耐火性能与消防设计的一致性后开展现场检查：

1）查看防火卷帘外观，检查周围是否存放商品或杂物。手动启动防火卷帘，观察防火卷帘运行平稳性能以及与地面的接触情况；使用秒表、卷尺测量卷帘的启、闭运行速度；使用声级计在距卷帘表面的垂直距离1m、距地面的垂直距离1.5m处水平测量防火卷帘启、闭运行的噪声。需满足以下要求：

a. 防火卷帘的导轨运行平稳，不允许有脱轨和明显的倾斜现象。

b. 双帘面卷帘的两个帘面同时升降，两个帘面之间的高度差不大于50mm。

c. 垂直卷帘的电动启闭运行速度为2～7.5m/min；其自重下降速度不大于9.5m/min。

d. 卷帘启、闭运行的平均噪声不大于85dB。

e. 与地面接触时，座板与地面平行，接触均匀不得倾斜。

2）拉动手动速放装置，观察防火卷帘是否具有自重恒速下降功能。防火卷帘卷门机具有依靠防火卷帘自重恒速下降的功能，操作臂力不得大于70N。切断防火卷帘电源，加热温控释放装置，使其热敏感元件动作，观察防火卷帘动作情况，防火卷帘在温控释放装置动作后能自动下降至全闭。

5. 防火阀

防火阀是指安装在通风、空调系统的送、回风管路上，平时呈开启状态，火灾时当管道内气体温度达到70℃时关闭，在一定时间内满足耐火稳定性和耐火完整性要求，起隔烟阻火作用的阀门。火灾资料统计表明，在有通风、空气调节系统的建筑内发生火灾时，穿越楼板、墙体的垂直于水平风道是火势蔓延的主要途径。设置防火阀，能够有效防止火灾通过通风、空调系统管道蔓延扩大。防火检查中，通过对防火阀的外观、安装位置、公称动作温度、基本功能测试等方面的检查，核实防火阀的设置是否符合现行国家消防技术标准的要求。

（1）工作内容。防火阀的外观完好无损、机械部分外表无锈蚀、变形或机械损伤。在其明显部位设置永久性标牌，标明产品名称、型号规格、耐火性能及商标、生产单位（制造商）名称和厂址、出厂日期及产品生产批号、执行标准等，内容清晰，设置牢靠。

防火阀主要安装在风管靠近防火分隔处，具体检查要求为：

1）通风、空气调节系统的风管，穿越防火分区处、穿越通风、空气调节机房的房间隔墙和楼板处、穿越重要或火灾危险性大的房间隔墙和楼板处、穿越防火分隔处的变形缝两侧、竖向风管与每层水平风管交接处的水平管段上都要设置防火阀。当建筑内每个防火分区的通风、空气调节系统均独立设置时，水平风管与竖向总管的交接处可不设置防火阀。

2）公共建筑的浴室、卫生间和厨房的竖向排风管，如未采取防止回流措施，在支管上设置防火阀。

3）公共建筑内厨房的排油烟管道，在与竖向排风管连接的支管处设置防火阀。

4）设置防火阀处的风管要设置单独的支吊架。防火阀暗装时，安装部位设置方便维护的检修口。

公共建筑内厨房的排油烟管道与竖向排风管连接的支管处设置的防火阀，公称动作温度为150℃。其他风管上安装的防火阀公称动作温度均为70℃。

主要检查防火阀的手动、联动控制和复位功能。防火阀平时处于开启状态，可手动关闭，也可与火灾报警系统联动自动关闭，均能在消防控制室接到防火阀动作的信号。

（2）工作方法。查阅消防设计文件、通风空调平面图、通风空调设备材料表等资料，了解建筑内防火阀的安装位置、数量等数据。对照防火阀产品出厂合格证和有效证明文件，核实防火阀的型号规格及公称动作温度与消防设计的一致性后开展现场检查，主要进行以下操作：

1）查看防火阀外观，检查是否完好无损、安装牢固，阀体内不得有杂物。

2）在防火阀现场进行手动关闭、复位控制装置，观察防火阀的现场关闭功能。防火阀的关闭、复位正常，并向控制室消防控制设备反馈其动作信号。

3）在消防控制室的消防控制设备上和手动直接控制装置上分别手动关闭防烟分区的防火阀，观察防火阀的远程关闭功能。防火阀的关闭、复位能正常，并向控制室消防控制设备反馈其动作信号。

4）使防烟分区内符合联动控制逻辑的火灾探测器或手动火灾报警按钮发出火灾报警信号，观察防火阀的自动关闭功能。该防烟分区的防火阀能自动关闭，并向控制室消防控制设备反馈其动作信号。

5）接通电源操作1～2次，以确认系统工作性能可靠，输出讯号正常，否则需要及时排除故障。

6. 排烟防火阀

排烟防火阀是安装在排烟系统管道上，平时呈开启状态，火灾时当管道内气体温度达到280℃时自动关闭，在一定时间内能满足耐火稳定性和耐火完整要求，起阻火隔烟作用的阀门。排烟防火阀的组成、形状和工作原理与防火阀相似。其不同之处主要是安装管道和动作温度不同，防火阀安装在通风、空调系统的管道上时，动作温度为70℃，而排烟防火阀安装在排烟系统的管道上，动作温度为280℃。防火检查中，可参照防火阀的检查内容和方法对排烟防火阀开展检查。

7. 防火隔间

防火隔间主要用于将大型地下商店分隔为多个相互相对独立的区域，一旦某个区域着火且不能有效控制时，该空间要能防止火灾蔓延至其他区域。防火检查中，通过对防火隔间的建筑面积、与其他区域防火分隔、内部装修材料等设置的检查，核实防火隔间的设置是否符合现行国家工程消防技术标准的要求。

（1）检查内容。

1）防火隔间墙应采用耐火极限不小于3.00h的防火隔墙，门为甲级防火门；不同防火分区通向防火隔间的门最小间距不小于4m。

2）防火隔间内部装修材料的燃烧性能均采用A级材料。

3）防火隔间不得用于除人员通行外的其他用途。

（2）检查方法。通过查阅消防设计文件、建筑平面图，了解地下商店的面积、防火隔间的设置位置后开展现场检查。防火隔间面积测量值的允许负偏差不得大于规定值的5%，核查防火门产品与市场准入文件、消防设计文件的一致性。

第二节 防 烟 分 区

大量资料表明，火灾现场人员伤亡的主要原因是烟害所致。发生火灾时首要任务是把火场上产生的高温烟气控制在一定的区域之内，并迅速排出室外。为此，在设定条件下必须划分防烟分区。设置防烟分区主要是保证在一定时间内，使火场上产生的高温烟气不致随意扩散，并进而加以排除，从而达到有利人员安全疏散、控制火势蔓延和减小火灾损失的目的。

所谓防烟分区是指用挡烟垂壁、挡烟梁、挡烟隔墙等划分的可把烟气限制在一定范围的空间区域。为有利于建筑物内人员安全疏散与有组织排烟，而采取的技术措施。防烟分区，使烟气集于设定空间，通过排烟设施将烟气排至室外。防烟分区范围是指以屋顶挡烟隔板、挡烟垂壁或从顶棚向下突出不小于500mm的梁为界，从地板到屋顶或吊顶之间的规定空间。

屋顶挡烟隔板是指设在屋顶内，能对烟和热气的横向流动造成障碍的垂直分隔体。

挡烟垂壁是指用不燃烧材料制成，从顶棚下垂不小于500mm的固定或活动的挡烟设施。

活动挡烟垂壁系指火灾时因感温、感烟或其他控制设备的作用，自动下垂的挡烟垂壁。

一、防烟分区设置原则

设置防烟分区时，如果面积过大，会使烟气波及面积扩大，增加受灾面，不利安全疏散和扑救；如面积过小，不仅影响使用，还会提高工程造价。

（1）不设排烟设施的房间（包括地下室）和走道，不划分防烟分区。

（2）防烟分区不应跨越防火分区和楼层。

（3）对有特殊用途的场所，如地下室、防烟楼梯间、消防电梯、避难层间等，应单独划分防烟分区。

（4）防烟分区一般不跨越楼层，某些情况下，如1层面积过小，允许包括1个以上的楼层，但以不超过3层为宜。

（5）每个防烟分区的面积，对于高层民用建筑和其他建筑（含地下建筑和人防工程），其建筑面积不宜大于500m^2；当顶棚（或顶板）高度在6m以上时，可不受此限。此外，需设排烟设施的走道、净高不超过6m的房间应采用挡烟垂壁、隔墙或从顶棚突出不小于0.5m的梁划分防烟分区，梁或垂壁至室内地面的高度不应小于1.8m。

二、防烟分区的划分

防烟分区一般根据建筑物的种类和要求不同，可按其用途、面积、楼层划分。

1. 按用途划分

对于建筑物的各个部分，按其不同的用途，如厨房、卫生间、起居室、客房及办公室等，来划分防烟分区比较合适，也较方便。国外常把高层建筑的各部分划分为居住或办公用房、疏散通道、楼梯、电梯及其前室、停车库等防烟分区。但按此种方法划分防烟分区时，应注意对通风空调管道、电气配管、给排水管道等穿墙和楼板处，应用不燃烧材料填塞密实。

2. 按面积划分

在建筑物内按面积将其划分为若干个基准防烟分区，这些防烟分区在各个楼层，一般形状相同、尺寸相同、用途相同。不同形状和用途的防烟分区，其面积也宜一致。每个楼层的防烟分区可采用同一套防排烟设施。如所有防烟分区共用一套排烟设备时，排烟风机的容量应按最大防烟分区的面积计算。

3. 按楼层划分

在高层建筑中，底层部分和上层部分的用途往往不太相同，如高层旅馆建筑，底层布置餐厅、接待室、商店、会议室、多功能厅等，上层部分多为客房。火灾统计资料表明，底层发生火灾的机会较多，火灾概率大，上部主体发生火灾的机会较小。因此，应尽可能根据房间的不同用途沿垂直方向按楼层划分防烟分区。

防火墙的排烟管道上，应设排烟防火阀，并与排烟风机联动。

三、挡烟设施

用于防烟分区挡烟的设施主要有屋顶挡烟隔板、挡烟垂壁和从顶棚下突出不小于500mm 的梁等。屋顶挡烟隔板是指设在屋顶内，能对烟气和热气的横向流动造成障碍的垂直分隔体。挡烟垂壁是指用不燃烧材料制成，从顶棚下垂不小于 500mm 的固定或活动的挡烟设施。活动挡烟垂壁系指火灾时因感温、感烟或其他控制设备的作用，自动下垂的挡烟垂壁。主要用于高层或超高层大型商场、写字楼以及仓库等场合，能有效阻挡烟雾在建筑顶棚下横向流动，以利提高在防烟分区内的排烟效果，对保障人民生命财产安全起到一定作用。通过对挡烟高度、挡烟垂壁等进行检查，核实挡烟设施的设置是否符合现行国家工程建设消防技术标准的要求。

1. 工作内容

挡烟高度即各类挡烟设施处于安装位置时，其底部与顶部之间的垂直高度，要求不得小于 500mm。

挡烟垂壁有固定或活动式两种。固定式挡烟垂壁是指固定安装的、能满足设定挡烟高度的挡烟垂壁；活动式挡烟垂壁是指可从初始位置自动运行至挡烟工作位置，并满足设定挡烟高度的挡烟垂壁。主要对挡烟垂壁的外观、材料、尺寸与搭接宽度、控制运行性能等进行逐项检查。

2. 工作方法

查阅消防设计文件、建筑排烟平面图，了解防烟分区的划分、挡烟设施的设置位置，对照挡烟垂壁产品出厂合格证和有效证明文件，核实型号规格与消防设计的一致性后开展现场检查，主要进行以下操作：

(1) 查看挡烟垂壁的外观。挡烟垂壁的标牌牢固，标识清楚，金属零部件表面无明显凹痕或机械损伤，各零部件的组装、拼接处无错位。

(2) 挡烟垂壁的搭接宽度。卷帘式挡烟垂壁挡烟部件由两块或两块以上织物缝制时，搭接宽度不得小于 20mm；当单节挡烟垂壁的宽度不能满足防烟分区要求，采用多节垂壁搭接的形式使用时，卷帘式挡烟垂壁的搭接宽度不得小于100mm、翻板式挡烟垂壁的搭接宽度不得小于20mm。宽度测量值的允许负偏差不得大于规定值的5%。

（3）挡烟垂壁边沿与建筑物结构表面的最小距离，此距离不得大于20mm，测量值的允许正偏差不得大于规定值的5%。

（4）观察活动式挡烟垂壁的下落。使用秒表、卷尺测量挡烟垂壁的电动下降或机械下降运行速度和时间。卷帘式挡烟垂壁的运行速度不得小于0.07m/s；翻板式挡烟垂壁的运行时间小于7s。挡烟垂壁设置限位装置，当其运行至上、下限位时，能自动停止。

（5）使防烟分区内符合联动控制逻辑的火灾探测器或手动火灾报警按钮发出火灾报警信号，或由消防控制中心发出控制信号，观察防烟分区内的活动式挡烟垂壁能自动下降至挡烟工作位置。

（6）切断系统供电，观察挡烟垂壁能自动下降至挡烟工作位置。

【练习题】

1. 卡拉OK的包房布置在地下或四层及以上楼层时，一个室的建筑面积不应大于（　　），以便将火灾限制在该房间内。

A. $50m^2$　　B. $200m^2$　　C. $300m^2$　　D. $400m^2$

2. 排烟防火阀是安装在排烟系统管道上，在一定时间内能满足耐火稳定性和耐火完整性要求，起隔烟阻火作用的阀门。当管道内排出的烟气温度达到（　　）℃时，阀门自动关闭。

A. 70　　B. 180　　C. 250　　D. 280

3. 下列关于设置防火墙时的构造要求叙述正确的是（　　）。

A. 建筑物内的防火墙宜设在转角处

B. 防火墙应直接设置在基础上或钢筋混凝土框架上

C. 防火墙内可以设置排气道

D. 建筑物外墙如为难燃性墙体时，防火墙应突出墙的外表面30cm

4. 某百货大楼单层储物库房，内部空间，下列关于防烟分区的做法错误的是（　　）。

A. 该库房如果具备对流条件，防烟分区长度不应大于60m

B. 用于防烟分区分隔的建筑横梁高度500mm

C. 挡烟垂壁高度750mm

D. 水幕可作为防烟分区分隔措施

5. 高层民用建筑与其裙房之间设有防火墙或防火分隔设施并设有自动喷水灭火系统时，裙房的防火分区允许最大建筑面积可达（　　）。

A. $1200m^2$　　B. $2400m^2$　　C. $3000m^2$　　D. $5000m^2$

6. 为了减少火灾损失，对建筑物防火分区的面积应按照建筑物耐火等级的不同给予相应的限制。一、二级耐火等级的多层民用建筑不设置自动喷水灭火系统时，每个防火分区的最大允许建筑面积为（　　）m^2。

A. 1200　　B. 1500　　C. 2500　　D. 3000

7. 高层民用建筑内的商业营业厅、展览厅等，当设有火灾自动报警系统和自动灭火系统，且采用不燃烧或难燃烧的材料装修时，地上部分防火分区的允许最大建筑面积为（　　）m^2，地下部分防火分区的允许最大建筑面积为（　　）m^2。

A. 4000，2000　　B. 3000，1000　　C. 3000，2000　　D. 4000，1000

8. 某钢筋混凝土结构的商场，建筑高度为23.8m。其中，地下一层至地上五层为商业营业厅，地下二层为汽车库和设备用房，建筑全部设置自动喷水灭火系统和火灾自动报警系统等，并采用不燃性材料进行内部装修，下列关于防火分区划分的做法中，错误的是（　　）。

A. 地上一层的防火分区中最大一个的建筑面积为9900m^2

B. 地下一层的防火分区中最大一个的建筑面积为1980m^2

C. 地上二层的防火分区中最大一个的建筑面积为4950m^2

D. 地下二层的设备用房划分为一个防火分区，建筑面积为1090m^2

9. 某商业综合体建筑，裙房与高层建筑主体采用防火墙分隔，地上4层，地下2层，地下二层为汽车库，地下一层为超市及设备用房，地上各层功能包括商业营业厅、餐厅及电影院。下列场所对应的防火分区建筑面积中，错误的是（　　）。

A. 地下超市，2100m^2　　B. 商业营业厅，4800m^2

C. 餐厅区，4200m^2　　D. 电影院区域，3100m^2

10. 关于中庭与周围连通空间进行防火分隔的做法，错误的是（　　）。

A. 采用乙级防火门、窗，且火灾时能自行关闭

B. 采用耐火极限为1.00h的防火隔墙

C. 采用耐火隔热和耐火完整性为1.00h的防火玻璃墙

D. 采用耐火完整性为1.00h的非隔热性防火玻璃墙并设置自动喷水灭火系统保护

11. 防火阀是安装在通风、空调系统的送、回风管上，平时处于开启状态，火灾情况下当管道内气体温度达到（　　）℃时关闭。

A. 68　　B. 70　　C. 150　　D. 250

12. 某建筑采用防火墙划分防火分区。下列防火墙的设置中，错误的是（　　）。

A. 输送柴油（闪点高于60℃）的管道穿过该防火墙，穿墙管道四周缝隙采用防火堵料严密封堵

B. 防火墙采用加气混凝土砌块砌筑，耐火极限为4.00h

C. 防火墙直接设置在耐火极限为3.00h的框架梁上

D. 防火墙上设置常开的甲级防火门，火灾时能够自行关闭

13. 下列关于设置防火墙时的构造要求叙述正确的是（　　）。

A. 建筑物内的防火墙宜设在转角处

B. 防火墙应直接设置在基础上或钢筋混凝土框架上

C. 防火墙内可以设置排气道

D. 建筑物外墙如为难燃性墙体时，防火墙应突出墙的外表面30cm

14. 建筑进行防烟分区时，下列不属于防烟分区划分构件的是（　　）。

A. 隔墙　　B. 突出顶棚不小于50cm的梁

C. 挡烟垂壁　　D. 防火窗

15. 某商业营业厅设置在多层钢筋混凝土框架建筑的首层，设有自动喷水灭火系统、排烟设施和火灾自动报警系统，且采用不燃材料装修，其每个防火分区的最大允许建筑面积不应大于（　　）。

A. $6000m^2$　　B. $8000m^2$　　C. $10000m^2$　　D. $20000m^2$

16. 某工业园区在地下一层设置污水处理设备用房，设备用房总建筑面积 $2400m^2$，至少应划分（　　）个防火分区。

A. 2　　B. 3　　C. 4　　D. 5

17. 某Ⅰ级木结构办公建筑，建筑层数符合相关规范规定，建筑内设置自动喷水灭火系统；该办公建筑防火分区的最大允许建筑面积为（　　）。

A. $2400m^2$　　B. $3000m^2$　　C. $3600m^2$　　D. $1200m^2$

18. 某尿素生产企业，厂区内设置一座耐火等级为二级的尿素袋装仓库，该仓库每个防火分区最大，允许建筑面积不应大于（　　）。

A. $2000m^2$　　B. $4000m^2$　　C. $6000m^2$　　D. $12000m^2$

19. 醋酸乙酯生产厂房为耐火等级二级的单层厂房，未设置自动喷水灭火系统。其防火分区最大允许建筑面积为（　　）。

A. $2000m^2$　　B. $3000m^2$　　C. $4000m^2$　　D. $5000m^2$

20. 某工厂因生产需要，需建造一座耐火等级为二级的松香提炼厂房。根据《建筑设计防火规范》（GB 50016—2014）规定，该厂房允许层数最多不超过（　　）。

A. 2　　B. 3　　C. 5　　D. 6

第八章

安 全 疏 散

【学习目标】

1. 了解常用的辅助疏散设施。
2. 熟悉工业与民用建筑安全疏散距离要求。
3. 熟悉安全出口、疏散门、疏散出口、避难走道等的概念及设置要求。

火灾时，在场人员有烟气中毒、窒息以及被热辐射、热气流烧伤的危险。因此，发生火灾后，首先要了解火场有无被困人员及其被困地点和抢救的通道，以便进行安全疏散。当遇有居民住宅、集体宿舍和人员密集的公共场所起火，人员安全受到威胁时，或因发生爆炸着火，在建筑物倒塌的现场或浓烟弥漫、充满毒气的房屋里，人员受伤、被困时，必须采取稳妥可靠的措施，积极进行抢救和疏散。有时，人们虽然未受到火的直接威胁，但处于惊慌失措的紧张状态（如影剧院、医院等公共场所发生火灾），有造成伤亡事故的危险，在喊话宣传稳定情绪的同时，也要尽快地组织疏散，撤离火灾现场。

安全疏散是建筑防火设计的一项重要内容，对于保障火灾中人员的生命安全具有重要作用。建筑安全疏散应根据其建筑高度、规模、使用功能和耐火等级等因素合理设置安全疏散和避难设施。疏散通道的宽度、安全疏散距离、安全出口和疏散门的位置、数量、宽度及疏散楼梯间的形式，应满足人员安全疏散的要求。安全疏散设计应根据建筑物的高度、规模、使用性质、耐火等级和人们在火灾事故时的心理状态与行为特点，确定安全疏散基本参数，合理设置安全疏散和避难设施，如疏散走道、疏散楼梯及楼梯间、避难层（间）、疏散门、疏散指示标志等，为人员的安全疏散创造有利条件。

第一节 疏 散 宽 度

疏散宽度是指某一个区域（一般按防火分区或楼层为单位）的安全出口总宽度。工业建筑及民用建筑的安全疏散宽度要满足能在一定的疏散时间内，出口不出现滞留，影响安全疏散等。

一、工业建筑的疏散宽度

厂房门的最小净宽度不宜小于 0.9m，疏散走道的净宽度不宜小于 1.4m，疏散楼梯的最小净宽度不宜小于 1.1m。厂房内的疏散楼梯、走道和门的总净宽度应根据疏散人数，按表 8－1 的规定计算确定。首层外门的总净宽度应按该层及以上疏散人数最多一层的疏散人数计算，且该门的最小净宽度不应小于 1.2m。

表 8－1　　厂房内疏散楼梯、走道和门的每百人净宽度指标　　单位：m/百人

厂房层数	一、二层	三层	四层以上
宽度指标	0.6	0.8	1.0

二、民用建筑的疏散宽度

民用建筑的疏散宽度见表 8－2。

表 8－2　　民用建筑的疏散宽度

类别	要　求
非高层建筑	1. 各类民用建筑安全出口、房间疏散门的净宽度不小于 0.9m
	2. 疏散走道和楼梯的最小宽度不应小于 1.1m；不超过 6 层的单元式住宅中一边设栏杆的疏散楼梯最小宽度可为 1.0m
	3. 人员密集的观众厅内疏散走道净宽按 0.6m/通过 100 人计算，且不应小于 1m；边走道不宜小于 0.8m
	4. 人员密集的公共场所及观众厅疏散门净宽不应小于 1.4m，门应外开，不应设门槛，门口内外 1.4m 范围内不设踏步
	5. 人员密集的公共场所室外疏散小巷净宽不小于 3m，并应直接通向宽敞地带
	6. 室外疏散梯和可作为疏散的金属梯净宽不小于 0.9m，室外消防梯净宽不小于 0.6m
高层建筑	1. 高层公共建筑位于两个安全出口之间的疏散门净宽不应小于 0.9m，位于尽端的不应小于 1.4m
	2. 高层建筑内走道和楼梯净宽不小于 1.0m/通过 100 人，首层外门总宽应按其上层人数最多一层计算。且内走道和首层外门的净宽不小于《建筑设计防火规范》(GB 50016—2014) 的各项指标，楼梯净宽不小于《建筑设计防火规范》(GB 50016—2014) 的各项指标
	3. 疏散楼梯间及其前室的门净宽不小于 1.0m/通过 100 人，且不应小于 0.9m
	4. 单面布房的住宅，其走道出口处的净宽不应小于 0.9m
	5. 人员密集的观众厅内疏散走道净宽按 0.8m/通过 100 人计算，且不应小于 1m，边走道不宜小于 0.8m
	6. 人员密集的观众厅外疏散走道和疏散门净宽按平坡地面 0.65m/通过 100 人，阶梯地面 0.8m/通过 100 人计算，且不应小于 1.4m。门应外开，不应设门槛，门口内外 1.4m 范围内不设踏步。厅内每个疏散出口平均通过人数不应超过 250 人
	7. 人员密集场所设在高层（半）地下室，各类宽度不小于 1.0m/通过 100 人
	8. 室外疏散梯最小净宽不小于 0.9m
	9. 超高层停机坪每个出口净宽不宜小于 0.9m

三、特殊公共建筑场所的疏散宽度

公共建筑内安全出口和疏散门的净宽度不应小于 0.9m，疏散走道和疏散楼梯的净宽度不应小于 1.1m。高层公共建筑内楼梯间的首层疏散门、首层疏散外门、疏散走道和疏散楼梯的最小净宽度应符合表 8－3 的要求。

表 8-3 高层公共建筑内楼梯间的首层疏散门、首层疏散外门、疏散走道和疏散楼梯的最小净宽度 单位：m

建筑类别	楼梯间的首层疏散门 首层疏散外门	走道		疏散楼梯
		单面布房	双面布房	
高层医疗建筑	1.30	1.40	1.50	1.30
其他高层公共建筑	1.20	1.30	1.40	1.20

四、体育馆的疏散宽度

体育馆供观众疏散的所有内门、外门、楼梯和走道的疏散总宽度，应按表 8-4 的规定计算确定。

表 8-4 体育馆每百人所需最小疏散净宽度 单位：m/百人

观众厅座位数范围/座			3000～5000	5001～10000	10001～20000
疏散部位	门和走道	平坡地面	0.43	0.37	0.32
		阶梯地面	0.50	0.43	0.37
	楼梯		0.50	0.43	0.37

五、剧场、电影院、礼堂的疏散宽度

剧场、电影院、礼堂等人员密集的公共场所的疏散走道、疏散楼梯、疏散出口或安全出口的疏散总宽度应根据其通过人数和表 8-5 所示的疏散净宽度指标计算确定，并应符合下列规定。

表 8-5 剧场、电影院、礼堂等场所每百人所需最小疏散净宽度 单位：m/百人

观众厅座位数/座			≤2500	≤1200
耐火等级			一、二级	三级
疏散部位	门和走道	平坡地面	0.65	0.85
		阶梯地面	0.75	1.00
	楼梯		0.75	1.00

观众厅内疏散走道的净宽度，应按每百人不小于 0.6m 计算，且不应小于 1m；边走道的净宽度不宜小于 0.8m。

第二节 安全疏散距离

在建筑防火设计中，安全疏散是一项重要内容，对确保人员生命安全起着重要的作用。因此，安全疏散设计根据建筑物的高度、规模、使用性质和人们在火灾事故时的心理状况与行为特点，合理确定安全疏散和避难设施，特别是疏散距离，疏散距离的长短直接影响人员疏散到安全地域所用时间的长短，疏散距离参数的设置意义不可小视。因此，消防安全规定了不同建筑物内相应疏散距离的最大值。目前，我国规范采用限制安全疏散距离的办法来保证疏散行动时间。

安全疏散距离的长短与建筑物的使用性质、人员密集程度、人员自身活动能力等因素有关，直接影响疏散所需要的时间。防火检查中，通过对安全疏散距离的测量，检查其是否符合现行国家工程消防技术标准要求。

安全疏散距离包括两部分：房间内最远点到房门的疏散距离和从房门到疏散楼梯间或外部出口的距离。

一、厂房的安全疏散距离

确定厂房的安全疏散距离，需要考虑楼层的实际情况（如单层、多层、高层）、生产的火灾危险性类别及建筑物的耐火等级等。厂房内任一点至最近安全出口的直线距离不应大于表 8－6 的规定。

表 8－6　　厂房内的任一点至最近安全出口的直线距离　　单位：m

生产类别	耐火等级	单层厂房	多层厂房	高层厂房	地下、半地下厂房或厂房的地下室、半地下室
甲	一、二级	30.0	25.0	—	—
乙	一、二级	75.0	50.0	30.0	—
丙	一、二级	80.0	60.0	40.0	30.0
	三级	60.0	40.0	—	—
丁	一、二级	不限	不限	50.0	45.0
	三级	60.0	50.0	—	—
	四级	50.0	—	—	—
戊	一、二级	不限	不限	75.0	60.0
	三级	100.0	75.0	—	—
	四级	60.0	—	—	—

可以看出，火灾危险性越大，安全疏散距离要求越严；厂房的耐火等级越低，安全疏散距离要求越严。而对于丁、戊类生产，当采用一、二级耐火等级的厂房时，其疏散距离可以不受限制。

二、公共建筑的安全疏散距离

直通疏散走道的房间疏散门至最近安全出口的直线距离应符合表 8－7 的规定。

表 8－7　　直通疏散走道的房间疏散门至最近安全出口的直线距离　　单位：m

名称			位于两个安全出口之间的疏散门			位于袋形走道两侧或尽端的疏散门		
			耐火等级			耐火等级		
			一、二级	三级	四级	一、二级	三级	四级
托儿所、幼儿园、老年人照料设施			25	20	15	20	15	10
歌舞娱乐放映游艺场所			25	20	15	9	—	—
医疗建筑	单、多层		35	30	25	20	15	10
	高层	病房部分	24	—	—	12	—	—
		其他部分	30	—	—	15	—	—

续表

名称		位于两个安全出口之间的疏散门			位于袋形走道两侧或尽端的疏散门		
		耐火等级			耐火等级		
		一、二级	三级	四级	一、二级	三级	四级
教学建筑	单、多层	35	30	25	22	20	10
	高层	30	—	—	15	—	—
高层旅馆、展览建筑		30	—	—	15	—	—
其他建筑	单、多层	40	35	25	22	20	15
	高层	40	—	—	20	—	—

注 当建筑的外廊敞开时，其通风排烟、采光、降温等方面情况较好，对安全疏散有利；建筑内部设置自动喷水灭火系统时，其安全性能也会有所提高，因此可根据实际情况调整安全疏散距离。当建筑物内全部设置自动喷水灭火系统时，其安全疏散距离可按表 8－7 增加 25%。

（1）建筑内开向敞开式外廊的房间疏散门至最近安全出口的直线距离可按表 8－7 的规定增加 5m。

（2）直通疏散走道的房间疏散门至最近敞开楼梯间的直线距离，当房间位于两个楼梯间之间时，应按表 8－7 的规定减少 5m；当房间位于袋形走道两侧或尽端时，应按表 8－7 的规定减少 2m。

（3）楼梯间应在首层直通室外，确有困难时，可在首层采用扩大的封闭楼梯间或防烟楼梯间前室。当层数不超过 4 层且未采用扩大的封闭楼梯间或防烟楼梯间前室时，可将直通室外的门设置在离楼梯间不大于 15m 处。

（4）房间内任一点至该房间直通疏散走道的疏散门的直线距离，不应大于表 8－7 中规定的袋形走道两侧或尽端的疏散门至最近安全出口的直线距离。

（5）一、二级耐火等级建筑内疏散门或安全出口不少于 2 个的观众厅、展览厅、多功能厅、餐厅、营业厅等，其室内任一点至最近疏散门或安全出口的直线距离不应大于 30m；当疏散门不能直通室外地面或疏散楼梯间时，应采用长度不大于 10m 的疏散走道通至最近的安全出口。当该场所设置自动喷水灭火系统时，室内任一点至最近安全出口的安全疏散距离可增加 25%。

三、住宅建筑安全疏散距离

住宅建筑直通疏散走道的户门至最近安全出口的距离应符合表 8－8 的规定。

表 8－8　住宅建筑直通疏散走道的户门至最近安全出口的直线距离　单位：m

住宅建筑类别	位于两个安全出口之间的户门			位于袋形走道两侧或尽头的户门		
	耐火等级			耐火等级		
	一、二级	三级	四级	一、二级	三级	四级
单、多层	40	35	25	22	20	15
高层	40	—	—	20	—	—

（1）设置敞开式外廊的建筑，开向该外廊的房间疏散门至安全出口的最大直线距离可按表 8－8 的规定增加 5m。

(2) 直通疏散走道的户门至最近未封闭的楼梯间的距离，当房间位于两个楼梯间之间时，应按表 8-8 的规定减少 5m；当房间位于袋形走道两侧或尽端时，应按表 8-8 的规定减少 2m。

(3) 住宅建筑内全部设置自动喷水灭火系统时，其安全疏散距离可按表 8-8 及 (1) 的规定增加 25%。

(4) 跃廊式住宅户门至最近安全出口的距离，应从户门算起，小楼梯的一段距离可按其水平投影长度的 1.5 倍计算。

第三节　安全出口与疏散出口

一、安全出口

是指供人员安全疏散用的楼梯间、室外楼梯的出入口或直通室内外安全区域的出口。建筑物内发生火灾时，为了减少损失，需要把建筑物内的人员和物资尽快撤到安全区域，这就是火灾时的安全疏散，凡是符合安全疏散要求的门、楼梯、走道等都称为安全出口。如建筑物的外门；着火楼层梯间的门；防火墙上所设的防火门；经过走道或楼梯能通向室外的门等，保证人员安全疏散的楼梯或直通室外地平面的出口都是安全出口。防火检查中，通过对安全出口的数量、宽度、间距、畅通性等进行检查，核实安全出口的设置是否符合现行国家工程消防技术标准的要求。

1. 安全出口的数量

安全出口的数量与安全出口总宽度、安全疏散距离有直接关系。当安全出口总宽度足够时，还需要保证在不同人员分布条件下的安全疏散距离，二者相互结合才能使安全出口的布置更加合理。具体要求为：

(1) 公共建筑。公共建筑内每个防火分区或一个防火分区的每个楼层，安全出口不少于 2 个。当公共建筑仅设一个安全出口或一部疏散楼梯时，要求为：

1) 除托儿所、幼儿园外单层公共建筑或多层公共建筑的首层，建筑面积不大于 $200m^2$ 且人数不超过 50 人。

2) 除医疗建筑，老年人建筑，托儿所、幼儿园的儿童用房，儿童游乐厅等儿童活动场所和歌舞娱乐放映游艺场所等外，耐火等级、建筑层数、每层最大建筑面积和使用人数符合相关规定的公共建筑，设置条件见表 8-9。

表 8-9　　公共建筑可设置一个安全出口的条件

耐火等级	最多层数	每层最大建筑面积/m^2	人　　数
一、二级	3 层	200	第二层和第三层的人数之和不超过 50 人
三级	3 层	200	第二层和第三层的人数之和不超过 25 人
四级	2 层	200	第二层人数不超过 15 人

3) 除歌舞娱乐放映游艺场所外，防火分区的建筑面积不大于 $50m^2$ 且经常停留人数不超过 15 人的地下或半地下建筑（室）。

(2) 住宅建筑。住宅建筑安全出口数量与建筑单元每层的建筑面积和户门到安全出口的距离有关，一般要求住宅住宅单元每层的安全出口不少于 2 个。当住宅每单元仅设一个安全出口或一部疏散楼梯时，要求为：

1）建筑高度不大于 27m 的住宅，每个单元任一层的建筑面积小于 $650m^2$ 且任一户门至最近安全出口的距离小于 15m。

2）建筑高度大于 27m、不大于 54m 的住宅，每个单元任一层的建筑面积小于 $650m^2$，且任一户门至最近安全出口的距离小于 10m。

（3）厂房。厂房每个防火分区或一个防火分区的每个楼层的安全出口不少于 2 个。当厂房仅设一个安全出口时，要求为：

1）甲类厂房，每层建筑面积不超过 $100m^2$，且同一时间的生产人数不超过 5 人。

2）乙类厂房，每层建筑面积不超过 $150m^2$，且同一时间的生产人数不超过 10 人。

3）丙类厂房，每层建筑面积不超过 $250m^2$，且同一时间的生产人数不超过 20 人。

4）丁、戊类厂房，每层建筑面积不超过 $400m^2$，且同一时间的生产人数不超过 30 人。

5）地下或半地下厂房（包括地下或半地下室），每层建筑面积不大于 $50m^2$，且同一时间的作业人数不超过 15 人。

6）地下、半地下厂房或厂房的地下室、半地下室，如有防火墙隔成多个防火分区且每个防火分区设有一个直通室外的安全出口时，每个防火分区可利用防火墙上通向相邻分区的甲级防火门作为第二安全出口。

（4）仓库。每座仓库的安全出口不少于 2 个。当仓库仅设一个安全出口时，要求为：

1）仓库占地面积不大于 $300m^2$。

2）仓库防火分区的建筑面积小于等于 $100m^2$。

3）地下、半地下仓库或仓库的地下室、半地下室的建筑面积小于等于 $100m^2$。

4）地下、半地下仓库或仓库的地下室、半地下室，如有防火墙隔成多个防火分区且每个防火分区设有一个直通室外的安全出口时，每个防火分区可利用防火墙上通向相邻分区的甲级防火门作为第二安全出口。

（5）人防工程。每个防火分区的安全出口不少于 2 个。当人防工程仅设一个安全出口时，要求为：

1）如有防火墙隔成多个防火分区且每个防火分区设有一个直通室外的安全出口时，每个防火分区可利用防火墙上通向相邻分区的甲级防火门作为第二安全出口。

2）建筑面积不大于 $500m^2$，其室内地坪与室外出入口地面高差不大于 10m，容纳人数不大于 30 人的防火分区，当有竖井，且竖井内有金属梯直通地面时，可设一个安全出口或一个相邻防火分区相通的防火门。

3）建筑面积不大于 $200m^2$，且经常停留人数不大于 3 人的防火分区，可只设置一个通向相邻防火分区的防火门。

4）改建工程的防火分区，当相邻防火分区有符合规范规定的安全出口时，可设置在不同方向且不少于两个通向相邻防火分区的防火门作为安全出口。

2. 安全出口的宽度

建筑中安全出口总宽度，与安全疏散设施的构造形式，建筑物的耐火等级、使用性质、消防安全设施等多种因素有关。安全出口宽度检查时，要求为：

（1）当每层疏散人数不等时，疏散楼梯的总宽度可分层计算，地上建筑内下层楼梯的总宽度按该层及以上疏散人数最多一层的疏散人数计算。

（2）地下建筑内上层楼梯的总宽度按该层及以下疏散人数最多一层的人数计算。

（3）首层外门的总宽度按该建筑疏散人数最多的一层的疏散人数计算确定，不供其他楼层人员疏散的外门，可按本层疏散人数计算确定。

3. 安全出口的间距

每个防火分区、一个防火分区的每个楼层，其相邻 2 个安全出口最近边缘之间的水平距离不小于 5m。

4. 安全出口的畅通

建筑物的安全出口在使用时保持畅通，不得有影响人员疏散的突出物和障碍物存在，安全出口的门向疏散方向开启。

二、疏散出口

疏散出口包括安全出口和疏散门，这里主要指的是疏散门，即设置在建筑物内各房间直接通向疏散走道的门或安全出口上的门。防火检查中，通过对疏散门的数量、宽度、形式、间距、开启方向和畅通性等开展检查，核实疏散门的设置是否符合现行国家工程消防技术标准的要求。

1. 疏散门的数量

疏散门的数量根据房间或场所需要的疏散总宽度经计算确定，与安全出口的设置原则基本一致。具体要求为：

（1）公共建筑。公共建筑内各房间疏散门的数量不少于 2 个。除托儿所、幼儿园、老年人建筑、医疗建筑、教学建筑内位于走道尽端的房间外，当房间仅设一个疏散门时，需要注意：

1）位于两个安全出口之间或袋形走道两侧的房间，对于托儿所、幼儿园、老年人建筑，建筑面积不大于 $50m^2$；对于医疗建筑、教学建筑，建筑面积不大于 $75m^2$；对于其他建筑或场所，建筑面积不大于 $120m^2$。

2）位于走道尽端的房间，或由房间内任一点至疏散门的直线距离不大于 15m。

3）位于歌舞娱乐放映游艺场所内的厅、室或房间，建筑面积不大于 $50m^2$ 且经常停留人数不超过 15 人。

4）位于地下或半地下的房间，设备间的建筑面积不大于 $200m^2$；其他房间的建筑面积不大于 $50m^2$ 且经常停留人数不超过 15 人。

（2）剧院、电影院和礼堂的观众厅。根据人员从一、二级耐火等级建筑的观众厅疏散出去的时间不大于 2min，从三级耐火等级的剧场、电影院等的观众厅疏散出去的时间不大于 1.5min 的原则，剧院、电影院和礼堂的观众厅每个疏散门的平均疏散人数不超过 250 人；当容纳人数超过 2000 人时，其超过 2000 人的部分，每个疏散门的平均疏散人数不超过 400 人。例如，一座容纳人数为 2400 人的剧场，需要设置的疏散门数量为：2000/250＋400/400＝9（个），每个疏散门的平均疏散人数约为：2400/9＝267（人），按 2min 控制疏散时间计算出来的每个疏散门所需通过的人流股数为：267/(2×40)＝3.3（股）。此时，还需要按 4 股通行能力来进一步核实疏散门的宽度，即需要采用 4×0.55＝2.2（m）的疏散门较为合适。

（3）体育馆的观众厅。对于体育馆，体育馆观众厅容纳的人数变化幅度较大，由三四千人到一两万人。观众厅每个疏散门平均担负的疏散人数也相应地有个变化的幅度，而这个变化又与观众厅疏散门的设计宽度密切相关。体育馆建筑均为一、二级耐火等级，依据容量的不同，人员从观众厅疏散出去的时间一般按 3～4min 控制，每个疏散门的平均疏散人数一般不超过 400～700 人。

疏散门的宽度是决定疏散时间的重要因素，与疏散出口的数量、疏散总宽度之间必须相互协调、配合。特别是剧院、电影院、礼堂、体育馆、学校、商店、办公楼、候车（船）室、民航候机厅、展览厅、歌舞娱乐放映游艺场所等人员密集场所，疏散出口宽度的检查更加重要。

2. 疏散门的形式

疏散门的形式根据建筑类别、使用性质进行确定。

（1）民用建筑和厂房的疏散门，采用向疏散方向开启的平开门，不得采用推拉门、卷帘门、吊门、转门和折叠门。仓库的疏散门采用向疏散方向开启的平开门，但丙、丁、戊类仓库首层靠墙的外侧可采用推拉门或卷帘门；电影院、剧场的疏散门采用甲级自动推闩式外开门。

（2）人员密集场所内平时需要控制人员随意出入的疏散门和设置门禁系统的住宅、宿舍、公寓建筑的外门，要保证火灾时不需使用钥匙等任何工具即能从内部易于打开，并在显著位置设置标识和使用提示。

3. 疏散门的间距

每个房间相邻 2 个疏散门最近边缘之间的水平距离不小于 5m。

4. 疏散门的畅通性

除甲、乙类生产车间外，人数不超过 60 人且每樘门的平均疏散人数不超过 30 人的房间，其疏散门的开启方向不限；开向疏散楼梯或疏散楼梯间的门，当门完全开启时，不得减少楼梯平台的有效宽度。疏散门在使用时保持畅通，不得上锁或在其附近设有影响人员疏散的突出物和障碍物。

第四节 安全疏散常识

一、人员的安全疏散

火灾时，在场人员有烟气中毒、窒息以及被热辐射、热气流烧伤的危险。因此，发生火灾后，首先要了解火场有无被困人员及其被困地点和抢救的通道，以便进行安全疏散。当遇有居民住宅、集体宿舍和人员密集的公共场所起火，人员安全受到威胁时，或因发生爆炸着火，在建筑物倒塌的现场或浓烟弥漫、充满毒气的房屋里，人员受伤、被困时，必须采取稳妥可靠的措施，积极进行抢救和疏散。有时，人们虽然未受到火的直接威胁，但处于惊慌失措的紧张状态（如影剧院、医院等公共场所发生火灾），有造成伤亡事故的危险，在喊话宣传稳定情绪的同时，也要尽快地组织疏散，撤离火灾现场。

一般情况下，绝大多数的火灾现场被困人员可以安全地疏散或自救，脱离险境。因此，必须坚定自救意识，不惊慌失措，冷静观察，采取可行的措施进行疏散自救。

1. 能见度差，鱼贯地撤离

疏散时，如人员较多或能见度很差时，应在熟悉疏散通道的人员带领下，鱼贯地撤离起火点。带领人可用绳子牵领，用“跟着我”的喊话或前后扯着衣襟的方法将人员撤至室外或安全地点。

2. 烟雾较浓，做好防护，低姿撤离

在撤离火场途中被浓烟所围困时，由于烟雾一般是向上流动，地面上的烟雾相对地说比较稀，因此可采用低姿势行走或匍匐穿过浓烟区的方法；如果有条件，可用湿毛巾等捂住嘴、鼻，或用短呼吸法，用鼻子呼吸，以便迅速撤出烟雾区。

3. 楼房着火，利用有利条件，不盲目跳楼

楼房的下层着火时，楼上的人不要惊慌失措，应根据现场的不同情况采取正确的自救措施。如果楼梯间只是充满烟雾，可采取低姿势手扶栏杆迅速而下；如果楼梯已被烟火封住但未坍塌，还有可能冲得出去时，则可向头部、上身淋些水，用浸湿的棉被、毯子等物披围在身上从烟火中冲过去；如果楼梯已被烧断、通道被堵死，可通过屋顶上的老虎窗、阳台、落水管等处逃生，或在固定的物体上（如窗框、水管等）拴绳子，也可将被单、窗帘撕成条连接起来，然后手拉绳缓缓而下；如果上述措施行不通时，则应退居室内，关闭通往着火区的门窗，还可向门窗上浇水，延缓火势蔓延，并向窗外伸出衣物或抛出小物件发出求救信号或呼喊引起楼外人员注意，设法求救；在火势猛烈时间来不及的情况下，如被困在二楼要跳楼时，可先往楼外地面上抛掷一些棉被等物，或地面人员在地上垫席梦思等软垫，以增加缓冲，然后手拉着窗台或阳台往下滑，这样可使双脚先着地，又能缩小高度；如果被困在三楼以上，则不能盲目跳楼，可转移到其他较安全地点，耐心等待救援。

4. 高层着火，冷静处置，不要跳楼

高层建筑着火时，疏散较为困难，因此更应沉着冷静，不可采取莽撞措施，以避免造成次生灾害。首先要冷静地观察从哪里可以疏散逃生，并且要呼叫他人，提醒他人及时进行疏散。疏散时应按照安全出口的指示标志，尽快地从安全通道和室外消防楼梯安全撤出。切勿盲目乱窜或奔向电梯，那样反而贻误逃生的时机或被困在电梯间而致死。这是因为，火灾时电梯的电源常常被切断，同时电梯井烟囱效应很强，烟火极易向此处蔓延。如果情况危急，急欲逃生，可利用阳台之间的空隙、落水管或自救绳等滑行到没有起火的楼层或地面上，但千万不要跳楼。如果确实无力或没有条件用上述方法自救时，可紧闭房门，减少烟气、火焰侵入，躲在窗户下或到阳台避烟，单元式住宅高楼也可沿通至屋顶的楼梯进入楼顶，等待到达火场的消防人员解救。总之，在任何情况下，都不要放弃救生的希望。值得指出的是，高层旅馆饭店的服务人员，要善于引导旅客疏散。火灾时，要利用音响设备通报和指导疏散，要按一定程序疏散，防止拥挤，影响疏散或造成踩伤事故。当烟雾弥漫到走道或楼梯间时，要及时排烟，并尽可能地引导客人

从远离着火区的疏散楼梯疏散。

5. 自身着火，快速扑打，不能奔跑

火灾时人身着火的应急措施。一旦衣帽着火，应尽快地把衣帽脱掉，如来不及，可把衣服撕碎扔掉，切记不能奔跑，那样会使身上的火越烧越旺，还会把火种带到其他场所，引起新的火点。

身上着火，着火人也可就地倒下打滚，把身上的火焰压灭；在场的其他人员也可用湿麻袋、毯子等物把着火人包裹起来以窒息火焰；或者向着火人身上浇水，帮助受害者将烧着的衣服撕下；或者跳入附近池塘、小河中将身上的火熄掉。

6. 保护疏散人员的安全，防止再入“火口”

火场上脱离险境的人员，往往因某种心理原因的驱使，不顾一切，想重新回到原处。如自己的亲人还被困在房间里，急于救出亲人；怕珍贵的财物被烧，想急切地抢救出来等。这不仅会使他们重新陷入危险境地，且给火场扑救工作带来困难。所以，火场指挥人员应组织人安排好这些脱险人员，做好安慰工作，以保证他们的安全。

二、物资的疏散

火场上的物资疏散应该是有组织地进行，目的是最大限度地减少损失，防止火势蔓延和扩大。

（1）疏散那些可能扩大火势和有爆炸危险的物资。例如起火点附近的汽油、柴油桶，充装有气体的钢瓶以及其他易燃、易爆和有毒的物品。

（2）疏散性质重要、价值昂贵的物资。例如，档案资料、精密仪器、珍贵文物以及经济价值大的原料、产品、设备等。

（3）疏散影响灭火战斗的物资。例如，妨碍灭火行动的物资、怕水的物资（如电石）等。

组织疏散的要求：

1）将参加疏散的职工或群众编成组，指定负责人，使整个疏散工作有秩序地进行。

2）先疏散受水、火、烟威胁最大的物资。

3）疏散出来的物资应堆放在上风向的安全地点，不得堵塞通道，并派人看护。

4）尽量利用各类搬运机械进行疏散，如企业单位的起重机、输送机、汽车、装卸机等。

5）怕水的物资应用苫布进行保护。

三、特殊情况下的疏散

1. 人员密集场所的疏散

影剧院、体育馆、礼堂、医院、学校以及商店等人员密集场所，一旦起火，如果疏散不力，就会造成重大伤亡事故。因此，人员疏散是头等任务。这些场所的安全出口数量，走道、楼梯和门的宽度以及到达疏散出口的距离等，都必须符合防火设计要求。同时，还应做好各种情况下的安全疏散准备工作，以适应火灾时安全疏散的需要。

1）制订安全疏散计划。按人员的分布情况，制订在火灾等紧急情况下的安全疏散路线，并绘制平面图，用醒目的箭头标示出出入口和疏散路线。路线要尽量简捷，安全出口的利用率要平均。对工作人员要明确分工，平时要进行训练，以便火灾时按疏散计划组织人流有秩序地进行疏散。

2）在经营时间，工作人员应坚守岗位，并保证安全走道、楼梯和出口畅通无阻。安全出口不得锁闭，通道不得堆放物资。组织疏散时应进行宣传，稳定情绪，使大家能够积极配合，按指定路线尽快将在场人员疏散出去。

3）安全疏散时要维持好秩序，注意不要互相拥挤，要扶老携幼，帮助残疾人和有病、行动不便的人一道撤离火场。

2. 地下建筑的安全疏散

地下建筑包括地下旅馆、商店、游艺场、物资仓库等，这些场所发生火灾时，烟气流对人的危害很大，因此需要在更短的时间里将人员疏散出去。地下建筑由于空间较小，疏散设施有限，起火时烟气很快充满空间，空间温度高，能见度极差，人们在惊慌中又易迷失方向等，人员疏散只能通过出入口。安全疏散的难度要比地面建筑大得多，所以这种场所的安全疏散工作更需加强。

1）应制定区间（两个出入口之间的区域）疏散计划。计划应明确指出区间人员疏散路线和每条路线上的负责人。计划要用平面图显示出来。

2）服务管理人员都必须熟悉计划，特别是要明确疏散路线，一旦发生紧急情况，能沉着地引导人流撤离起火场所。

3）地下建筑内的走道两侧附设的招牌、广告、装饰物均不得突出于走道内。

4）地下建筑失火时，如果发生断电事故，营业单位应立即启用事故照明设施或使用手电筒、电池灯等照明器具，以引导疏散。

5）单位负责安全的管理人员在人员撤离后应清理现场，防止有人在慌乱中采取躲藏起来的办法而发生中毒或被烧死的事故。

【练习题】

1. 一个容纳人数为 2800 人的剧院，其需要设置的疏散门个数至少为（　　）。

A. 10　　B. 12　　C. 13　　D. 14

2. 下列说法，正确的是（　　）。

A. 在地上建筑中，各楼梯总疏散宽度应按本层人数计算

B. 在地下建筑中，下层楼梯的总宽度应按其上层人数最多一层的人数计算

C. 在地上建筑中，下层楼梯总疏散宽度应按本层及以上各楼层人数最多的一层人数计算

D. 在地下建筑中，上层楼梯的总宽度应按其下层人数最少一层的人数计算

3. 当建筑内全部设置自动喷水灭火系统时，其安全疏散距离可比规定值增加（　　）。

A. 2 倍　　B. 1 倍　　C. 50%　　D. 25%

4. 以下关于厂房疏散宽度说法，错误的是（　　）。

A. 厂房疏散出口最小净宽度为 0.9m

B. 厂房疏散走道最小净宽度为 1.4m

C. 厂房疏散楼梯最小净宽度为 1.1m

D. 厂房首层外门最小净宽度为 1.0m

5. 某厂房 4 层，首层 500 人，2 层 200 人，3 层 300 人，4 层 600 人，则 4 层至 3 层疏散楼梯总净宽度最小（　　）m。

A. 3　　B. 4　　C. 5　　D. 6

6. 高层办公楼双面布房，楼梯间首层疏散门最小净宽度不应小于（　　）m。

A. 0.9　　B. 1.1　　C. 1.2　　D. 1.3

7. 高层医院病房楼单面布房，疏散走道最小净宽度不应小于（　　）m。

A. 0.9　　B. 1.1　　C. 1.3　　D. 1.4

8. 某高层办公楼，地上 10 层、地下 2 层、耐火等级一级，建筑高度为 30.6m。地上每层设计疏散人数为 100 人，单面布房，以下关于该办公楼说法错误的是（　　）。

A. 设置了 2 个净宽度 1.2m 的首层外门

B. 每层疏散走道最小净宽度为 1.3m

C. 每层设置 2 部疏散楼梯，每部疏散楼梯净宽度为 1.1m

D. 某办公室疏散门宽度为 0.9m

9. 单、多层公共建筑疏散楼梯最小净宽度为（　　）m。

A. 0.9　　B. 1.1　　C. 1.2　　D. 1.4

10. 住宅建筑疏散楼梯最小净宽度为（　　）m。

A. 0.9　　B. 1.1　　C. 1.2　　D. 1.4

11. 某公共建筑地上 7 层，建筑高度 23m，耐火等级二级，其首层和二层为电影院。为保证安全疏散，电影院观众厅内疏散走道的净宽度，应按每百人不小于（　　）m 的净宽度计算，且不应小于（　　）m。

A. 0.6；1.2　　B. 0.8；1.2

C. 0.6；1.0　　D. 0.8；1.0

12. 根据《建筑设计防火规范》（GB 50016—2014）规定，下列建筑或场所中不用设置一个安全出口的是（　　）。

A. 某金属锻造车间地上 2 层，每层建筑面积为 400m²，且同一时间作业人数为 25 人

B. 某甲酚生产厂房地上 3 层，每层建筑面积为 150m²，且同一时间作业人数为 10 人

C. 位于 3 层 KTV 建筑地下一层的建筑面积为 200m² 的地下设备间

D. 位于多层公共建筑的首层，建筑面积为 200m²，且人数不超过 50 人的幼儿园

13. 疏散走道贯穿整个安全疏散体系，是确保人员安全疏散的重要因素。下列设置要求不符合规范规定的是（　　）。

A. 走道应简捷，并按规定设置疏散指示标志和诱导灯

B. 尽量避免设置袋形走道

C. 疏散走道在防火分区处应设置常开乙级防火门

D. 在 1.8m 高度内不易设置管道、门垛等突出物，走道中的门应向疏散方向开启

14. 某六层办公楼建筑高度为 24m，其中三层设置设计绘图室一个（300m²），有

会议桌的小型会议室一个（$25m^2$），无会议桌的中型会议室一个（$32m^2$），及接待室、公用厕所等。在建筑两端设两个相同的疏散楼梯间，通过敞开式外廊连接，则各厅、室疏散门距离最近安全出口的距离不应大于（　　）。

A. 45m　　B. 40m　　C. 35m　　D. 55m

15. 某二级耐火等级且设置自动喷水灭火系统的旅馆，建筑高度为32m。“一”字形疏散内走道的东西两端墙外均设置采光、通风窗。在走道的两端各设置了一座疏散楼梯间，其中一座紧靠东侧外墙，另一座与西侧外墙有一定距离。建筑在该走道西侧尽端的房间门与最近一座疏散楼梯间入口处的允许最大直线距离为（　　）。

A. 15m　　B. 30m　　C. 37.5m　　D. 18.75m

第九章

建筑灭火器配置

【学习目标】

1. 了解灭火器的分类与基本参数。

2. 掌握常用灭火器的基本构造与灭火机理、各类灭火器的适用范围、灭火器的配置设计以及选择与设置要求。

3. 掌握灭火器的使用方法。

第一节　灭火器基础知识

灭火器是一种平时往往被忽视，急需时大显身手的消防必备之物。尤其是在高楼大厦林立，室内用大量木材、塑料、织物装潢的今日，一旦有了火情，没有适当的灭火器具，便可能酿成大祸。灭火器是一种可携式灭火工具。灭火器内放置化学物品，用以救灭火灾。灭火器是常见的防火设施之一，存放在公共场所或可能发生火灾的地方。

古时的灭火器具很简单，无非是钩、斧、锹、桶之类。第一个真正的专用灭火器是由英国船长诺福克郡人曼比于 1816 年发明的，它仅是一两个装 1L 多水并充有压缩空气的圆桶。

到 19 世纪中叶，法国医生加利埃发明了手提式化学灭火器。将碳酸氢钠和水混合放在筒内，另用一玻璃瓶盛着硫酸装在桶口内。使用时，由撞针击破瓶子中，使化学物质混合，产生二氧化碳，把水压出桶外。

1905 年，俄国的劳伦特教授在圣彼得堡发明一种泡沫灭火剂，把硫酸铝与碳酸氢钠溶液混合并加入稳定剂，喷出后生成含有二氧化碳的泡沫，浮在燃烧的油、漆或汽油上，能有效地隔绝氧气，窒息火焰。

1909 年，纽约的戴维森取得一项专利，利用二氧化碳从灭火器内压出四氯化碳，这种液体会立即变成不可燃的较重气体以窒息火焰。此后又出现了干粉灭火器、液态二氧化碳灭火器等多种小型式灭火器。

一、灭火器的分类

灭火器的种类很多，按其移动方式可分为：手提式灭火器和推车式灭火器；按驱动灭火剂的动力来源可分为：储气瓶式灭火器、储压式灭火器、化学反应式灭火器；按所充装的灭火剂则又可分为：泡沫灭火器、干粉灭火器、卤代烷灭火器、二氧化碳灭火器、清水灭火器等。按火灾类型可分为A类灭火器、B类灭火器、C类灭火器、D类灭火器、E类灭火器等。

各类灭火器都有特定的型号与标识，我国灭火器的型号是按照《消防产品型号编制方法》(CN 11—1982）编制的。它由类、组、特征代号及主要参数几部分组成。

如“MF/ABC2”表示ABC干粉灭火器，干粉质量为2kg；“MSQ9”表示容积为9L的手提式清水灭火器；“MFT50”表示50kg推车式（碳酸氢钠，BC可以省略）干粉灭火器。

根据《建筑灭火器配置验收及检查规范》(GB 50444—2008）的规定，酸碱型灭火器、化学泡沫灭火器、倒置使用型灭火器以及氯溴甲烷、四氯化碳灭火器应作报废处理，也就是说，这几类灭火器现已被淘汰。目前，常用灭火器的类型主要有水基型灭火器、干粉灭火器、二氧化碳灭火器、洁净气体灭火器等。灭火器型号的含义见表9-1。

表9-1　灭火器型号的含义

内容	位置	名称	举例
灭火器特定的型号与标识	首位	灭火器本身代号	灭火器通常用“M”表示
	第二位	灭火器代号	F—干粉灭火剂 T—二氧化碳灭火剂 P—泡沫灭火剂 Q—清水灭火剂
	第三位	结构特征代号	S—手提式 T—推车式 Z—舟车式 Y—鸭嘴式 B—背负式
	后附字母和数字	代表特定的灭火剂特征以及质量或容积	ABC—ABC类干粉（BC类干粉不写） 数字单位—水型为L，干粉、二氧化碳为kg

二、灭火器的构造

不同规格类型的灭火器不仅灭火机理不一样，其构造也根据其灭火机理与使用功能需要而有所不同，如手提式灭火器与推车式灭火器、储气瓶式灭火器与储压式灭火器的结构有明显差别。

1. 灭火器配件

灭火器配件主要由灭火器筒体、器头（阀门)、灭火剂、保险销、虹吸管、密封圈和压力指示器（二氧化碳灭火器除外）等组成。

2. 灭火器构造

(1）手提式灭火器。手提式灭火器的结构根据驱动气体的驱动方式可分为储压式、外置储气瓶式和内置储气瓶式三种形式。外置储气瓶式和内置储气瓶式主要应用于干粉灭火器，随着科技的发展，性能安全可靠的储压式干粉灭火器逐步取代了储气瓶式干粉灭火器。目前这两种结构的灭火器已经停止生产，市场上主要是储压式结构的灭火器，如干粉灭火器、水基型灭火器等都是储压式结构，如图9-1所示。

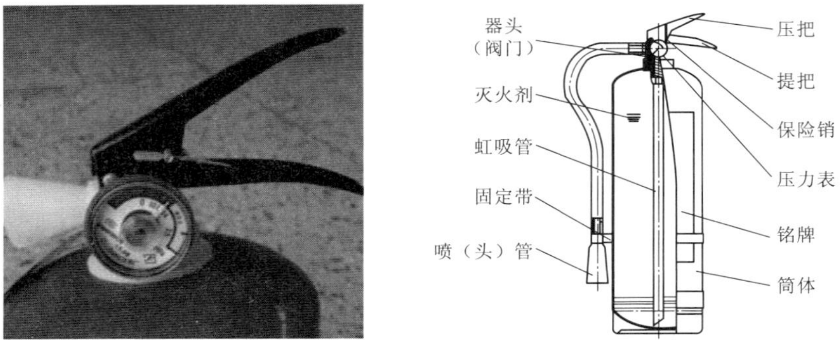

图 9-1　手提式灭火器

手提储压式灭火器主要由筒体、器头（阀门）、喷（头）管、保险销、灭火剂、驱动气体、压力表以及铭牌等组成。在待用状态下，灭火器内驱动气体的压力通过压力表显示出来。

灭火时，手拿灭火器的提把或肩扛灭火器到火场。在距燃烧物 3m 左右放下灭火器，拔出保险销，一只手握住开启压把，另一只手握在喷射软管前端的喷嘴处。如果灭火器无喷射软管，则可一只手握住开启压把，另一只手扶住灭火器底部的底圈部分。将喷嘴对准燃烧处，用力握紧开启压把，对准火焰根部扫射。在使用干粉灭火器灭火的过程中要注意，如果在室外，应尽量选择在上风方向。

手提式二氧化碳灭火器结构如图 9-2 所示。其结构与其他手提式灭火器的结构基本相似，只是二氧化碳灭火器的充装压力较大，取消了压力表，增加了安全阀。判断二氧化碳灭火器是否失效一般采用称重法。二氧化碳灭火器每年至少检查一次，低于额定充装量的 95%就应进行检修。

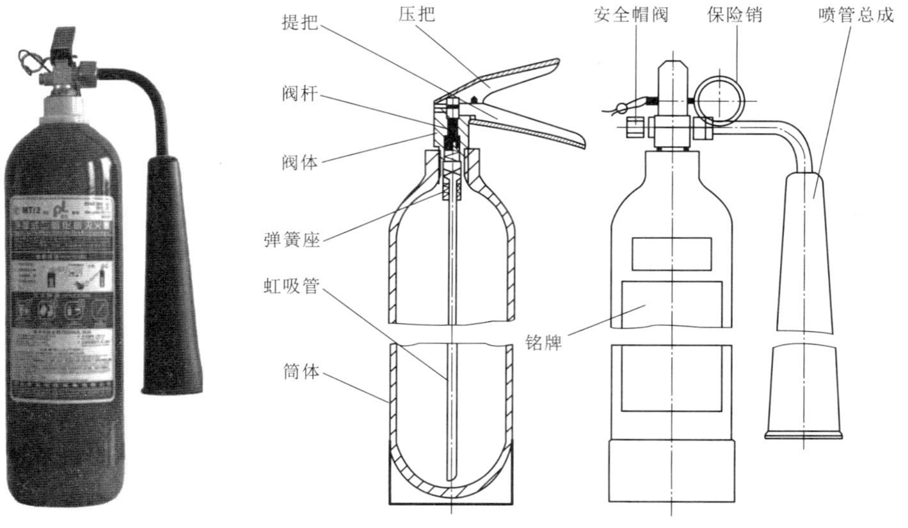

图 9-2　手提式二氧化碳灭火器

灭火时二氧化碳将灭火器提到火场，在距燃烧物 3m 左右放下灭火器，拔出保险销，一只手握住喇机筒根部的手柄，另一只手紧握启闭阀的压把。对没有喷射软管的二氧化碳灭火器，应把喇叭筒往上扳 70°～90°。灭火时，当可燃物呈流淌状燃烧时，使用者将二氧化碳灭火剂的喷流由近而远向火焰喷射。如果可燃液体在容器内燃烧，则使用者应将喇叭筒提起，从容器的一侧上部向燃烧的容器中喷射，但不能使二氧化碳射流直接冲击可燃液面，以防止将可燃液体冲出容器而扩大火势，造成灭火困难。使用二氧化碳灭火器扑救电气火灾时，如果电压超过 600V，应先断电后灭火。

需要注意的是，使用二氧化碳灭火器时，在室外使用的，应选择在上风方向喷射，使用时宜佩戴手套，不能直接用手抓住喇机筒外壁或金属连接管，以防手被冻伤；在室内狭小空间使用的，灭火后操作者应迅速离开，以防窒息。

（2）推车式灭火器。推车式灭火器结构如图 9－3 所示。

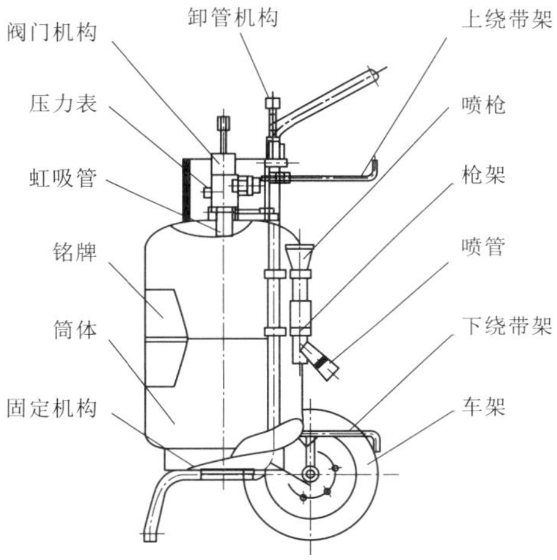

图 9－3 推车式灭火器

推车式灭火器主要由灭火器筒体、阀门机构、喷管喷枪、车架、灭火剂、驱动气体（一般为氮气，与灭火剂一起密封在灭火器筒体内）、压力表及铭牌等组成。铭牌的内容与手提式灭火器的铭牌内容基本相同。

推车式灭火器一般由两人配合操作，使用时两人一起将灭火器推或拉到燃烧处，在距燃烧物 10m 左右停下，一人快速取下喷枪（二氧化碳灭火器为喇叭筒）并展开喷射软管，然后握住喷枪（二氧化碳灭火器为喇叭筒根部的手柄），另一人快速按逆时针方向旋动手轮，并开到最大位置。灭火方法和注意事项与手提式灭火器基本一致。

三、灭火器的灭火原理与使用范围

1. 干粉灭火器

原理：干粉灭火器内充装的是干粉灭火剂。干粉灭火剂是用于灭火的干燥且易于流动的微细粉末，由具有灭火效能的无机盐和少量的添加剂经干燥、粉碎、混合而成微细固体粉末组成。利用压缩的二氧化碳吹出干粉（主要含有碳酸氢钠）来灭火。

结构：干粉灭火器是利用二氧化碳气体或氮气气体作动力，将瓶内的干粉喷出灭火的。干粉是一种干燥的、易于流动的微细固体粉末，由能灭火的基料和防潮剂、流动促进剂、结块防止剂等添加剂组成。

适用范围：碳酸氢钠干粉灭火器适用于易燃、可燃液体、气体及带电设备的初起火灾；磷酸铵盐干粉灭火器除可用于上述几类火灾外，还可扑救固体类物质的初起火灾。但都不能扑救金属燃烧火灾。

2. 泡沫灭火器

原理：泡沫灭火器内有两个容器，分别盛放两种液体，它们是硫酸铝和碳酸氢钠溶液，两种溶液互不接触，不发生任何化学反应（平时千万不能碰倒泡沫灭火器）。当需要泡沫灭火器时，把灭火器倒立，两种溶液混合在一起，就会产生大量的二氧化碳气体。

除了两种反应物外，灭火器中还加入了一些发泡剂。打开开关，泡沫从灭火器中喷出，覆盖在燃烧物品上，使燃着的物质与空气隔离，并降低温度，达到灭火的目的。

结构：酸碱灭火器由筒体、筒盖、硫酸瓶胆、喷嘴等组成。筒体内装有碳酸氢钠水溶液，硫酸瓶胆内装有浓硫酸。瓶胆口有铅塞，用来封住瓶口，以防瓶胆内的浓硫酸吸水稀释或同瓶胆外的药液混合。酸碱灭火器的作用原理是利用两种药剂混合后发生化学反应，产生压力使药剂喷出，从而扑灭火灾。

适用范围：适用于扑救一般 B 类火灾，如油制品、油脂等火灾，也可适用于 A 类火灾，但不能扑救 B 类火灾中的水溶性可燃、易燃液体的火灾，如醇、酯、醚、酮等物质火灾；也不能扑救带电设备及 C 类和 D 类火灾。

3. 二氧化碳灭火器

原理：灭火器瓶体内储存液态二氧化碳，工作时，当压下瓶阀的压把时。内部的二氧化碳灭火剂便由虹吸管经过瓶阀到喷筒喷出，使燃烧区氧的浓度迅速下降，当二氧化碳达到足够浓度时火焰会窒息而熄灭，同时由于液态二氧化碳会迅速气化，在很短的时间内吸收大量的热量，因此对燃烧物起到一定的冷却作用，也有助于灭火。推车式二氧化碳灭火器主要由瓶体、器头总成、喷管总成、车架总成等几部分组成，内装的灭火剂为液态二氧化碳灭火剂。

结构：二氧化碳灭火器筒体采用优质合金钢经特殊工艺加工而成，重量比碳钢减少了 40%。具有操作方便、安全可靠、易于保存、轻便美观等特点。

适用范围：二氧化碳灭火器主要用于扑救贵重设备、档案资料、仪器仪表、600V 以下电气设备及油类的初起火灾。在使用时，应首先将灭火器提到起火地点，放下灭火器，拔出保险销，一只手握住喇叭筒根部的手柄，另一只手紧握启闭阀的压把。对没有喷射软管的二氧化碳灭火器，应把喇叭筒往上扳 70°～90°。使用时，不能直接用手抓住喇叭筒外壁或金属连接管，防止手被冻伤。在使用二氧化碳灭火器时，在室外使用的，应选择上风方向喷射；在室内窄小空间使用的，灭火后操作者应迅速离开，以防窒息。

4. 清水灭火器

清水灭火器中的灭火剂为清水。水在常温下具有较低的黏度、较高的热稳定性水基型灭火器、较大的密度和较高的表面张力，是一种古老而又使用范围广泛的天然灭火剂，易于获取和储存。

它主要依靠冷却和窒息作用进行灭火。因为每千克水自常温加热至沸点并完全蒸发汽化，可以吸收 2593.4kJ 的热量。因此，它利用自身吸收显热和潜热的能力发挥冷却灭火作用，是其他灭火剂所无法比拟的。此外，水被汽化后形成的水蒸气为惰性气体，且体积将膨胀 1700 倍左右。

在灭火时，由水汽化产生的水蒸气将占据燃烧区域的空间、稀释燃烧物周围的氧含量，阻碍新鲜空气进入燃烧区，使燃烧区内的氧浓度大大降低，从而达到窒息灭火的目的。当水呈喷淋雾状时，形成的水滴和雾滴的比表面积将大大增加，增强了水与火之间的热交换作用，从而强化了其冷却和窒息作用。

另外，对一些易溶于水的可燃、易燃液体还可起稀释作用；采用强射流产生的水雾可使可燃、易燃液体产生乳化作用，使液体表面迅速冷却、可燃蒸汽产生速度下降而达到灭火的目的

适用范围：清水灭火器主要用于扑救固体物质火灾，如木材、棉麻、纺织品等的初起火灾。

第二节 灭火器配置

灭火器的配置设计按照《建筑灭火器配置设计规范》（GB 50140—2005）（简称《规范》）进行。

一、灭火器的基本参数

灭火器的基本参数主要反映在灭火器的铭牌上。依据《手提式灭火器 第 1 部分：性能和结构要求》（GB 4351.1—2005）的规定，灭火器的铭牌应包含以下内容：

（1）灭火器的名称、型号和灭火剂类型。

（2）灭火器的灭火级别和灭火种类。

（3）灭火器的使用温度范围。

（4）灭火器驱动气体的名称和数量。

（5）灭火器水压试验压力（应永久性标注在灭火器上）。

（6）灭火器生产许可证编号或认证标记。

（7）灭火器生产连续序号（应用钢印等永久性方法标注在灭火器不受内压的底圈上）。

（8）灭火器生产日期。

（9）灭火器制造厂名称。

（10）灭火器的使用方法，包括一个或多个图形说明，该说明应在铭牌的明显位置，在筒体上不应超过 120°弧度。

（11）再充装说明和日常维护说明。

其中，灭火器的灭火级别表示灭火器能够扑灭不同种类火灾的效能，由表示灭火效能的数字和灭火种类的字母组成，如 MF/ABC1 灭火器对 A、B 类火灾的灭火级别分别为 1A 和 21B。对于建设工程灭火器配置，灭火器的灭火类别和灭火级别是主要参数。

二、灭火器配置

对于生产、使用或储存可燃物的新建、改建、扩建的工业与民用建筑（生产或储存炸药、弹药、火工品、花炮的厂房或库房除外）均须按照消防法规及相关规范要求进行灭火器配置。

1. 灭火器的设置

灭火器的设置应遵循以下规定：

灭火器应设置在位置明显和便于取用的地点，且不得影响安全疏散。

对有视线障碍的灭火器设置点，应设置指示其位置的发光标志。

灭火器的摆放应稳固，其铭牌应朝外。手提式灭火器宜设置在灭火器箱内或挂钩、托架上，其顶部离地面高度不应大于 1.5m，底部离地面高度不宜小于 0.08m。灭火器箱不应上锁。

灭火器不应设置在潮湿或强腐蚀性的地点，当必须设置时，应有相应的保护措施。当灭火器设置在室外时，也应有相应的保护措施。

灭火器不得设置在超出其使用温度范围的地点。

2. 灭火器的选择

灭火器的选择应考虑下列因素：

(1) 灭火器配置场所的火灾种类。

(2) 灭火器配置场所的危险等级。

(3) 灭火器的灭火效能和通用性。

(4) 灭火剂对保护物品的污损程度。

(5) 灭火器设置点的环境温度。

(6) 使用灭火器人员的体能。

3. 灭火器配置场所的配置设计计算

为了科学、合理、经济地对灭火器配置场所进行灭火器配置，首先应对配置场所的灭火器配置进行设计计算。灭火器的配置设计涉及许多方面，形式多种多样，但一般可按下述步骤和要求进行考虑和设计：

(1) 确定各灭火器配置场所的火灾种类和危险等级。

(2) 划分计算单元，计算各单元的保护面积。

(3) 计算各单元的最小需配灭火级别。

(4) 确定各单元内的灭火器设置点的位置和数量。

(5) 计算每个灭火器设置点的最小需配灭火级别。

(6) 确定每个设置点的灭火器的类型、规格与数量。

(7) 确定每具灭火器的设置方式和要求。

(8) 一个计算单元内的灭火器数量不应少于 2 具，每个设置点的灭火器数量不宜多于 5 具。

(9) 在工程设计图上，用灭火器图例和文字标明灭火器的型号、数量与设置位置。

4. 灭火器配置场所计算单元的划分

(1) 计算单元划分。灭火器配置场所是指生产、使用、储存可燃物并要求配置灭火器的房间或部位，如油漆间、配电间、仪表控制室、办公室、实验室、库房、舞台、堆垛等。计算单元是指在进行灭火器配置设计过程中，考虑了火灾种类、危险等级和是否相邻等因素后，为便于设计而进行的区域划分。一个计算单元可以是只含有一个灭火器配置的场所，也可以是含有若干个灭火器配置的场所，但此时应将若干个灭火器配置场所视为一个整体来考虑保护面积、保护距离和灭火器配置数量等。

显然，对于不相邻的灭火器配置场所，应分别作为一个计算单元进行灭火器的配置设计计算。但对于危险等级和火灾种类都相同的相邻配置场所，或危险等级和火灾种类有一个不相同的相邻配置场所，应按以下规定划分：

1）灭火器配置场所的危险等级和火灾种类均相同的相邻场所，可将一个楼层或一个防火分区作为一个计算单元。

2）灭火器配置场所的危险等级或火灾种类不相同的场所，应分别作为一个计算单元。

3）同一计算单元不得跨越防火分区和楼层。

（2）计算单元保护面积（S）的计算。在划分灭火器配置场所后，还需对保护面积进行计算。对灭火器配置场所（单元）的灭火器保护面积进行计算，规定如下：

1）建筑物应按其建筑面积进行计算。

2）可燃物露天堆场，甲、乙、丙类液体储罐区，可燃气体储罐区按堆垛和储罐的占地面积进行计算。

5. 计算单元的最小需配灭火级别的计算

在确定了计算单元的保护面积后，应根据式（9－1）计算该单元应配置的灭火器的最小灭火级别，即

$$Q=K\frac{S}{U} \tag{9-1}$$

式中 Q——计算单元的最小需配灭火级别（A 或 B）；

S——计算单元的保护面积，m^2；

U——A 类或 B 类火灾场所单位灭火级别最大保护面积，m^2/A 或 m^2/B；

K——修正系数。

火灾场所单位灭火级别的最大保护面积依据火灾危险等级和火灾种类从表 9－2 或表 9－3 中选取。

表 9－2　A 类火灾场所灭火器的最低配置基准

危险等级	严重危险级	中危险级	轻危险级
单具灭火器最小配置灭火级别	3A	2A	1A
单位灭火级别最大保护面积/（m^2/A）	50	75	100

表 9－3　B、C 类火灾场所灭火器的最低配置基准

危险等级	严重危险级	中危险级	轻危险级
单具灭火器最小配置灭火级别	89B	55B	21B
单位灭火级别最大保护面积/（m^2/B）	0.5	1	1.5

修正系数值按表 9－4 的规定取值。

表 9－4　　修　正　系　数

计算单元	K	计算单元	K
未设室内消火栓系统和灭火系统	1	设有室内消火栓系统	0.9
设有灭火系统	0.7	设有室内消火栓系统和灭火系统	0.5
可燃物露天堆场，甲、乙、丙类液体储罐区，可燃气体储罐区	0.3		

注　歌舞娱乐放映游艺场所、网吧、商场、寺庙以及地下场所等的计算单元的最小需配灭火级别应在式（9－1）计算结果的基础上增加 30%。

6. 计算单元中每个灭火器设置点的最小需配灭火级别计算

计算单元中每个灭火器设置点的最小需配灭火级别按式（9－2）进行计算，即：

$$Q_e=\frac{Q}{N} \tag{9-2}$$

式中　Q_e——计算单元中每个灭火器设置点的最小需配灭火级别（A 或 B）；

N——计算单元中的灭火器设置点数，个。

7. 灭火器设置点的确定

每个灭火器设置点实配灭火器的灭火级别和数量不得小于最小需配灭火级别和数量的计算值。计算单元中的灭火器设置点的位置和数量应依据火灾的危险等级、灭火器类型（手提式或推车式）按不大于表 9－5 或表 9－6 规定的最大保护距离合理设置，且应保证最不利点至少在 1 具灭火器的保护范围内。

表 9－5　　A 类火灾场所的灭火器最大保护距离　　单位：m

危险等级＼灭火器形式	手提式灭火器	推车式灭火器
严重危险级	15	30
中危险级	20	40
轻危险级	25	50

表 9－6　　B、C 类火灾场所的灭火器最大保护距离　　单位：m

危险等级＼灭火器形式	手提式灭火器	推车式灭火器
严重危险级	9	18
中危险级	12	24
轻危险级	15	30

注　1. D 类火灾场所的灭火器，其最大保护距离应根据具体情况研究确定。

2. E 类火灾场所的灭火器，其最大保护距离不应低于该场所内 A 类或 B 类火灾的规定。

如果计算单元中配置有室内消火栓系统，则由于消火栓的设置距离与灭火器设置点的距离要求基本相近，因此在不影响灭火器保护效果的前提下，将灭火器设置点与室内消火栓设置合二为一是一个很好的选择。

三、建筑灭火器配置实例

【例 9－1】 某高校附近某网吧，位于三层楼房的第一层（地面上），建筑物为砖混结构，网吧内置物料主要为大量电脑、沙发与桌椅等，网吧平面尺寸（长：30m，宽：15m），房内的电子计算机等工艺设备的占地面积小于 $4m^2$，没有安装室内消火栓和灭火系统，为保证火灾初期消防安全，试对该网吧灭火器配置方案进行设计。

解：

（1）确定该灭火器配置场所的危险等级与火灾类型。

1）确定该灭火器配置场所的危险等级。

该网吧属于严重危险级的民用建筑，危险等级为“严重”级。

2）确定该灭火器配置场所的火灾种类。

该网吧使用的物品多为计算机等固体可燃物，确认该机房可能发生A类火灾；因存在主机服务器、电脑等用电设备，因此该机网吧同时存在E类火灾危险。

（2）划分灭火器配置场所的计算单元与确定其保护面积。

1）划分灭火器配置场所的计算单元。

该网吧可作为一个灭火器配置场所的独立计算单元。

2）计算该单元的保护面积。

计算单元的保护面积应按建筑面积计算，则该单元的保护面积为

$$S=30\times 15=450(\mathrm{m}^2)$$

（3）计算单元的需配最低灭火级别。

该网吧属地面建筑，扑救初起火灾所需的灭火级别按式（9－1）计算：

$$Q=1.3\times\frac{450}{50}=11.7(\mathrm{A})$$

（4）确定该单元的灭火器设置点数与各点的位置。

查表9－5得，该单元手提式灭火器最大保护距离为15m，用保护圆简化设计法确定设置点：先取长边两个中点作为设置点并以其为圆心画保护圆，存在左右两个阴影（图9－4），说明存在“死角”不符合规范要求。

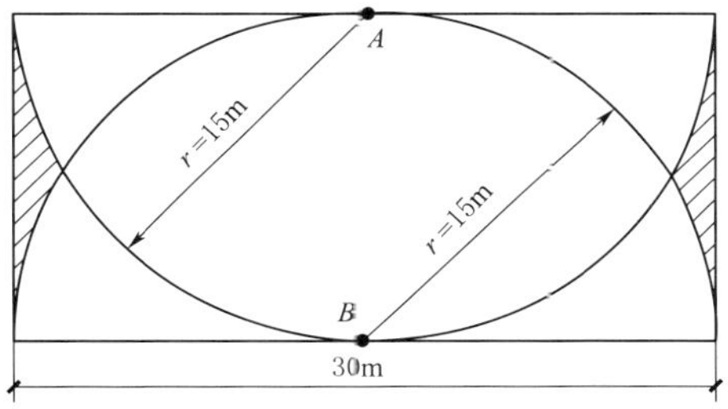

图9－4　灭火器配置保护长边不合格示意图

短边的两个中点作为两个灭火器设置点画两个保护圆（图9－5），存在上下两个阴影，不符合要求。

取距N侧长边10m的两个长边的各一点A和B，再加S侧宽边的中点C共三个灭火器设置点，画三个保护圆（图9－6），三个保护圆覆盖了该单元的所有区域，无“死角”，符合规范要求。

确定该单元A、B、C三个灭火器设置点及其位置，故 $N=3$。

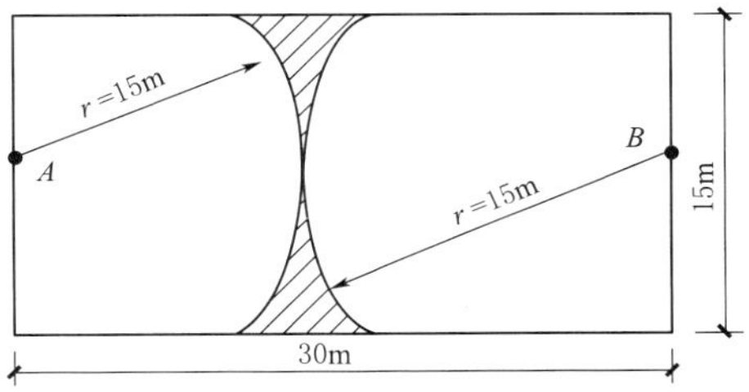

图9－5　灭火器配置保护短边不合格示意图

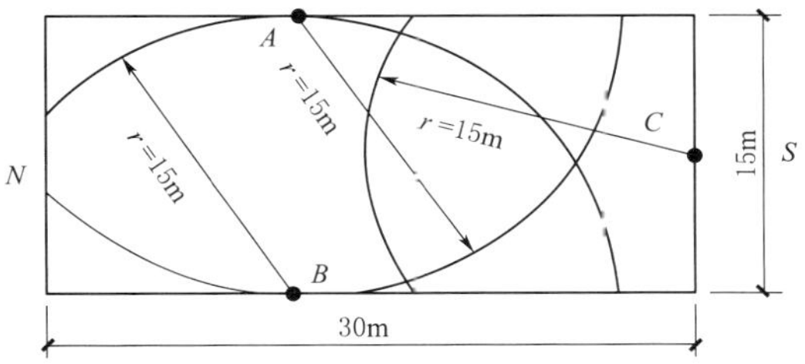

图9－6　灭火器配置保护短边不合格示意图

（5）计算每个灭火器设置点的最小需配灭火级别。

（6）确定每个设置点灭火器的类型、规格与数量。

类型选择：根据网吧的特点和防火设计要求，决定选择手提式磷酸铵盐干粉灭火器（为什么?）。

规格与数量的确定：每具灭火器最小配置灭火级别为 3A；MF/ABC5 灭火器的最大灭火级别为 3A。

1.3 具>1 具，故取 2 具。

每个灭火器设置点选配 2 具 5kg 手提式 MF/ABC5 灭火器（MF/ABC5×2），则该网吧需配置 6 具 5kg 手提式 MF/ABC5 灭火器（MF/ABC5×6）。

验算：

该单元实际配置的所有灭火器的灭火级别验算如下：

$$Q_t=\sum_{i=1}^{6}Q_i=2(\text{具})\times 3(\text{点})\times 3(\text{A})=18(\text{A})>Q=11.7(\text{A})$$

符合要求。

每个灭火器设置点实际配置所有灭火器的灭火级别验算：

$$Q_s=\sum_{i=1}^{2}Q'_i=2(\text{具})\times 3(\text{A})=6(\text{A})>Q_e=3.9(\text{A})$$

符合要求。

每具灭火器最小配置规格为 3A，符合要求。

该单元内配置灭火器总数为 6 具>2 具，符合要求。

每个设置点配置灭火器数为 2 具（1 具<2 具<5 具），符合要求。

（7）确定每具灭火器的设置方式和要求。

根据网吧的使用性质和工艺要求，灭火器的设置方式应采用嵌入式的墙式灭火器箱。

即在 A、B、C 三个设置点处的内墙壁上预埋 3 只灭火器箱，将 6 具 MF/ABC5 灭火器平均分成 3 组放入 3 只箱内，该设置方式具有以下优点：

1）不影响人员走路、工作及安全疏散。

2）有利于灭火器防潮、防碰撞及防止随意挪动。

3）保持网吧布局整齐、美观。

（8）在工程设计图上用灭火器图例和文字标明灭火器的型号、数量与设置位置。

在设计平面图上标记灭火器配置情况（图 9-7）。

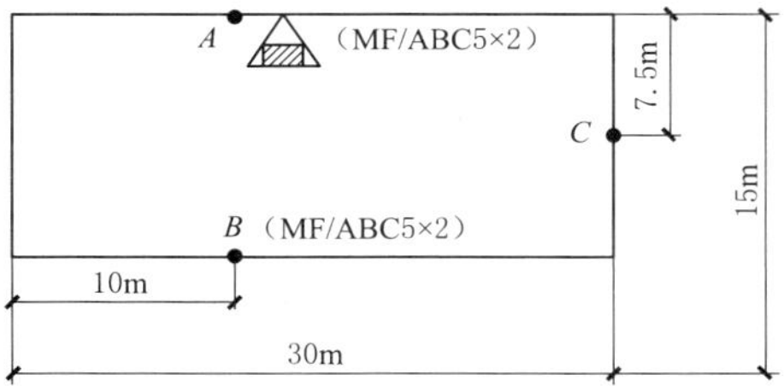

图 9-7 灭火器配置情况示意图

1）如 A 点，其中：表示手提式磷酸铵盐灭火器。MF/ABC5×2：表示 2 具 5kg MF/ABC 灭火器。

2）如 B 点，仅标记 MF/ABC5×2，亦可。

若各灭火器设置点配置的灭火器类型、规格与数量均相同，可只标记一点；否则每点均需标记。

四、灭火器设置

1. 灭火器的认识及使用

（1）准备好各型灭火器，观察不同灭火器的结构。

（2）将灭火器和油盘带到露天开阔无风地带，倒入柴油。

（3）点燃柴油，练习使用灭火器熄灭油池火，并观察灭火效果及灭火时间。

（4）灭火后，重新添入柴油，再次点燃，换其他类型灭火器试验，并记录实验现象。

2. 不同场所灭火器的配置设计

依据上述灭火器配置设计计算步骤，每一组选择学校内不同的建筑场所，进行灭火器的配置设计。

3. 建筑灭火器的安装设置

（1）灭火器的安装设置的一般要求。灭火器安装设置主要包括灭火器的设置、灭火器箱的设置或安装、手提式灭火器挂钩与托架的安装，以及发光指示标志的安装等内容：

1）灭火器应设置位置：明显和便于取用，不影响安全疏散。

2）灭火器应设置方式：稳固、铭牌朝外、器头向上，且设置指示灭火器位置的发光标志。

3）手提式灭火器设置方式：宜设置在挂钩、托架上或灭火器箱内，顶部离地面高度应小于 1.50m；底部离地面高度不宜小于 0.08m。

4）环境温度要求：应与灭火器的使用温度范围适应，不宜超出其温度上限与下限。

（2）手提式灭火器的安装设置。

1）手提式灭火器应设置在灭火器箱内或挂钩、托架上，且挂钩、托架安装应符合相关要求；对于地面铺设大理石、地板或地毯、环境干燥、洁净的建筑场所，可直接放置在地面上。

2）灭火器箱不应被遮挡、上锁或拴系。

3）灭火器箱的箱门开启应方便灵活，其箱门开启后不得阻挡人员安全疏散。

4）嵌墙式灭火器箱及挂钩、托架的安装高度应满足手提式灭火器顶部离地面距离要求。

（3）推车式灭火器的设置。

1）推车式灭火器宜设置在平坦场地，不得设置在台阶上。

2）推车式灭火器的设置和防止自行滑动的固定措施等均不得影响其操作使用和正常行驶移动。

【练习题】

1. 试简要阐述灭火器分类，并说明主要灭火器的功能与使用范围。

2. 选择灭火器时一般应该考虑哪些因素？分析高校图书馆灭火器配置时应该选择哪些种类的灭火器？

3. 建筑灭火器安装设置的主要要求有哪些？

4. 试阐述灭火器配置计算的主要程序与内容，并结合某实例（加油站、图书馆、影剧院、学生宿舍与超市等）来说明。

5. 与其他手提式灭火器相比，手提式二氧化碳灭火器的结构特征是（　　）。

A. 取消了压力表，增加虹吸管　　B. 取消了安全阀，增加了虹吸管

C. 取消了安全阀，增加了压力表　　D. 取消了压力表，增加了安全阀

6. 地下汽车库配置灭火器时，计算单元的最小需配灭火级别计算应比地上汽车库增加（　　）。

A. 10%　　B. 20%　　C. 30%　　D. 25%

7. 某多层民用建筑的第二层为舞厅，建筑面积为 1000m^2。该场所设有室内消火栓系统、自动喷水灭火系统、火灾自动报警系统及防排烟系统，并按严重危险等级配置灭火器。若在该层设置 3 个灭火器设置点，每处设置干粉灭火器 2 具，则每具灭火器的灭火级别应为（　　）。

A. 2A　　B. 21B　　C. 3A　　D. 55B

8. 某二级耐火等级的 3 层养老院，老人住宿床位数 80 张，总建筑面积 4000m^2，设置了室内外消火栓系统，自动喷水灭火系统，火灾自动报警系统等，下列关于该场所配置手提式灭火器的说法中，正确的是（　　）。

A. 单具灭火器的最低配置基准应为 3A，最大保护距离应为 15m

B. 单具灭火器的最低配置基准应为 5A，最大保护距离应为 15m

C. 单具灭火器的最低配置基准应为 3A，最大保护距离应为 20m

D. 单具灭火器的最低配置基准应为 5A，最大保护距离应为 20m

9. 根据不同种类的灭火器适用于不同物质的火灾，其结构和使用方法也各不相同。下列灭火器能扑灭一般的可燃固体火灾，还可扑灭油、气等燃烧引起的火灾的是（　　）。

A. 水基型水雾灭火器　　B. 干粉灭火器

C. 二氧化碳灭火器　　D. 洁净气体灭火器

10. 下列关于灭火器选择应考虑的因素有（　　）。

A. 灭火器配置场所的火灾种类　　B. 灭火器设置点的环境温度

C. 灭火器配置场所的建筑高度　　D. 灭火器使用灭火人员的素质

E. 灭火器使用灭火器人员的体能

课程思政——河南长垣县皇冠歌厅火灾事故

【教学目的】

通过皇冠歌厅的火灾事故案例和已经毕业学生亲身经历，引导学生通过学习本门课程，在处理火灾事故时正确进行事态判断，掌握正确的灭火方法，及时进行先期处置，组织人员疏散。

一、皇冠歌厅火灾事故

1. 事故概况

2014 年 12 月 15 日 0 时 26 分，河南长垣县皇冠歌厅（皇冠 KTV）发生一起重大火灾事故，过火面积 123m^2，造成 12 人死亡，28 人受伤，直接经济损失 957.64 万元。

事故发生经过及应急处置情况如下：

2014 年 12 月 14 日 11 时许，郭东兰签收了快递员送来的 5 箱空气清新剂，随后将其放置在吧台内地面上。随后，工作人员在打扫卫生过程中，将快递件移放在吧台内靠东隔墙与音箱的角落，附近有一台开着的电暖器。营业过程中，工作人员在吧台内活动时多次触碰电暖器，使其紧贴装有空气清新剂的快递件。15 日 0 时 26 分许，吧台内椅子上，身后突然发生爆炸燃烧，在场人员发现起火后，未能立即采取有效施救措施，大厅角落内就有放置的灭火器，而工作人员仅用脚踹、脚踩起火物和少量水泼洒方式灭火，未能有效控制火势。1min 内接连发生多次爆炸燃烧，火势迅速蔓延。燃烧产生的热烟气扩散至一层其他区域并沿楼梯间迅速向上层区域扩散，造成 12 人死亡（8 男 4 女），28 人受伤（含自行疏散并入院治疗 4 人）。

皇冠歌厅对事态判断不当，灭火方法不正确，先期处置不及时，组织人员疏散不力，主要原因是没有制订应急预案，没有开展消防培训，消防安全意识淡薄，易燃易爆物品的管理存在漏洞，消防安全通道不畅。

2. 原因分析及性质认定

（1）直接原因。皇冠歌厅吧台内使用的硅晶电热膜对流式电暖器，近距离高温烘烤违规大量放置的具有易燃易爆危险性的罐装空气清新剂，导致空气清新剂爆炸燃烧引发火灾。

原因分析：皇冠歌厅作为公共娱乐场所，在吧台处放置了具有易燃易爆危险化学品属性的空气清新剂，属违法行为。火灾现场提取的空气清新剂外观英文标识储存温度不得高于 49℃，通过现场实验，电暖器的散热板最高温度可达 235.2℃，贴邻电暖器防护网的瓦楞纸板背面温度最高可达 99℃。但歌厅管理人员及其员工缺乏对空气清新剂化学危险性的认知，将其靠近电暖器放置，直接导致了空气清新剂的爆炸燃烧。火灾发生时吧台内共放置了 60 瓶 18L 的空气清新剂，存放量较大，爆炸起火后的 1min 内接连发生多次爆炸燃烧，造成火势迅速蔓延，是导致事故发生的直接原因。

（2）间接原因。

皇冠歌厅安全生产主体责任不落实：

1）未取得消防安全检查合格证。皇冠歌厅自营业以来，一直未取得消防安全检查合格证，属违法经营。

2）消防职责不明确。皇冠歌厅未设立消防安全管理机构，未明确消防安全管理人员，未明确各岗位消防安全职责。

3）安全管理制度未得到有效落实。开业初期，皇冠歌厅在县消防部门的指导下制定了消防安全制度和灭火疏散预案，经营期间一直未履行消防安全教育培训、防火巡查检查、消防设施器材维护、用火用电管理、灭火和应急疏散预案演练、消防安全工作奖惩等消防安全制度和消防安全操作规程。

4）未开展消防安全教育培训。皇冠歌厅经营期间没有对员工进行消防安全教育培训，未组织员工开展灭火和应急疏散演练，员工不了解所在岗位消防安全职责，不了解场所内消防设施、消防器材名称和用途，不会操作使用灭火器等消防设施器材，自救逃生能力差。

5）超出核定包间数违规经营。长垣县文化广电旅游局核定包间数为 14 间，皇冠歌厅用于营业的包间数为 19 间。

二、已毕业学生灭火器灭火案例

2022 年 4 月 22 日，黄河水利职业技术学院顶岗实习学生韩某在一天的顶岗实习结束后到饭店进行餐食。在就餐的过程中，发现了该饭店后厨着火，此时，饭店的服务人员和后厨人员都不知所措，不知道饭店内有灭火器，不知道怎么扑灭初期火灾，更有人员吓得蹲在地上。韩某看见饭店内有灭火器，拿起灭火器进入到后厨进行灭火，及时准确地将一场可能会引起火灾的初起火灾扑灭。该生在学校期间通过学习专业课程，认真听讲和实训，掌握了灭火器的使用方法。

三、结束语

同学们，以后你们走上工作岗位，有很多会从事本职安全专业，大家一定要加强所在单位的消防安全宣传教育。强化消防安全管理人员和重点岗位的消防安全培训，提高单位检查消防火灾隐患的能力，提高从业人员扑救火灾和组织疏散逃生基本技能。要充分发挥皇冠歌厅“12·15”重大火灾事故教育警示作用，有针对性地宣传消防法规和消防知识，积极营造政府主导、行业监管、单位负责、全民参与的消防安全宣传环境，提高全民消防安全意识和自防自救能力。

第十章

消火栓灭火系统

【学习目标】

1. 了解消火栓系统的功能及用途。
2. 了解消火栓系统的各部件检查方法及内容。
3. 消火栓系统的安装调试与检测验收程序，并了解消火栓系统的维护保养方法。

消火栓灭火系统是最常用的灭火系统，由蓄水池、加压送水装置（水泵）及室内消火栓等主要设备构成。消火栓系统是扑救、控制建筑物初期火灾的最为有效的灭火设施，是应用最为广泛、用量最大的水灭火系统；消火栓系统是以水为介质，用于灭火、控火和冷却防护等功能的消防系统。

消火栓系统分为室外消火栓系统和室内消火栓系统。

第一节　室外消火栓系统

室外消火栓是设置在建筑物外面消防给水管网上的供水设施，主要供消防车从市政给水管网或室外消防给水管网取水实施灭火，也可以直接连接水带、水枪出水灭火，是扑救火灾的重要消防设施之一。室外消火栓系统主要由市政供水管网或室外消防给水管网、消防水池、消防水泵和室外消火栓组成。按安装形式不同可分为地上式和地下式两种（图 10－1 和图 10－2）。地上消火栓适用于温度较高的地方，地下消火栓适用于寒冷地区。

一、室外消火栓给水管道

室外消防给水管道可采用高压、临时高压和低压管道。城镇、居住区、企业事业单位的室外消防给水，一般均采用低压给水系统，而且，常常与生活、生产给水管道合并使用。但是，高压或临时高压给水管道为确保供水安全，应与生产、生活给水管道分开，设置独立的消防给水管道。

1. 按水压要求分类

（1）常高压给水管网。是指管网内经常保持足够的压力，火场上不需使用消防车或其他移动式水泵加压，而直接由消火栓接出水带、水枪灭火。当建筑高度小于等于 24m 时，室外高压给水管道的压力应保证生产、生活、消防用水量达到最大，且水枪

（a）地上式　　（b）地下式

图 10－1　室外消火栓

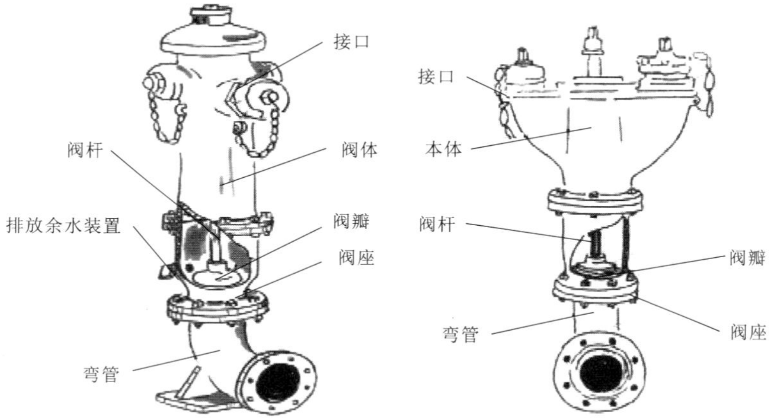

（a）地上式室外消火栓　　（b）地下式室外消火栓

图 10－2　室外消火栓的结构图

布置在保护范围内任何建筑物的最高处时，水枪的充实水柱不应小于 10m。当建筑物高度大于 24m 时，应立足于室内消防设备扑救火灾。

（2）临时高压给水管网。在临时高压给水管道内，平时水压不高，通过高压消防水泵加压，使管网内的压力达到高压给水管道的压力要求。当城镇、居住区或企事业单位有高层建筑时，可以采用室外和室内均为高压或临时高压的消防给水系统，也可以采用室内为高压或临时高压，而室外为低压的消防给水系统。气压给水装置只能算临时高压消防给水系统。一般石油化工厂或甲乙丙类液体、可燃气体储罐区多采用这种管网。

（3）低压给水管网。是指管网内平时水压较低，火场上水枪的压力是通过消防车或其他移动消防泵加压形成的。消防车从低压给水管网消火栓内取水，一是直接用吸水管从消火栓上吸水；二是用水带接上消火栓往消防车水罐内放水。为满足消防车吸水的需要，低压给水管网最不利点处消火栓的压力不应小于 0.1MPa。一般城镇和居住区多采用这种管网。

2. 按管网平面布置分类

（1）环状消防给水管网。城镇市政给水管网、建筑物室外消防给水管网应布置成环状管网，管线形成若干闭合环，水流四通八达，安全可靠，其供水能力比枝状管网在 1.5～2.0 倍。当室外消防用水量不大于 15L/s 时，可布置成枝状管网。输水平管向环状管网输水的进水管不应小于 2 条，输水管之间要保持一定距离，并应设置连接管。室外消防给水管网的管径不应小于 100mm，有条件的其管径不应小于 150mm。

（2）枝状消防给水管网。在建设初期，或者分期建设和较大工程或是室外消防用水量不大的情况下，室外消防供水管网可以布置成枝状管道。即使管网设成树枝状，分枝后干线彼此无联系，水流在管网内向单一方向流动，当管网检修或损坏时，其前方就会断水。所以，应限制枝状管网的使用范围。

二、室外消火栓布置的消防要求

（1）设置的基本要求。室外消火栓设置安装应明显容易发现，方便出水操作，地下消火栓还应当在地面附近设有明显固定的标志。地上式消火栓适用于气候温暖地面安装，地下室适用于气候寒冷地面，严寒地区宜增设消防水鹤。

地面式消火栓安装设计，应设计考虑安装在街道的十字路口区，在保证醒目又不影响行人、行车的位置上，同时考虑维护和日常排水泄水方便。如人行道街沿上，雨水排泄口旁，人行道树侧。有些地面式消火栓由于当初安装和后来路面高程发生变化后，将消火栓的泄水口被土掩埋、堵塞而无法泄水，从而造成消火栓腔体内水质发生变化，丝杆等锈蚀，影响管网水质和消火栓的使用寿命。

地下式消火栓安装设计。地下式消火栓设计安装位于地下井室内，因此消火栓出水口高度和出水口平面位置对取水是否方便是关键，从消防部门取水接带来考虑，出水口距地面高度应控制在 30cm 左右，考虑维护、使用方便出水口平面位置应紧邻井口边。如果消火栓井很深，消火栓连接立管过长，应在井内将立管加以固定，方能确保使用中的安全。

（2）市政或居住区室外消火设置。室外消火栓应沿道路铺设，道路宽度超过 60m 时，宜两侧设置，并宜靠近十字路口。布置间隔不应大于 120m，距离道路边缘不应超过 2m，距离建筑外墙不宜小于 5m，距离高层建筑外墙不宜大于 40m，距离一般建筑外墙不宜大于 150m。

（3）建筑物室外消火栓数量。室外消火栓数量应按其保护半径，流量和室外消防用量综合计算确定，每只流量按 10～15L/s。对于高层建筑，40m 范围内的市政消火栓可计入建筑物室外消火栓数量之内；对多层建筑，市政消火栓保护半径 150m 范围内，如消防用水量不大于 15L/s，建筑物可不设室外消火栓。

例如：某建筑物长 200m，宽 60m，室外消火栓设计流量为 40L/s，则该建筑物室外消火栓的数量最少应设置多少？

该建筑物室外消火栓的数量为40/(10～15)＝3～4个室外消火栓，此时如果按保护半径150m布置是2个，但设计应按4个进行布置，这时消火栓的间距可能远小于规范规定的120m。

(4) 工业企业单位室外消火栓的设置要求。工艺区等采用高压或临时高压消防给水系统的场所，其周围应设置室外消火栓，数量应根据计算确认，且间距不得大于60m。当工艺装置区宽度大于120m时，宜在工艺区内的路边设置室外消火栓。当工艺区、储罐、堆场、可燃气体和液体码头等构筑物的面积较大或高度较高，室外消火栓的冲水实柱无法覆盖时，宜在合适的地方设置消防水炮。当工艺区、储罐区、堆场等构筑物高压或者临时高压给水系统时，其室外消火栓处宜配置消防水带和消防水枪。工艺装置区等需要设置室内消火栓的地方，应设置在工艺区休息平台处。

(5) 甲、乙、丙类液体和液化石油气等罐区发生火灾，火场温度高，人员很难接近，同时还有可能发生泄漏和爆炸，易将附近消火栓损坏。因此，要求室外消火栓设置在防火堤或防护墙外的安全地点，数量应根据每个储罐的设计流量计算。距罐壁15m范围内的室外消火栓火灾发生时因辐射热而难以使用，因此不应计算在该罐可使用的数量内，但可以使用降温。

(6) 为便于消防车使用室外消火栓供水灭火，同时考虑消防队火灾扑救作业面展开的工艺要求，规定沿建筑周围均匀布置室外消火栓。因高层建筑裙房的原因，高层部分均设有便于消防车操作的扑救面，为利于消防队火灾扑救，因此在水规中规定扑救面一侧室外消火栓不宜少于2个。

(7) 在人防工程、地下工程等建筑中，为便于消防队火灾扑救，规定应在出入口附近设置室外消火栓，且距出入口的距离不宜小于5m，也不宜大于40m。这个室外消火栓相当于建筑物消防电梯前室的消火栓，消防队员来时作为首先进攻、火灾侦查和自我保护用的。

(8) 我国汽车普及迅速，室外停车场的规模越来越大，考虑到停车场火灾扑救工艺的要求，消防车到达的方便性和接近性，以及室外消火栓不妨碍停车场的交通等因素，因此，规定室外消火栓宜沿停车场周边设置，且与最近一排汽车的距离不宜小于7m，距加油站或油库不宜小于15m。

(9) 随着我国进入重化工时代，工艺装置、储罐的规模越来越大，目前国内最大的油罐是10万m^3，乙烯工程已经到达80万～120万t，消防水枪已经难以覆盖工艺装置和储罐，为此移动冷却的室外箱式消火栓改为固定消防炮。

三、室外消火栓保护半径与最大布置间距的设计

1. 室外消火栓的保护半径

室外低压消火栓给水的保护半径一般按消防车串联9条水带考虑，火场上水枪手留有10m的机动水带，如果水带沿地面铺设系数按0.9计算，那么消防车供水距离为(9×20－10)×0.9＝153（m）。所以，室外低压消火栓保护半径为150m。

室外高压消火栓给水的保护半径按串联6条水带考虑，同样计算，其保护半径为(6×20－10)×0.9＝99（m）。所以，室外高压消火栓保护半径为100m。

2. 室外消火栓的最大布置间距

室外消火栓间距布置的原则，是保证城镇区域任何部位都在两个消火栓的保护半径之间。根据城镇道路建设情况，市政消火栓最大布置间距 $X=\sqrt{R^2-(L/Z)^2}$，R 是消火栓最大保护半径，L 是街道中心线之间的距离，按城市规划要求约为 160m。经计算得：室外低压消火栓间距 $X=127$m，室外高压消火栓间距 $X=60$m。考虑火场供水需要，室外低压消火栓最大布置间距不应大于 120m，高压消火栓最大布置间距不应大于 60m。

四、室外消火栓的流量与压力设计

1. 室外消火栓的流量

室外低压消火栓给水的流量取决于火场上所出水枪的数量。每个低压消火栓一般只供一辆消防车出水，常出 2 支口径为 19mm 的直流水枪，火场要求水枪充实水柱为 10～15m，则每支水枪的流量为 5～6.5L/s，2 支水枪的流量为 10～13L/s，考虑接口及水带的漏水，所以每个低压消火栓的流量按 10～15L/s 计。每个室外高压消火栓给水一般按出口径为 19mm 的直流水枪考虑，水枪充实水柱为 10～15m，则要求每个高压消火栓的流量不小于 5L/s。

2. 室外消火栓的压力

室外消火栓的流量与压力密切相关，若出口压力高，则其流量就大。室外低压消火栓的出口压力，按照一条水带给消防车水罐上水考虑，要保证 2 支水枪的流量，那么，最不利点处消火栓出口压力经计算不应小于 0.1MPa。室外高压消火栓给水的出口压力，在最大用水量时，应满足喷嘴口径为 19mm 的水枪布置在建筑物最高处，每支水枪的计算流量不小于 5L/s，充实水柱不小于 10m，采用直径 65mm、长 120m 的水带供水时的要求。其最不利点处消火栓的出口压力应是水柱喷嘴处所需水压、水带水头损失、水枪出口与消火栓出口之间的高程压差三者之和。

五、室外消火栓的设置范围

（1）在城市、居住区、工厂、仓库等的规划和建筑设计中，必须同时设计消防给水系统；城镇（包括居住区、商业区、开发区、工业区等）应沿可通行消防车的街道设置市政消火栓系统。

（2）民用建筑、厂房（仓库）、储罐（区）、堆场周围应设室外消火栓。

（3）用于消防救援和消防车停靠的屋面上，应设置室外消火栓系统。

（4）耐火等级不低于二级，且建筑物体积小于或等于 3000m^3 的戊类厂房；或居住区人数不超过 500 人，且建筑物层数不超过两层的居住区，可不设置室外消防给水系统。

第二节 室内消火栓系统

室内消火栓系统是建筑内管网向火场供水的、带有阀门的接口，为工厂、仓库、高层建筑、公共建筑及船舶等室内固定消防设施，通常安装在消火栓箱内，与消防水带和水枪等器材配套使用。在消防灭火的使用中因性能可靠、成本低廉而被广泛采用。室内消火栓灭火系统由消防给水设施、消火栓、消防水泵、消防给水管网、压力传感器及电气控制电路组成（图 10－3）。消火栓灭火系统属于闭环控制系统。当发生火灾时，控制电路接到消火栓泵启动指令发出消防水泵启动的主令信号后，消防水泵电动机启动，向室内管网提供消防用水，压力传感器用来监视管网水压，并将监测水压信号送至消防控制电路，形成反馈的闭环控制。

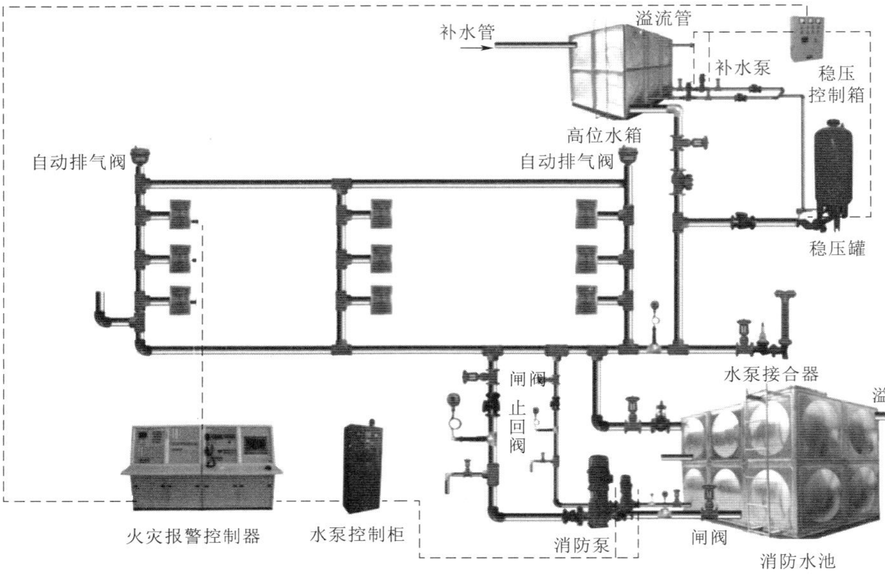

图 10－3 室内消火栓给水系统实物示意图

一、室内消火栓系统设置范围

（1）建筑占地面积大于 300m^{2}的厂房（仓库）。

（2）体积大于 5000m^{3}的车站、码头、机场的候车（船、机）楼以及展览建筑、商店建筑、旅馆建筑、医疗建筑和图书馆建筑等单、多层建筑。

（3）特等、甲等剧场，超过 800 个座位的其他等级的剧场和电影院等，超过 1200 个座位的礼堂、体育馆等单、多层建筑。

（4）建筑高度大于 15m 或体积大于 10000m^{3}的办公建筑、教学建筑和其他单、多层民用建筑。

（5）高层公共建筑和建筑高度大于 21m 的住宅建筑。

（6）对于建筑高度不大于 27m 的住宅建筑，当确有困难时，可只设置干式消防竖管和不带消火栓箱的 DN65 的室内消火栓。

二、室内消火栓系统类型

根据建筑类型和供水方式的不同，分为低层建筑室内消火栓给水系统和高层建筑室内消火栓给水系统。

1. 低层建筑室内消火栓给水系统及其给水方式

低层建筑室内消火栓给水系统的给水方式分为直接给水方式和消防水泵与消防水箱

的相结合给水两种。

（1）直接给水方式。如图 10－4 所示，这种方式指室内的消防用水直接来自于室外消防给水管网提供，构造简单、投资少。但外网一旦停水，由于其无消防水池等提供灭火用水，消防用水会立即中断，不稳定。

（2）消防水泵和消防水箱相结合的给水方式。这种给水方式同是最常用的方式（图 10－5）。系统消防用水平时由高位水箱提供，消防水泵定时向水箱补水，火灾一旦发生，消防水泵启动向系统供水。当室外消防给水管网的水压经常不能满足室内消火栓给水系统所需水压时，宜采用这种给水方式。

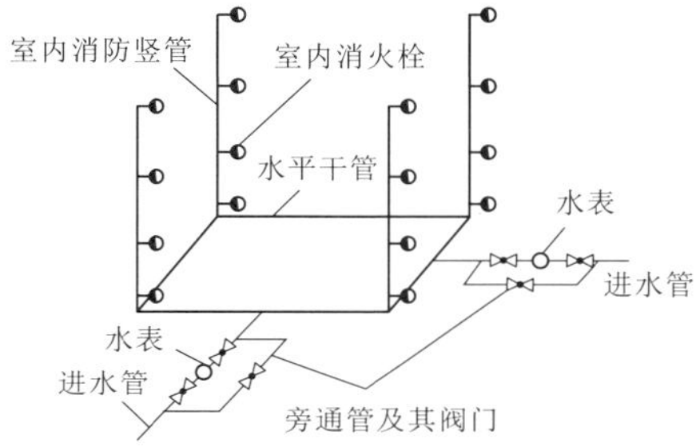

图 10－4　直接给水方式

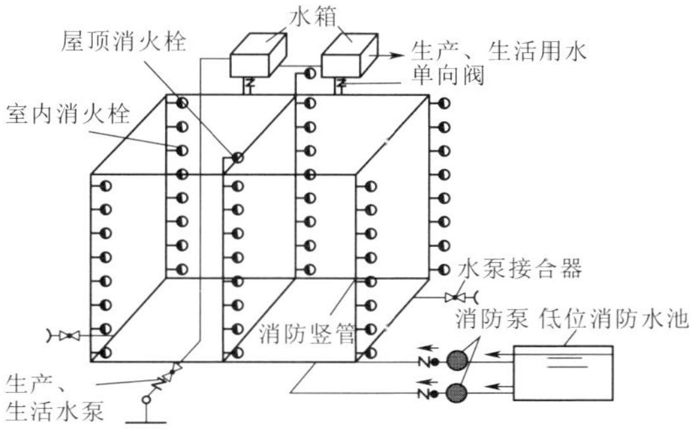

图 10－5　设有消防水泵和消防水箱的给水方式

2. 高层建筑室内消火栓给水系统及其给水方式

高层建筑由于其高度高，一旦发生火灾，其扑救会比较困难。因此，高层建筑内必须依靠其内设置的消防设施进行自救。高层建筑的室内消火栓给水方式分为不分区给水方式和分区给水防水两种。

（1）不分区消防给水方式。其使用范围为：当高层建筑最低消火栓栓口处的静水压力不大于 1.0MPa，且系统工作压力不大于 2.4MPa 时，采用此种给水方式。这种给水方式整栋建筑采用一个区供水，系统设备少、简单。

（2）分区消防给水方式。当高层建筑最低消火栓栓口的静水压力大于 1.0MPa 或系统工作压力大于 2.4MPa 时，采用分区消防给水系统。分为消防水泵并行分区供水、消防水泵串联分区供水、消防水泵转输水箱串联分区供水、减压水箱分区供水。

采用消防水泵串联分区供水时，宜采用消防水泵转输水箱串联供水方式，并符合下列规定：

1）消防水泵并行分区供水（图 10－6），解决最低消火栓栓口的静水压力大于 1.0MPa 问题。

2）消防水泵串联分区供水（图 10－7），解决最低消火栓栓口的静水压力大于 1.0MPa，系统工作压力大于 2.4MPa 问题。

3）消防水泵转输水箱串联分区供水（图 10－8）。解决最低消火栓栓口的静水压力大于 1.0MPa，系统工作压力大于 2.4MPa 问题。

4）减压水箱分区供水（图 10－9）。解决最低消火栓栓口的静水压力大于 1.0MPa，系统工作压力大于 2.4MPa 问题。

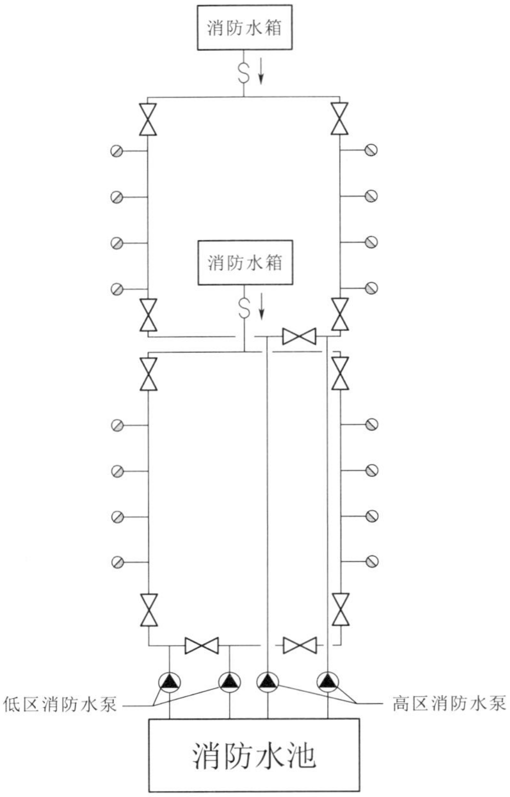

图 10－6 消防水泵并行分区供水示意图

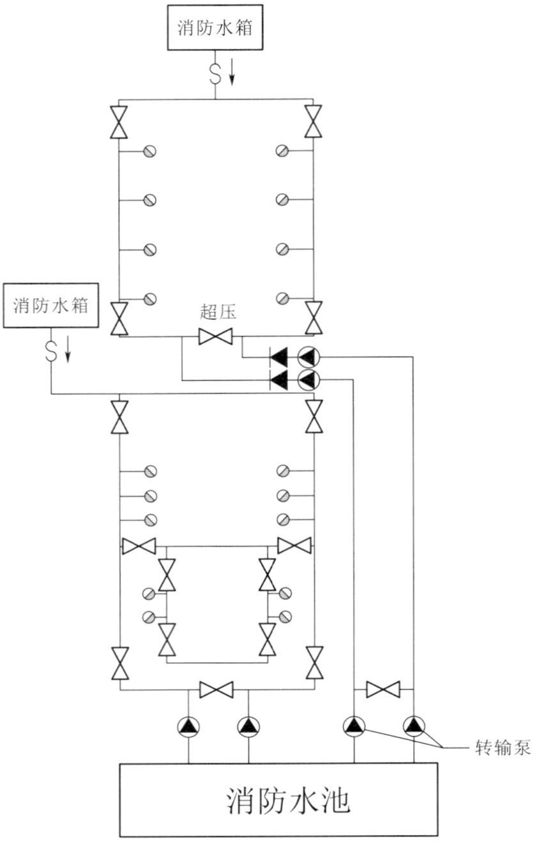

图 10－7 消防水泵串联分区供水示意图

三、室内消火栓系统组成设备

1. 室内消火栓

按其水口形式分为：单出口室内消火栓和双出口室内消火栓。

按其栓阀数量分为：单栓阀（以下称单阀）室内消火栓，双栓阀（以下称双阀）室内消火栓。

按其结构形式分为：直角出口型室内消火栓、45°出口型室内消火栓、旋转型室内消火栓、减压型室内消火栓、旋转减压型室内消火栓、减压稳压型室内消火栓、旋转减压稳压型室内消火栓等。

2. 室内消火栓箱

室内消火栓通常在消火栓箱内，消火栓箱按安装方式为明装式、暗装式、半暗装式。

按箱门形式分为：左开门式、右开门式、双开门式、前后开门式。

按水带的安置方式分为：卷盘式、挂置式、托架式、卷置式（图 10－10～图 10－13）。

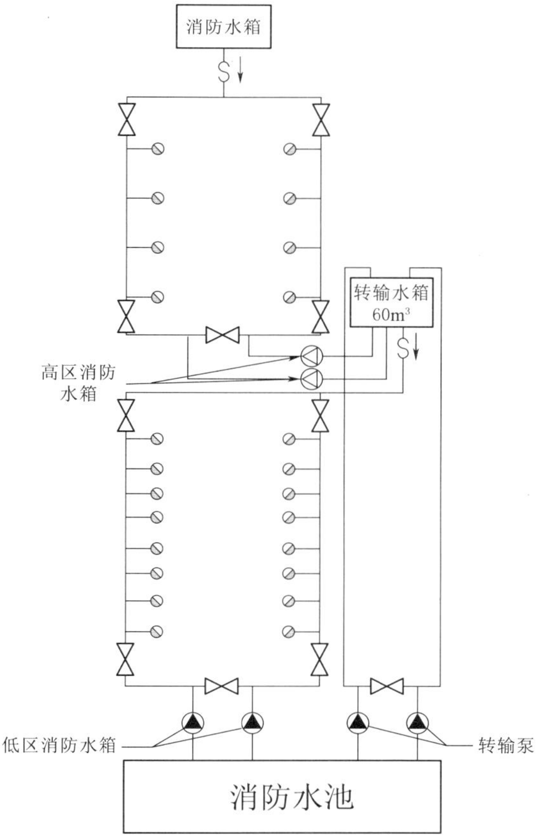

图 10－8　消防水泵转输水箱串联分区供水示意图

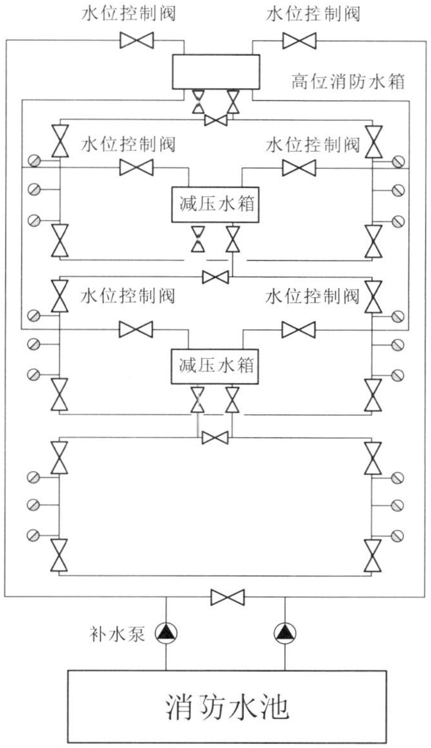

图 10－9　减压水箱分区供水示意图

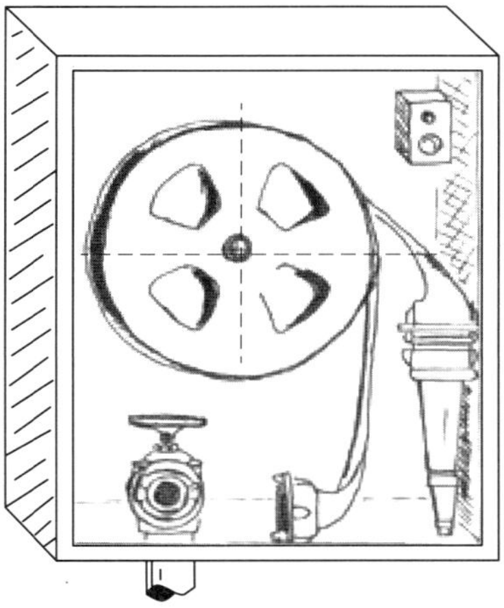

图 10－10　卷盘式消火栓箱

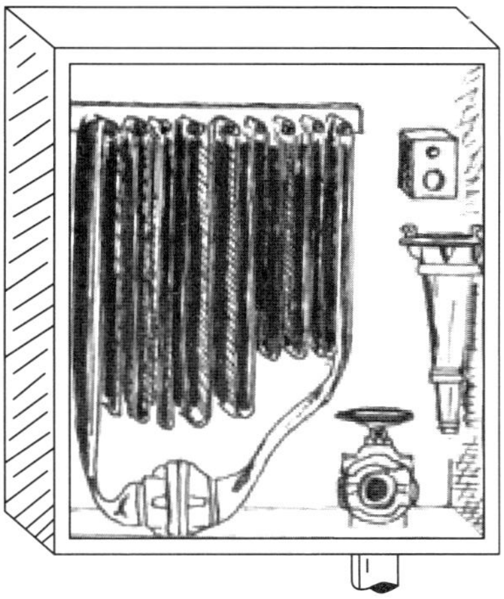

图 10－11　挂置式消火栓箱

图 10－12　托架式消火栓箱

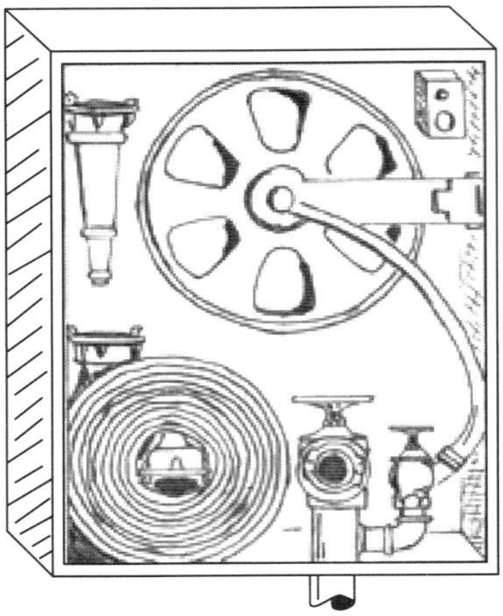

图 10－13　卷置式消火栓箱

3. 消防水带

消防水带是用来运送高压水或泡沫等阻燃液体的软管。传统的消防水带以橡胶为内衬，外表面包裹着亚麻编织物。先进的消防水带则用聚氨酯等聚合材料制成。消防水带的两头都有金属接头，可以接上另一根水带以延长距离或是接上喷嘴以增大液体喷射压力。

消防水带分为有衬里消防水带和渗漏消防水带两类。有衬里消防水带包括橡胶消防水带、TPU 消防水带、涤纶灌胶水带、麻质涂塑水带。按承受工作压力分为 0.8MPa、1.0MPa、1.3MPa、1.6MPa 四类。按直径分为 50mm、65mm、80mm 或 75mm、90mm 四类。按编织方式分为平纹水带和斜纹水带两类。每节水带的长度一般规定为 20m。

4. 消防水枪

消防水枪是灭火的射水工具，用其与水带连接会喷射密集充实的水流，具有射程远、水量大等优点。

根据射流形式和特征不同可分为：直流水枪、喷雾水枪、多用水枪等。其中常用的水枪是直流和喷雾水枪。

直流水枪喷射的水流为柱状，射程远、流量大、冲击力强，用于扑救一般固体物质火灾，以及灭火时的辅助冷却等。一般可分为普通直流水枪降开关直流水枪。开关直流水枪是增加球阀开关等部件组成可以通过开关控制水流。

喷射雾状水流的水枪，对建筑室内火灾具有很强的灭火能力，还可扑救带电设备火灾、可燃粉尘火灾及部分油品火灾等。

多用水枪既可以喷射直流射流，又可喷射雾状射流，有的还可以喷射水幕，并且几种水流可以互相交换，组合使用，机动性能好，对火场适应性好。

使用方法：

（1）拉开防火栓门，取出水带、水枪。

（2）检查水带及接头是否良好，如有破损，禁止使用。

（3）向火场方向铺设水带，注意避免扭折。

（4）将水带与消防栓连接，将连接扣准确插入滑槽，并按顺时针方向拧紧。

（5）连接完毕后，至少有2名操作者紧握水枪，对准火源（严禁对人，避免高压伤人），另外一名操作者缓慢打开消火栓阀门至最大，对准火源根部喷射进行灭火，直到将火完全扑灭。

第三节 消火栓消防给水及设施

消防给水设施包括消防水源（消防水池）、消防水泵、消防供水管道、增（稳）压设备（消防气压罐）、消防水泵接合器和消防水箱等。

一、消防水源

1. 天然水源

由地理条件自然形成的，可供灭火救援时取水的场所称为天然水源，指自然界的江河湖海水库、水井等。例如，编者所在地区附近的黄河、汴西湖、一渠六河等。天然水源是人工水源的重要补充。天然水源具有分布广、水量足的特点。但天然水源往往因受自然环境所限，车辆不易靠近，且水位受季节、潮汛等因素影响变化较大。

2. 消防水池

消防水池是人工建造的供固定或移动消防水泵吸水的储水设施。当出现市政给水管网或入户引入管不能满足室内、室外消防给水设计流量；采用一路消防供水或只有一条入户引入管，且室外消火栓设计流量大于20L/s或建筑高度大于50m；市政消防给水设计流量小于建筑室内外消防给水设计流量等规定之一时，都应当应设置消防水池。

消防水池的设置要求：

（1）当市政给水管网能保证室外消防给水设计流量时，消防水池的有效容量应满足在火灾延续时间内建（构）筑物室内消防用水量的要求。

（2）当市政给水管网不能保证室外消防给水设计流量时，消防水池的有效容量应满足在火灾延续时间内建（构）筑物室内消防用水量和室外消防用水不足部分之和的要求。

（3）消防水池进水管应根据其有效容积和补水时间确定，补水时间不宜大于48h，但当消防水池有效总容积大于2000m^3时，不应大于96h，消防水池进水管管径应经计算确定，且不应小于DN100。

（4）消防水池的总蓄水有效容积大于500m^3时，宜设两格能独立使用的消防水池；当大于1000m^3时，应设置能独立使用的两座消防水池。每格（或座）消防水池应设置独立的出水管，并应设置满足最低有效水位的连通管，且其管径应能满足消防给水设计流量的要求。

（5）对于消防水池，当消防用水与其他用水合用时，应有保证消防用水不作他用的技术措施。

（6）消防水池应设置就地水位显示装置，并应在消防控制中心或值班室等地点设置显示消防水池水位的装置，同时应有最高和最低水位报警水位。

（7）消防水池的出水管应保证消防水池的有效容积能被全部利用，应设置溢流水管和排水设施，并应采用间接排水。

二、消防供水设施

1. 消防水箱

消防水箱是指在灭火救援活动中为消防队提供水源的消防设施，一方面，使消防给水管道充满水，节省消防水泵开启后充满管道的时间，为扑灭火灾赢得了时间；另一方面，屋顶设置的增压、稳压系统和水箱能保证消防水枪的充实水柱，对于扑灭初期火灾的成败有决定性作用。

消防水箱的设置要求：

（1）临时高压消防给水系统的高位消防水箱的有故容积应满足初期火灾消防用水量的要求。

（2）高位消防水箱的设置位置应高于其所服务的水灭火设施，且最低有效水位应满足水灭火设施最不利点处的静水压力。

（3）进水管的管径应满足消防水箱 8h 充满水的要求，但管径不应小于 DN32，进水管宜设置液位阀或浮球阀。

（4）溢流管的直径不应小于进水管直径的 2 倍，且不应小于 DN100，溢流管的喇叭口直径不应小于溢流管直径的 1.5～2.5 倍。

（5）高位消防水箱出水管管径应满足消防给出设计流量的小水要求，且不应小于 DN100。

（6）高位消防水箱出水管应位于高位消防水箱最低水位以下，并应设置防止消防用水进入高位消防水箱的止回阀。

（7）高位消防水箱的进、出水管应设置带有指示启闭装置的阀门。

（8）室内采用临时高压消防给水系统时，高位消防水箱的设置应符合下列规定：

1）高层民用建筑、总建筑面积大于 $10000m^2$ 且层数超过 2 层的公共建筑和其他重要建筑，必须设置高位消防水箱。

2）其他建筑应设置高位消防水箱，但当设置高位消防水箱确有困难，且采用安全可靠的消防给水形式时，可不设高位消防水箱，但应设置稳压泵。

2. 消防水泵

消防水泵顾名思义，消防上用的泵，消防水泵是引进国外产品，安装在消防车、固定灭火系统或其他消防设施上，用作输送水或泡沫溶液等液体灭火剂的专用泵。根据不同的分类方式分为不同的种类，以它全密封、无泄漏、耐腐蚀之特点，广泛应用于环保、水处理、消防等部门，是用来抽送各类液体，是创建无泄漏、无污染文明车间、文明工厂的理想用泵与消防系统的。消防水泵的泵类型都差不多的，只是扬程和流量有不同。消防泵的选型依据，应根据工艺流程，给排水要求，从五个方面加以考虑，即液体输送量、装置扬程、液体性质、管路布置以及操作运转条件等。消防泵其性能、技术条件符合《消防泵性能要求和试验方法》标准的要求。目前消防给水系统中使用的水泵多为离心泵，因为其具有适应范围广、型号多、供水连续、可随意调节流量等优点。

（1）消防水泵的选用规定。消防水泵的选用应符合下列规定：

1）消防水泵的性能应满足消防给水系统所需流量和压力的要求。

2）消防水泵所配驱动器的功率应满足所选水泵流量扬程性能曲线上任何一点运行所需功率的要求。

3）当采用电动机驱动的消防水泵时，应选择电动机干式安装的消防水泵。

4）流量扬程性能曲线应为无驼峰、无拐点的光滑曲线，零流量时的压力不应大于设计工作压力的 140%，且宜大于设计工作压力的 120%。

5）当出流量为设计流量的 150%时，其出口压力不应低于设计工作压力的 65%。

6）泵轴的密封方式和材料应满足消防水泵在低流量时运转的要求。

7）消防给水同一泵组的消防水泵型号宜一致，且工作泵不宜超过 3 台。

8）多台消防水泵并联时，应校核流量叠加对消防水泵出口压力的影响。

消防水泵特性曲线要求如图 10－14 所示。

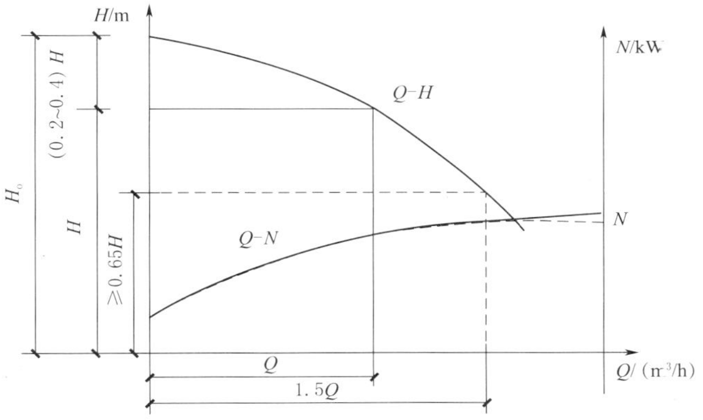

图 10－14 消防水泵特性曲线要求

（2）消防水泵的吸水。

1）消防水泵应采取自灌式吸水。

2）消防水泵从市政管网直接抽水时，应在消防水泵出水管上设置有空气隔断的倒流防止器。

3）当吸水口处无吸水井时，吸水口处应设置旋流防止器。

4）一组消防水泵，吸水管不应少于两条，当其中一条损坏或检修时，其余吸水管应仍能通过全部消防给水设计流量。

5）消防水泵吸水管布置应避免形成气囊。

6）消防水泵吸水口的淹没深度应满足消防水泵在最低水位运行安全的要求，吸水管喇叭口在消防水池最低有效水位下的淹没深度应根据吸水管喇叭口的水流速度和水力条件确定，但不应小于 600mm，当采用旋流防止器时，淹没深度不应小于 200mm。

7）消防水泵的吸水管上应设置明杆闸阀或带自锁装置的蝶阀，但当设置暗杆阀门时应设有开启刻度和标志；当管径超过 DN300 时，宜设置电动阀门。

（3）消防水泵的启动。

1）消防水泵应能手动启停和自动启动，应确保从接到启泵信号到水泵正常运转的自动启动时间不应大于 2min。消防水泵不应设置自动停泵的控制功能，停泵应由具有管理权限的工作人员根据火灾扑救情况确定。

2）消防水泵应由消防水泵出水干管上设置的压力开关、高位消防水箱出水管上的流量开关，或报警阀压力开关等开关信号接自动启动。消防水泵房内的压力开关宜引入消防水泵控制柜内。

3）消火栓按钮不宜作为直接启动消防泵的开关，但可作为发出报警信号的开关或启动干式消火栓系统的快速启闭装置等。

4）消防水泵控制柜应设置机械应急启泵功能，并应保证在控制柜内的控制线路发生故障时由具有管理权限的人员在紧急时启动消防水泵。机械应急启动时，应确保消防水泵在报警后 5min 内正常工作。

5）消防转输泵的供电应符合消防泵的供电要求。消防泵、消防稳压泵及消防转输泵应有不间断的动力供应，也可采用内燃机作为动力装置。

6）消防水泵的双电源自动切换时间不应大于 2s，一路电源与内燃机动力的切换时间不应大于 15s。

3. 水泵接合器

水泵接合器是根据《建筑设计防火规范》（GB 50016—2014）为高层建筑配套的消防设施。通常与建筑物内的自动喷水灭火系统或消火栓等消防设备的供水系统相连接。

当发生火灾时，消防车的水泵可迅速方便地通过该接合器的接口与建筑物内的消防设备相连接，并送水加压，从而使室内的消防设备得到充足的压力水源，用以扑灭不同楼层的火灾，有效地解决了建筑物发生火灾后，消防车灭火困难或因室内的消防设备因得不到充足的压力水源无法灭火的情况。

接合器按其安装形式可分为地上式、地下式、墙壁式（图 10－15）和多用式。

（1）消防水泵接合器的组成。水泵接合器是由阀门、安全阀、止回阀、栓口放水阀以及连接弯管等组成的。水泵接合器组件的排列次序应合理，按水泵接合器给水的方向，依次是止回阀、安全阀和阀门。

（2）消防水泵接合器设置范围。根据《建筑设计防火规范》（GB 50016—2014）中规定：建筑物超过四层的厂房和库房、高层工业建筑、设有消防管网的住宅及超过五层的其他民用建筑，其室内消防管网应设有消防水泵接合器。室内消火栓和自动喷水灭火系统应设水泵接合器。

（3）消防水泵接合器安装要点。

1）消防水泵接合器要注意防止污染生活用水。

2）水泵接合器要安装在消防车方便接近的人行道或非机动车行驶地段。距室外消火栓或消防水池的距离不宜小于 15m，并不宜大于 40m。

3）水泵接合器应设置指示其位置及与消火栓区别的固定标志。

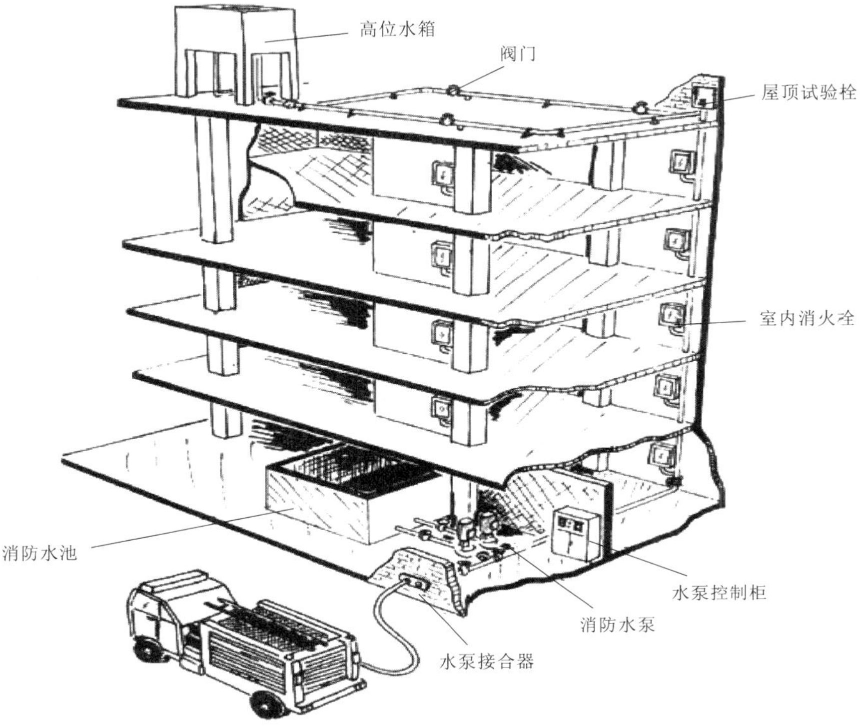

图 10-15　墙壁式消防水泵接合器安装示意图

4）水泵接合器的组装应按接口、本体、连接管、止回阀、放空管、控制阀的顺序进行。止回阀的安装方向应注意保证消防用水从接合器进入系统。

5）墙壁式接合器安装高度宜为 0.7m，与墙面上的门、窗、孔、洞的净距不应小于 2m、且不应安装在玻璃幕墙下。

6）地下水泵接合器的安装，应使进水口与井盖底面的距离不大于 0.4m，且不应小于井盖的半径。

表 10-1　　消防水泵接合器安装位置要求

情形	位置要求
一般	距室外消火栓或消防水池的距离宜为 15～40m
墙墩式	距地面宜为 0.7m 与墙面上的门、窗、孔、洞的净距离不应小于 2.0m，且不应安装在玻璃幕墙下方
地下	进水口与井盖底面的距离不大于 0.4m，且不应小于井盖的半径

4. 增（稳）压设施

按我国现行《建筑设计防火规范》（GB 50016—2014）的规定，对于临时高压消防给水系统均应设置高位消防水箱，当高位消防水箱提供的水压不能满足最不利点处的消防水压，则应设高位消防水箱增压装置。为防止稳压泵频繁启动，应设置气压罐。二者通常一起设置进行工作。

气压罐的容积包括消防储存水容积、缓冲水容积、稳压调节水容积和压缩空气容积，如图 10－16 所示。在气压罐内设定的 P_1、P_2、PS_1、PS_2 四个压力控制点中，P_1 为气压罐的最小设计工作压力，P_2 为水泵停泵压力，PS_1 为稳压泵停泵压力，PS_2 为稳压泵停泵压力。当罐内压力为 PS_2 时，消防给水管网处于较高工作压力状态，压力罐内的压缩空气与管网中的压力平衡，稳压泵和消防水泵均处于停止状态；假若管网发生渗漏或其他原因引起管网的压力降低，罐内压力从 PS_2 降至 PS_1 时，启动稳压泵自动启动，向气压罐补水，直到罐内压力增加到 PS_2 时，稳压泵停止工作，从而保证气压罐内消防储水的正常存储。假若建筑发生火灾，随着灭火设备出水进行灭火工作，气压罐内储水量急剧减少、压力速降，当压力从 PS_2 降至 PS_1 时，稳压泵自动启动，但稳压泵补水的流量小，而灭火设备的用水量大，即气压罐内的水流失速率大于稳压泵的补水速率，气压罐内的水得不到补充，罐内压力继续下降到 P_2 时，消防泵启动并向管网供水，同时向控制中心报警。与此同时稳压泵停泵，消防增（稳）压工作完成。

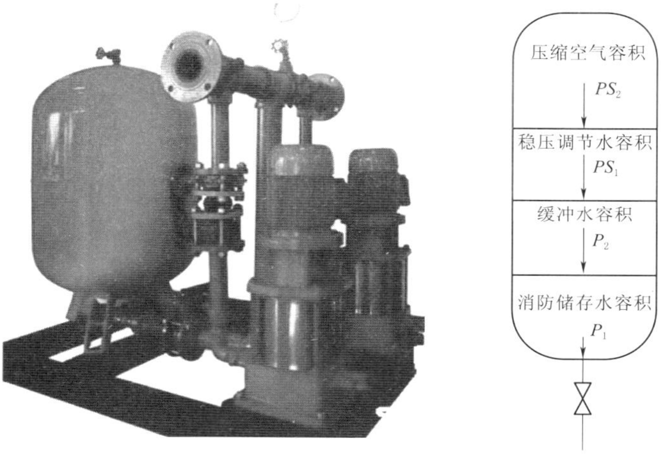

图 10－16 稳压泵与气压罐联合工作原理

【练习题】

1. 下列关于消防水泵选用的说法中，正确的有（　　）。

A. 柴油机消防水泵应采用火花塞点火型柴油机

B. 消防水泵流量扬程性能曲线应平滑，无拐点，无驼峰

C. 消防给水同一泵组的消防水泵型号应一致，且工作泵不宜超过 5 台

D. 消防水泵的密封方式和材料应满足消防水泵在最低流量时运转的要求

E. 电动机驱动的消防水泵，应选择电动机干式安装的消防水泵

2. 下列建筑中，室内采用临时高压消防给水系统时，必须设置高位消防水箱的建筑是（　　）。

A. 建筑面积为 $5000m^2$ 的单层丙类厂房

B. 建筑面积为 40000m^2的 4 层丁类厂房

C. 建筑面积为 5000m^2的 2 层办公楼

D. 建筑面积为 30000m^2的 3 层商业中心

3. 某可燃物堆场，室外消火栓的设计流量为 55L/s，室外消火栓选用 DN150，其出流量为 15L/s。根据室外消火栓设计流量，该堆场的室外消火栓数量不应少于（　　）。

A. 6　　B. 4　　C. 5　　D. 3

4. 某可燃物堆场，室外消火栓的设计流量为 55L/s，室外消火栓选用 DN150。根据室外消火栓设计流量，该堆场的室外消火栓数量不应少于（　　）。

A. 6　　B. 4　　C. 5　　D. 3

5. 下列关于室外消火栓设置的说法中，错误的是（　　）。

A. 室外消火栓应集中布置在建筑消防扑救面一侧，且不小于 2 个

B. 室外消火栓的保护半径不应大于 150m

C. 地下民用建筑应在入口附近设置室外消火栓，且距离出入口不宜小于 5m，不宜大于 40m

D. 停车场的室外消火栓与最近一排汽车的距离不宜小于 7m

6. 下列关于储罐区和工艺装置区室外消火栓的说法中，错误的是（　　）。

A. 可燃液体储罐区的室外消火栓，应设置在防火堤外，距离罐壁 15m 范围内的消火栓不应计入该罐可使用的消火栓数量

B. 采用临时高压消防给水系统的工艺装置区，室外消火栓的间距不应大于 60m

C. 采用高压消防给水系统且宽度大于 120m 的工艺装置区，宜在该工艺装置区内的路边设置室外消火栓

D. 液化烃储罐区的室外消火栓，应设置在防护墙外，距离罐墩 15m 范围内的消火栓可计入该罐可使用的消火栓数量

7. 某建筑采用临时高压消防给水系统，经计算消防水泵设计扬程为 0.90MPa。选择消防水泵时，消防水泵零流量时的压力应在（　　）MPa 之间。

A. 0.90～1.08　　B. 1.26～1.35　　C. 1.26～1.44　　D. 1.08～1.26

8. 根据现行国家标准《消防给水及消火栓系统技术规范》（GB 50974—2014），关于市政消火栓设置的说法，正确的是（　　）。

A. 市政消火栓最大保护半径应为 120m

B. 当市政道路宽度不超过 65m 时，可在道路的一侧设置市政消火栓

C. 室外地下消火栓应设置直径为 100mm 和 65mm 的栓口各一个

D. 市政消火栓距路边不宜小于 0.5m 且不应大于 5m

9. 根据《消防给水及消火栓系统技术规范》（GB 50974—2014）规定，下列关于消防水泵选择说法中不符合规范规定的是（　　）。

A. 当建筑的室内消防给水设计流量为 25L/s 时，可不设备用泵

B. 消防用水同一泵组的消防水泵型号宜一致，且工作泵不宜超过 3 台

C. 流量扬尘性能曲线因为无驼峰无拐点的光滑曲线，零流量时的压力不应大于设

计工作压力的140%，且宜大于设计工作压力的120%

D. 当出流量为设计流量的150%时，其出口压力不应低于设计工作压力的65%

10. 某市以招商引资项目引进一座LED智慧路灯灯壳加工拼装生产车间，该灯壳为可燃硬性塑料。该建筑受地形限制，设计院将南北两个长边设计为消防扑救面。该建筑室外消火栓的设计流量为30L/s，室外消火栓选用DN150，其出流量为15L/s。根据规范要求，该拼装车间室外消火栓数量不应少于（　　）。

A. 6个　　B. 4个　　C. 5个　　D. 2个

第十一章

自动喷水灭火系统

【学习目标】

1. 了解自动喷水灭火系统的分类与组成。
2. 熟悉湿式报警阀的各部件的内部构造及连接顺序。
3. 了解湿式自动喷水灭火系统工作原理及工作过程。

第一节　自动喷水灭火系统的工作原理

一、自动喷水灭火系统的定义

自动喷水灭火系统是指一种在发生火灾时，能自动打开喷头喷水灭火并同时发出火警信号的自动消防灭火系统。由湿式报警阀组、闭式喷头、水流指示器、控制阀门、末端试水装置、管道和供水设施等组成。系统的管道内充满有压水，一旦发生火灾，喷头动作后立即喷水。

二、自动喷水灭火系统的特征

自动喷水灭火系统在火灾发生后能通过各种方式自动启动，并能同时通过加压设备将水送入管网维持喷头洒水灭火一定时间，是当今世界上公认的最为有效的自救灭火设施，是应用最广泛、用量最大的自动灭火系统，具有安全可靠、经济实用、灭火成功率高等优点。自动喷水灭火系统扑灭初期火灾的效率在97%以上。

三、自动喷水灭火系统的分类

依照采用的喷头分为两类：采用闭式洒水喷头的为闭式系统；采用开式洒水喷头的为开式系统。

闭式系统的类型较多，基本类型包括湿式、干式、预作用及重复启闭预作用系统等。用量最多的是湿式系统。在已安装的自动喷水灭火系统中，有70%以上为湿式系统。

采用开式洒水喷头的自动喷水灭火系统，包括雨淋系统、水幕系统。

四、自动喷水灭火系统的工作原理

1. 湿式系统

由湿式报警阀组、闭式喷头、水流指示器、控制阀门、末端试水装置、管道和供水设施等组成。系统的管道内充满有压水，一旦发生火灾，喷头动作后立即喷水。

(1) 工作原理。火灾发生的初期，建筑物的温度随之不断上升，当温度上升到以闭式喷头温感元件爆破或熔化脱落时，喷头即自动喷水灭火。该系统结构简单，使用方便、可靠，便于施工，容易管理，灭火速度快，控火效率高，比较经济，适用范围广，占整个自动喷水灭火系统的75%以上，适合安装在能用水灭火的建筑物、构筑物内。

(2) 湿式系统使用范围。在环境温度不低于4℃、不高于70℃的建筑物和场所（不能用水扑救的建筑物和场所除外）都可以采用湿式系统。该系统局部应用时，适用于室内最大净空高度不超过8m、总建筑面积不超过1000m² 的民用建筑中的轻危险级或中危险级Ⅰ级需要局部保护的区域。

(3) 湿式系统特点。

1) 结构简单，使用可靠。

2) 系统施工简单、灵活方便。

3) 灭火速度快、控火效率高。

4) 系统投资省，比较经济。

5) 适用范围广。

湿式自动喷水灭火系统示意图如图11-1所示。

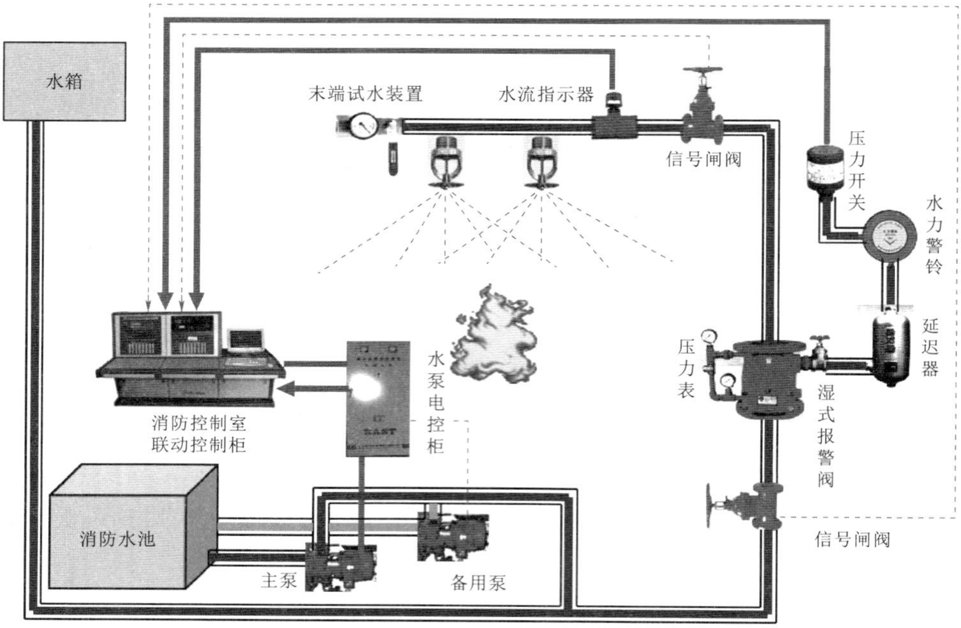

图11-1 湿式自动喷水灭火系统示意图

2. 干式系统

准工作状态时配水管道内充满用于启动系统的有压气体的闭式系统。

(1) 工作原理。干式系统与湿式类似只是控制信号阀的结构和作用原理不同，配水管网与供水管间设置干式控制信号阀将它们隔开，而在配水管网中平时充满着有压力气体用于系统的启动。发生火灾时，喷头首先喷出气体，致使管网中压力降低，供水管道中的压力水打开控制信号阀而进入配水管网，接着从喷头喷出灭火。不过该系统需要多增设一套充气设备，一次性投资高、平时管理较复杂、灭火速度较慢。

干式系统的工作原理如图 11－2 所示，干式自动喷水灭火系统示意图如图 11－3 所示。

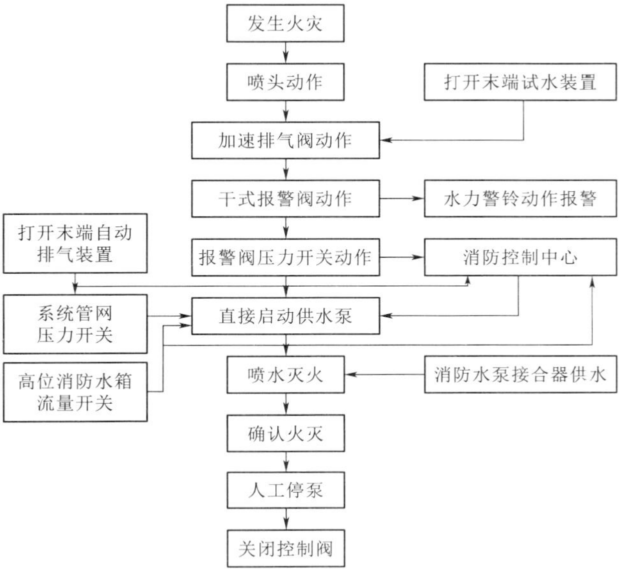

图 11－2　干式系统的工作原理

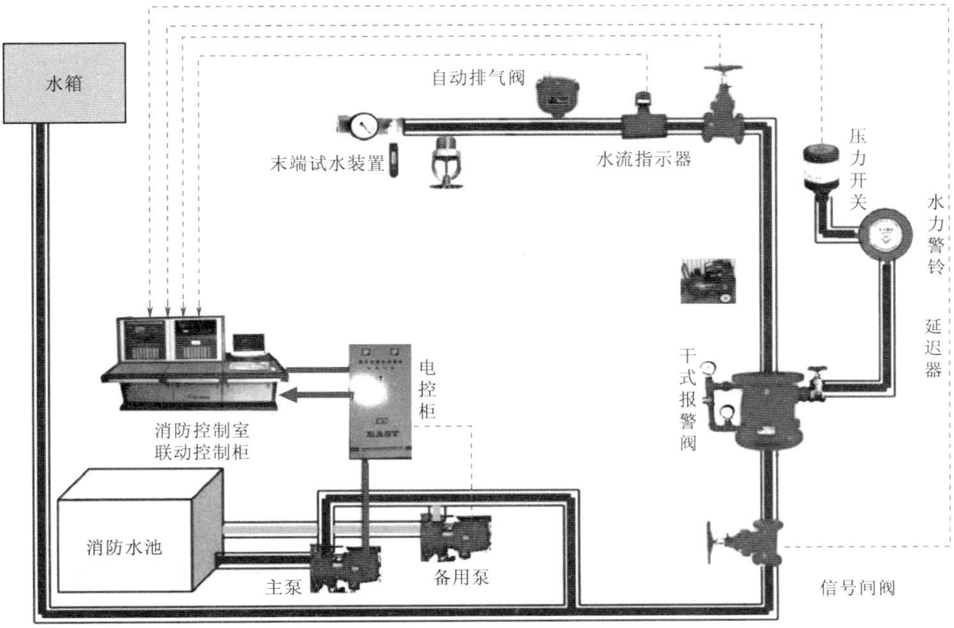

图 11－3　干式自动喷水灭火系统示意图

（2）干式系统适用范围。干式系统适用于环境温度低于4℃和高于70℃的建筑物和场所，如不采暖的地下车库、冷库等。

（3）干式系统特点。

1）干式系统，在报警阀后的管网内无水，故可避免冻结和水汽化的危险，不受环境温度的制约，可用于一些无法使用湿式系统的场所。

2）比湿式系统投资高。因需充气，增加了一套充气设备而提高了系统造价。

3）干式系统的施工和维护管理较复杂，对管道的气密性有较严格的要求，管道平时的气压应保持在一定的范围，当气压下降到一定值时，就需进行充气。

4）比湿式系统喷水灭火速度慢，因为喷头受热开启后，首先要排出管道中的气体，然后再出水，这就延误了时机。

3. 预作用系统

准工作状态时配水管道内不充水，由火灾自动报警系统自动开启雨淋报警阀后，转换为湿式系统的闭式系统。预作用系统的工作原理如图11-4所示，预作用喷水灭火系统工作原理示意图如图11-5所示。

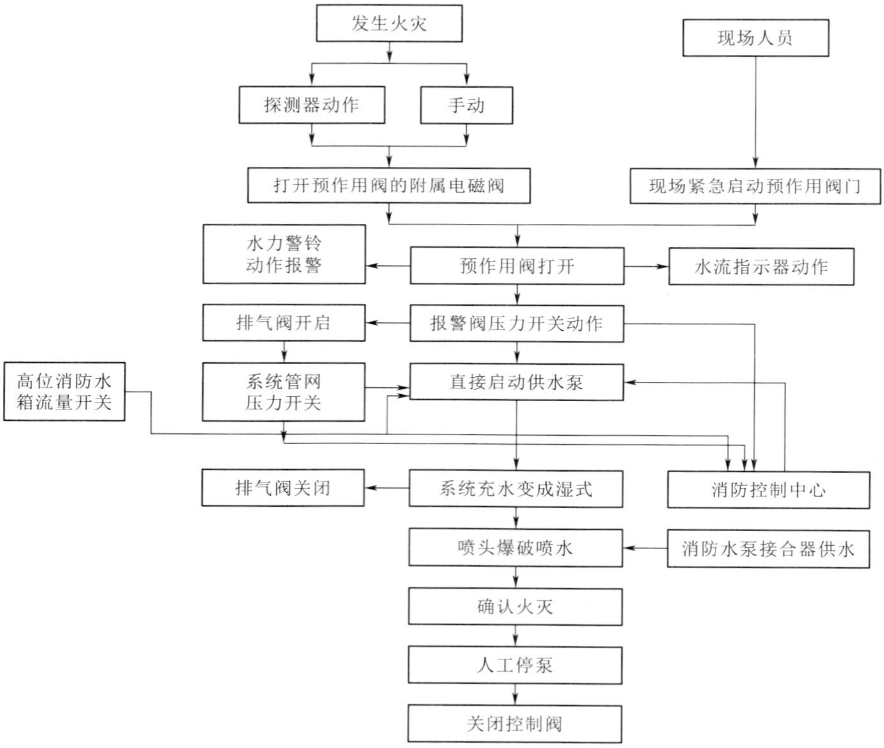

图11-4 预作用系统的工作原理

适于如下场所：

（1）系统处于准工作状态时严禁管道漏水。

（2）严禁系统误喷。

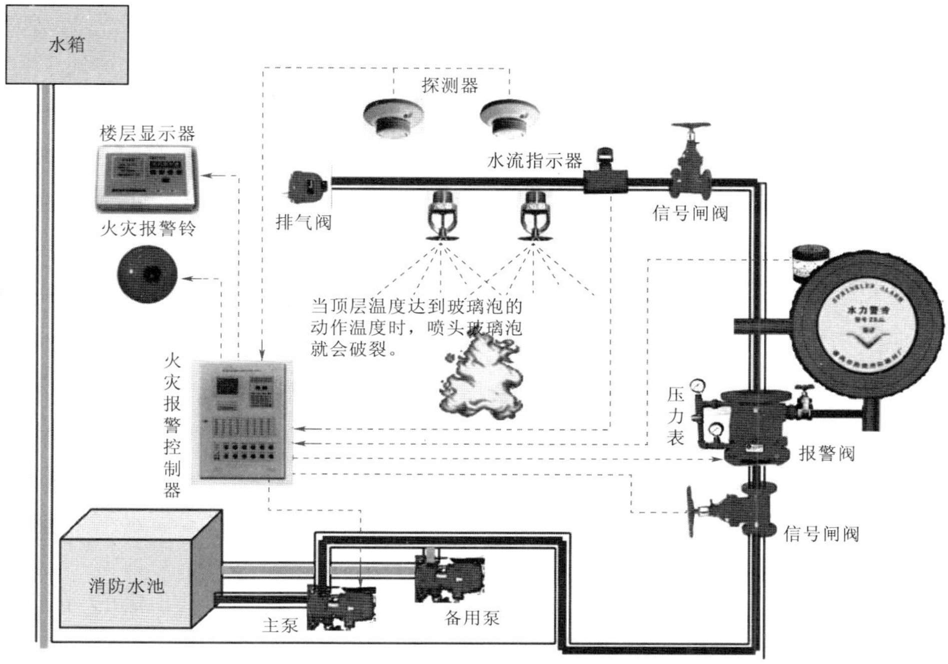

图 11－5　预作用喷水灭火系统工作原理示意图

(3) 替代干式系统。

4. 重复启闭预作用系统

重复启闭预作用系统是能在扑灭火灾后自动关阀、复燃时再次开阀喷水的预作用系统，适用于灭火后必须及时停止喷水的场所。

目前这种系统有两种形式：一种是喷头具有自动重复启闭的功能，另一种是系统通过烟、温感传感器控制系统的控制阀来实现系统的重复启闭功能。

5. 雨淋系统

雨淋系统由火灾自动报警系统或传动管控制，自动开启雨淋报警阀和启动供水泵后，向开式洒水喷头供水的自动喷水灭火系统。由于雨淋系统启动后会立即大面积喷水，因此其主要使用于需要大面积喷水来快速扑灭火灾的特别危险场所。

6. 水幕系统

水幕系统由开式洒水喷头或水幕喷头、雨淋报警阀组或感温雨淋阀，以及水流报警装置（水流指示器或压力开关）等组成，用于挡烟阻火和冷却分隔物的喷水系统。

五、自动喷水灭火系统在设计时的注意事项

(1) 自动喷水灭火系统应在人员密集、不易疏散、外部增援灭火与救生较困难、性质重要或火灾危险性较大的场所中设置。

(2) 自动喷水灭火系统不适用于存在较多下列物品的场所：

1) 遇水发生爆炸或加速燃烧的物品。

2) 遇水发生剧烈化学反应或产生有毒有害物质的物品。

3）遇水将导致喷溅或沸溢的液体。

（3）自动喷水灭火系统的系统选型，应根据设置场所的火灾特点或环境条件确定，露天场所不宜采用闭式系统。

（4）自动喷水灭火系统的设计原则应符合下列规定：

1）闭式喷头或启动系统的火灾探测器，应能有效探测初期火灾。

2）湿式系统、干式系统应在开放一只喷头后自动启动；预作用系统、雨淋系统应在火灾自动报警系统报警后自动启动。

3）作用面积内开放的喷头，应在规定时间内按设计选定的强度持续喷水。

4）喷头洒水时，应均匀分布，且不应受阻挡。

第二节　系统主要组件

湿式喷水灭火系统是由闭式喷头、管道系统、湿式报警阀、报警装置和供水设施等组成。由于该系统在报警阀的前后管道内始终充满着压力水，称湿式喷水灭火系统或湿管系统。

火灾发生时，在火场温度的作用下，闭式喷头的感温元件升达到预定的动作温度范围时，喷头开启，喷水灭火。水在管路中流动后，打开湿式阀，水经过延时器后通向水力警铃的通道，水流冲击力警铃发出声响报警信号，与此同时，水力警铃前的压力开关信号及装在配水管始端上的水流指示器信号传送至报警控制器或控制室，经判断确认火警后启动消防水泵向管网加压供水，达到持续自动喷水灭火的目的。

一、系统组成设备

系统组成设备有建筑消防系统、建筑消防系统演示模型、湿式报警阀、喷头等。湿式自动喷水灭火系统原理图如图 11－6 所示。

末端试水装置安装在系统管网最不利点喷头处，它是检验系统测试系统能否在开放一只喷头的最不利条件下正常启动、报警及联动等功能的装置，也可以测试干式系统和预作用系统的管道冲水时间。自动喷水灭火系统末端试水装置是喷洒系统的重要组成部分，其构造如图 11－7 所示。

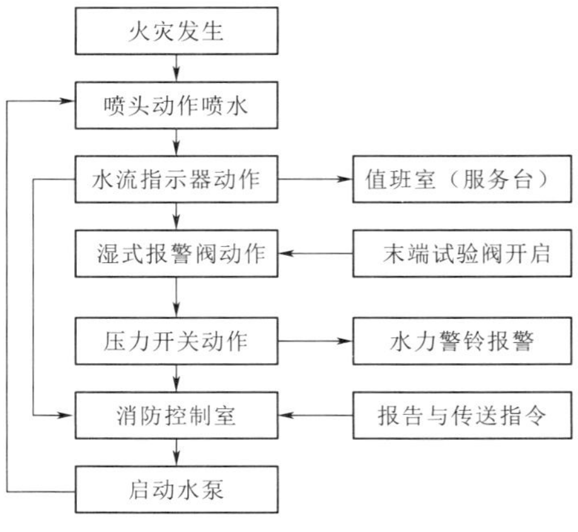

图 11－6　湿式自动喷水灭火系统原理图

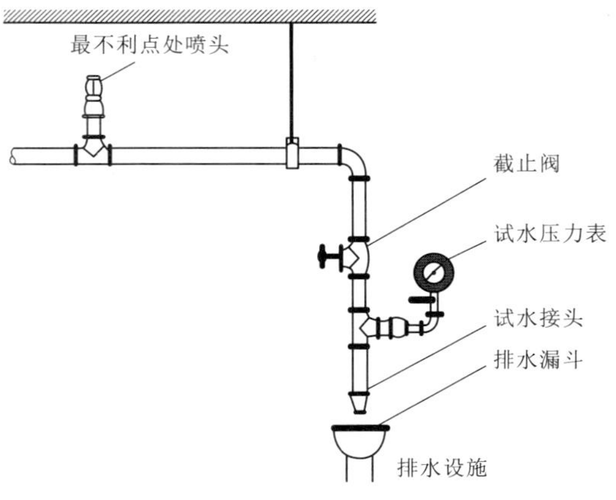

图 11－7　末端试水装置

2. 水流指示器

水流指示器主要安装在分层或分区域的自动喷淋系统的水平干管上，楼层或分区的水流指示器均由消防控制中心按地址编码编入程序。一旦某区或某层的房间发生火情，喷头开始喷水，当系统水通过指示器时，接通指示器内的触点电路，并在控制台上显示出该区（或层）所控制的某处发生火情，并发出报警。同时，自动接通喷淋主泵进行连续供水灭火。

水流指示器应水平安装，且有方向性。水流指示器根据构造可分为插片式及触点式两种形式。插片式水流指示器是通过水的流动，推动桨片运动，带动传动杆，并接触微动开关，使其打开或关闭，输出线路接通消防控制中心。触点式水流指示器也是通过水流使设在指示器内的触点接通，并输出信号至消防控制台，再联动灭火设备的启动。水流指示器如图 11－8 所示。

3. 湿式报警阀组

湿式报警阀是湿式系统的专用阀门，是只允许水流入系统，并在规定压力、流量下驱动配套部件报警的一种单向阀，其主要元件为止回阀。湿式报警阀组如图 11－9 所示。

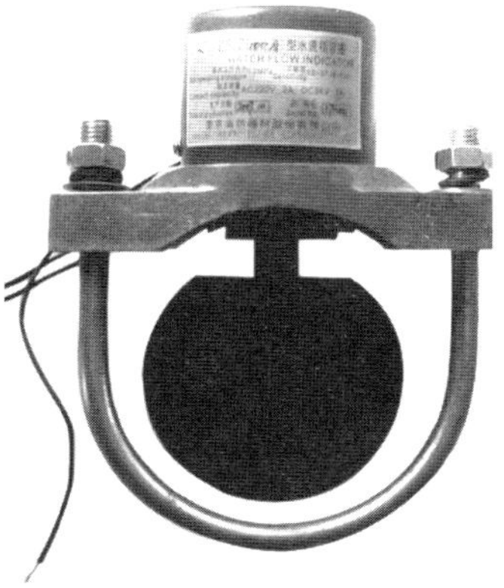

图 11－8 水流指示器

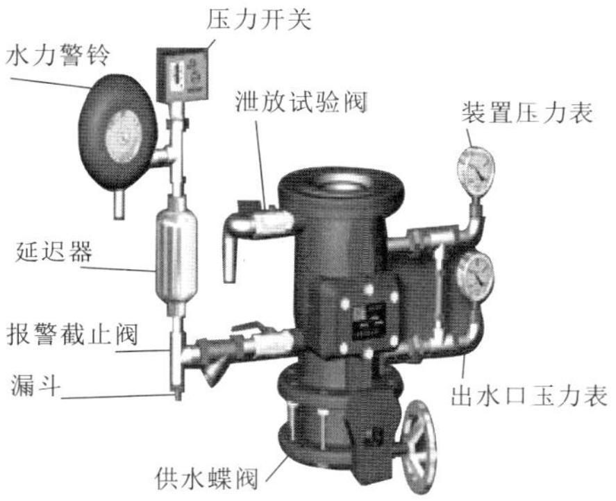

图 11－9 湿式报警阀组

湿式报警阀平时阀瓣前后水压相等（水通过导向管中的水压平衡小孔，保持阀瓣前后水压平衡）。由于阀瓣的自重和阀瓣前后所受水的总压力不同，阀瓣处于关闭状态（阀瓣上面的总压力大于阀芯下面的总压力）。发生火灾时，闭式喷头喷水，由于水压平衡小孔来不及补水，报警阀上面水压下降，此时阀瓣前水压大于阀瓣后水压，于是阀瓣开启，向立管及管网供水，同时水沿着报警阀的环形槽进入延时器、压力开关及水力警铃等设施，发出火警信号并启动消防泵。

4. 干式报警阀组

（1）工作原理。

1）干式报警阀处于准工作状态时，阀体上腔充有有压气体，下腔充水，阀瓣上腔有压气体和下腔水压存在压差，使阀瓣始终处于关闭状态，此时上腔（即系统侧）气压压力略大于下腔（即供水侧）水压压力。

2）发生火灾时，或系统检测时打开末端试水装置、末端试水阀，系统侧由于闭式喷头破裂或试水接头排气，管道内气压下降，上腔气压压力无法使阀瓣继续处于关闭状态，当下腔压力大于上腔压力时，阀瓣被下腔水压顶开，报警阀开启。

3）下腔水通过报警管路进入水力警铃、压力开关，水力警铃发出声警报，压力开关发出电信号直接启动消防水泵，系统快速排气阀开启迅速排净管道内气体。

（2）报警阀组的组成。干式报警阀组主要由干式报警阀阀体、系统侧控制阀（信号阀）、供水侧控制阀（信号阀）、供水侧放水阀（常闭）、自动滴水阀、止回阀、压力表、报警测试阀（常闭）、报警控制阀（常开）、过滤器、压力开关、水力警铃、注水口等组成。

注水口：向报警阀内注水以密封阀瓣。

自动滴水球阀：排出系统微渗的水，接通大气密封干式阀阀瓣。

安全阀：防止系统超压。

止回阀：控制补气方向，防止水进入补气系统。

供水侧放水阀：系统检修时排空放水。

5. 雨淋报警阀组

雨淋报警阀组是通过电动、机械或其他方法进行开启，使水能够自动单向流入喷水灭火系统同时进行报警的一种单向阀，如图 11－10 所示。

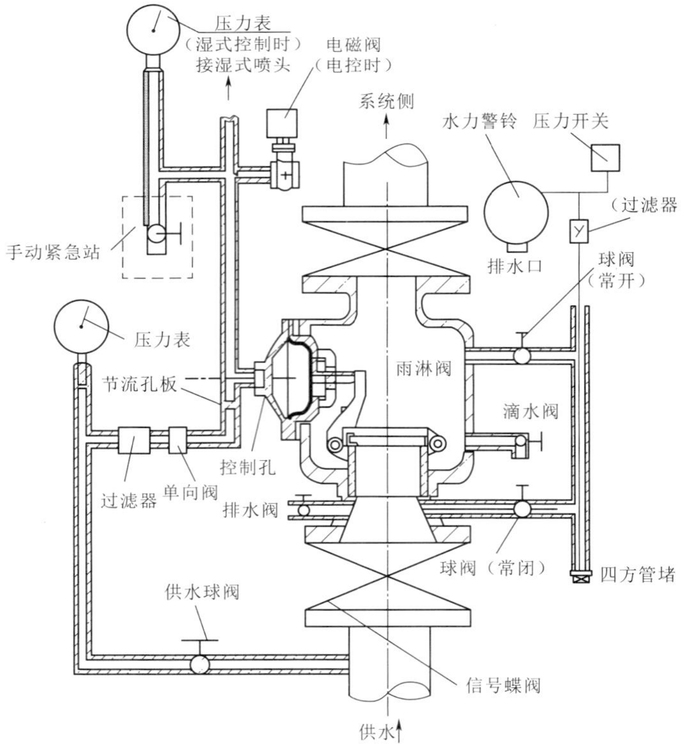

图 11－10　雨淋报警阀组

当雨淋报警阀的控制区域中产生火灾时，消防中心会向雨淋报警阀控制器输送火灾信号，此时雨淋报警阀中的电磁阀打开，接通大气压吸入空气，将隔膜腔中的压力进行释放，这时阀门进水口方向的管道水会产生压力将阀瓣打开，水流流过阀门为下游消费灭火设备供水。另外雨淋报警阀阀体中还有防复位装置，能够让阀门长期保持在开启的状态。当火情被扑灭时，雨淋报警阀关闭，停止管道水流体，恢复到正常状态。

要注意的是：和雨淋报警阀相对应的消防阀门是湿式报警阀，这两种报警阀结构上大致相同，两者的差异表现在雨淋报警阀在阀门出口段管道无火情的正常状态下储水情况的不同，雨淋报警阀在这种状态下阀门出水口管道是没有储水的，而湿式报警阀长期储有管道水。

6. 预作用报警阀组

预作用系统预作用阀是由雨淋阀和湿式报警阀上下串接而成，雨淋阀位于供水侧，湿式报警阀位于系统侧而成为预作用阀组。预作用报警阀组系统由预作用阀、水力警铃、压力开关、空压机、空气维护装置、信号蝶阀等组成，安装闭式洒水喷头，并以常用的探测系统作为报警和启动的装置，如图 11 - 11 所示。

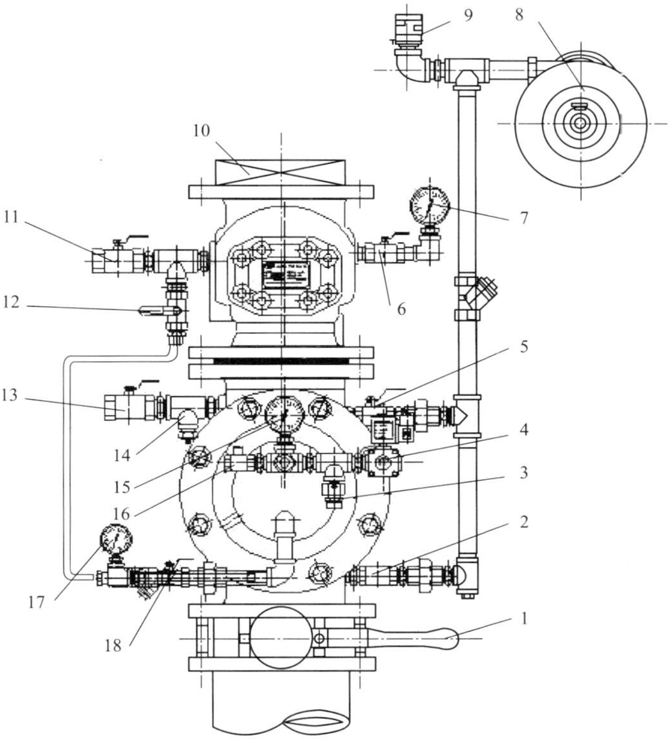

图 11 - 11　预作用报警阀组

1—进水信号蝶阀（常开）；2—报警试验球阀（常闭）；3—放复位阀；4—电磁阀；5—报警球阀（常开）；6—充气控制球阀（常开）；7—系统气压表；8—水力警铃；9—压力开关；10—出水信号蝶阀（常开）；11—放水球阀（常闭）；12—加水隔离球阀（常闭）；13—泄水球阀（常闭）；14—滴水阀；15—控制压力表；16—带锁球阀（常闭）；17—压力表；18—快速复位球阀（常闭）

预作用阀系统是近几年发展起来的自动喷水灭火装置，它将火灾探测报警技术和自动喷水灭火系统结合起来，对保护对象起双重保护作用。

在未发生火灾时该系统的系统侧管路内充气，故系统具有干式系统的特点，能满足高温和严寒条件下自动喷水灭火的需要。

一旦发生火灾，安装在保护区的感温、感烟火灾探测器首先发出火灾报警信号，火灾报警控制器在接到报警信号后，发出指令信号打开雨淋阀，此时向系统侧管网充水，在闭式喷头尚未打开前，使系统转变为湿式系统。

7. 延迟器

图 11－12　延迟器

延迟器（图 11－12）是一个罐式容器，入口与报警阀的报警水流通道连接，出口与压力开关和水力警铃连接，延迟器入口前安装过滤器。

在准工作状态下可防止因压力波动而误报警。当配水管道发生渗漏时，有可能引起湿式报警阀阀瓣的微小开启，使水进入延迟器。但是，由于流量小，进入延迟器的水量会从延迟器底部的节流孔排出，使延迟器无法充满水，更不能从出口流向压力开关和水力警铃。只有当湿式报警阀开启，经报警通道进入延迟器水流将延迟器注满并由出口溢出，才能驱动水力警铃和压力开关。

8. 水力警铃

水力警铃（图 11－13）是一种靠水力驱动的机械警铃，安装在报警阀组的报警管道上。报警阀开启后，报警水流进入水力警铃并形成一股高速射流，冲击水轮带动铃锤快速旋转，敲击铃盖发出“发生火灾、报警阀开启并已喷水灭火”的声响警报。

9. 压力开关

压力开关（图 11－14）是一种压力传感器，安装在延迟器出口后的报警管道上。报警阀开启后，报警管道充水，压力开关受到水压的作用后接通电触点，输出“发生火灾、报警阀开启并已喷水灭火”及启动供水泵的信号。报警阀关闭时电触点断开。

图 11－13　水力警铃

图 11－14　压力开关

10. 喷头

消防喷头：在热的作用下，按预定的温度范围自行启动，或根据火灾信号由控制设备启动，并按设计的洒水形状和流量洒水灭火的一种喷头，是喷淋系统的一部分。

（1）按结构形式分类。

1）闭式洒水喷头，具有释放机构的洒水喷头。

2）开式洒水喷头，无释放机构的洒水喷头。

（2）按热敏感元件分类。

1）玻璃球洒水喷头：释放机构中的热敏感元件为玻璃球的洒水喷头。喷头受热时，由于玻璃球内的工作液发生作用，使球体炸裂而开启。

2）易熔元件洒水喷头：释放机构中的热敏感元件为易熔元件的洒水喷头。喷头受热时，由于易熔元件的熔化、脱落而开启。

（3）按安装方式和洒水形状分类。

1）直立型洒水喷头，喷头直立安装于供水支管上，洒水形状为抛物体形，它将水量的60%～80%向下喷洒，同时还有一部分喷向顶棚。

2）下垂型洒水喷头，喷头下垂安装于供水支管上，洒水形状为抛物体形，它将水量的80%以上向下喷洒。

3）普通型洒水喷头，喷头既可直立安装也可下垂安装，洒水形状为球形，它将水量的40%～60%向下喷洒，同时还有一部分喷向顶棚。

4）边墙型洒水喷头，喷头靠墙安装，分为水平和直立两种形式。喷头的洒水形状为半抛物体形，它将水直接洒向保护区域。

5）吊顶型洒水喷头，喷头隐蔽安装在吊顶内的供水支管上，分为平齐型、半隐蔽型和隐蔽型三种形式。喷头的洒水形状为抛物体形。

【练习题】

1. 下列关于干式自动喷水灭火系统的说法中，错误的是（　　）。

A. 在准工作状态下，由稳压系统维持干式报警阀入口前管道内的充水压力

B. 在准工作状态下，干式报警阀出口后的配水管道内应充满有压气体

C. 当发生火灾后，干式报警阀开启，压力开关动作后管网开始排气充水

D. 当发生火灾后，配水管道排气充水后，开启的喷头开始喷水

2. 下列关于自动喷水灭火系统的说法中，错误的是（　　）。

A. 雨淋系统与预作用系统均应采用开式洒水喷头

B. 干式系统和预作用系统的配水管道应设置快速排气阀

C. 雨淋系统应能有配套的火灾自动报警系统或传动管控制开启雨淋系统

D. 预作用系统应由火灾自动报警系统自动开启雨淋报警阀，并转换为湿式系统

3. 某消防技术服务机构承接了某仓库干式自动喷水灭火系统维保工作，在对差动式干式报警阀进行检查时，发现安装在通往延迟器管道上的小孔排水阀偶尔有水滴滴出，但报警阀启动后就不滴了。下列关于此情况的说法中，正确的是（　　）。

A. 报警阀正常

B. 报警阀故障，应拆下报警阀组进行检修

C. 报警阀故障，应立即堵住排水阀出口

D. 报警阀故障，但影响不大，暂不采取措施

4. 某寒冷地区环境温度低于 4℃，有一个地上 3 层、建筑面积为 40000m^2 的汽车库，未设置采暖设施。该汽车库设置自动喷水灭火系统时，可采用（　　）等系统。

A. 干式　　B. 预作用

C. 自动喷水-泡沫联用　　D. 湿式

E. 雨淋

5. 设置湿式自动喷水灭火系统的房间，起火时喷头动作喷水，水流指示器动作并报警，报警阀动作，延迟器充水，启泵装置动作报警并直接启动消防水泵，该系统应选择的启泵装置是（　　）。

A. 压力开关　　B. 电接点压力表　　C. 流量开关　　D. 水位仪

6. 某座有 3100 个座位的大剧院，地下车库采用预作用自动喷水灭火系统，演员化妆间等采用湿式自动喷水灭火系统，舞台葡萄架下采用雨淋系统，舞台口采用防护冷却水幕系统。该建筑的自动喷水灭火系统应选用（　　）种报警阀组。

A. 1　　B. 2　　C. 3　　D. 4

7. 某 3 层商业建筑，采用湿式自动喷水灭火系统保护，共设计有 2800 个喷头保护吊顶下方空间。该建筑自动喷水灭火系统报警阀组的设置数量不应少于（　　）个。

A. 2　　B. 3　　C. 4　　D. 5

8. 某高层建筑，建筑高度 50m，设有 3 台湿式报警阀。下列关于末端试水装置设置的说法中，正确的有（　　）。

A. 每层最不利点喷头处均应设置末端试水设置

B. 末端试水装置的出流量应由系统流量系数最大的喷头确定

C. 末端试水装置应由试水阀、压力表、试水接头组成

D. 末端试水装置的出水应采用孔口出流的方式排入排水管道

E. 末端试水装置处排水管道的直径不宜小于 DN75

9. 水喷雾灭火系统的水雾喷头使水从连续的水流状态分解转发成不连续的细小水雾滴喷射出来，因此它具有较高的电绝缘性能和良好的灭火性能。下列不属于水喷雾灭火机理的是（　　）。

A. 冷却　　B. 隔离　　C. 窒息　　D. 乳化

10. 下列关于采用传动管启动水喷雾灭火系统的做法中错误的是（　　）。

A. 雨淋报警阀组通过电动开启　　B. 系统利用闭式喷头探测火灾

C. 雨淋报警阀组通过气动开启　　D. 雨淋报警阀组通过液动开启

课程思政——北京石景山区喜隆多商场火灾事故

【教学目的】

通过北京石景山区喜隆多商场火灾事故的案例分析，让学生知道在岗位上要业务熟练，要兢兢业业，不能玩忽职守，树立正确的职业观，培养正确的职业操守。

2013年10月11日凌晨2时许，北京石景山区喜隆多商场一楼的麦当劳着火蔓延至整座大楼，大火共扑救9h，过火面积共计3800余m^2，火灾直接财产损失估算值为人民币1308.42万元，2名消防员牺牲。

一、事故经过

10月11日凌晨2时49分麦当劳送餐用电动自行车充电时发生起火，首先发现险情的麦当劳女性值班店长和另一名员工既未处置火情也未第一时间提醒顾客疏散，而是从里边惊慌跑出，自行离去。随即烟雾越来越大，留在餐厅里的顾客们这才惊觉火情，开始陆续逃离餐厅。

不到2min时间，整个餐厅已经完全被浓烟笼罩，此时麦当劳餐厅的明火已经起来了，中控室里的自动报警和自动灭火系统开始报警，一名男性值班人员起身按了一下报警器，又回到了座位上。2min后，第二个报警器又开始报警，值班人员又摁断报警音，坐下继续打游戏。尽管消了音，但他身后的报警器一直在闪烁。

凌晨3时01分，商场消防中控室内，突然有大面积的报警灯闪烁起来，显示火势已经大范围蔓延，这名工作人员这时才停下手中的游戏。发生如此大范围的报警，值班人员应立即启动商场的自动喷水灭火系统，保护还没有起火的区域和楼层，但值班人员并未这样做，而是在翻看研究操作说明书，后来又跑进来两名值班人员，但他们同样手足无措，没有人启动自动灭火系统。

由于起火初期现场没有采取任何灭火措施，大火很快从麦当劳烧到了商场的外面，并沿着整个外立面的广告牌迅速蔓延到整座大楼。商场外的监控录像显示，凌晨3时13分，当第一批消防车赶到的时候，整座楼已经形成了从内到外、自下而上的立体燃烧。经过近9h的努力，大火终于被扑灭。

二、责任追究

北京石景山法院对石景山检察院提起公诉的李某某、刘某等五人重大责任事故案（“10·11”喜隆多商场大火案）依法作出一审判决。

被告人刘某，作为喜隆多消防中控员，在发现中控主机异常时按消音键了事，发现火灾报警后，未及时将消防设置从手动变为自动状态，延误灭火时机。

被告人陶某某，作为火灾当日喜隆多的夜值经理，发现火情时，未有效监督和指挥中控员的行为，应急处置不及时。

被告人李某某，作为麦当劳餐厅总经理，没有组织员工消防演练和排除消防设施安全隐患。

被告人陈某某，作为麦当劳餐厅案发当日的值班经理，未采取及时有效的应对措施组织员工对火灾进行初期扑救，错失灭火最佳时机。

被告人齐某，作为喜隆多购物中心负责人及消防安全管理人，长期安排中控室夜间一人值班造成安全隐患，没有对夜值经理及中控员进行消防培训，致使相关工作人员在发现火灾后配合失当，不能有效应对。

石景山法院根据五名被告人犯罪的事实、性质、情节和对社会的危害程度，判决五人均构成重大责任事故罪，判处刘某有期徒刑3年6个月，陶某某有期徒刑3年6个月，李某某有期徒刑3年，陈某某有期徒刑2年，齐某有期徒刑2年。

三、事故反思

(1) 喜隆多麦当劳对员工消防安全培训不足，员工缺乏初起事故处置能力和应急知识，在发现起火后，自行逃离，既未采取措施灭火也未疏散店内顾客，其失职导致失去了最佳的灭火时机。

(2) 值班人员玩忽职守，上班时间玩游戏，对火警置之不理，且缺乏消防系统操作技能，其失职导致火灾大范围扩大。

(3) 喜隆多商场安全管理松懈，安全培训不足，各项责任制度落实不到位、缺失，再加上人员素质不高，发生问题后，环环脱节，最终导致了事故的发生。

(4) 目前大多数消防控制系统，都从自动状态调成了手动状态，系统反馈的火警信息需要中控值班人员确认后，方可启动消防系统。而日常当中，由于各种因素的火警误报，导致了操作人员意识上的麻木，往往在未经过确认的情况下就直接按下消防系统消音按钮，使得初期的火警未得到重视，而酿成大事故。

人员安全意识上的麻痹，成为了一项重大安全隐患，营运或生产部门应多组织日常消防演练和消防技能训练，并对消防系统定期进行维护和测试，发现问题和不足，及时进行整改和落实，以提高操作人员初起事故处置能力和安全意识。

第十二章

气体灭火系统

【学习目标】

1. 了解气体灭火系统的组成、分类、适用范围。
2. 熟悉气体灭火系统的灭火机理、工作原理。

气体灭火系统是指以气体为灭火介质，平时将气体状态存储于压力容器内，灭火时以气体状态喷射而出的灭火系统。喷射而出的气体在防护区空间内形成各方向均一的灭火浓度，而且至少能保持该灭火浓度达到规范规定的浸渍时间，实现扑灭该防护区的火灾。气体灭火系统具有灭火效率高、灭火速度快、保护对象无污损等优点。

20 世纪 80 年代初有关专家研究表明，包括哈龙灭火剂在内的氯氟烃类物质在大气中的排放，将导致对大气臭氧层的破坏，危害人类的生存环境，1990 年 6 月在英国伦敦由 57 个国家共同签订了《蒙特利尔议定书》（修正案），决定逐步停止生产和逐步限制使用氟利昂、哈龙灭火剂。我国于 1991 年 6 月加入了《蒙特利尔议定书》（修正案）缔约国行列，承诺 2005 年停止生产哈龙 1211 灭火剂，2010 年停止生产哈龙 1301 灭火剂。并于 1996 年颁布实施《中国消防行业哈龙整体淘汰计划》。

1996 年以后，哈龙替代品及其替代技术研究迅速发展，短短几年，二氧化碳、七氟丙烷、惰性混合气体、三氟甲烷等灭火系统相继出现，2003 年中华人民共和国公安部发布了《气体灭火系统及零部件性能要求和试验方法》（GA 400—2002），对七氟丙烷、三氟甲烷、IG-541（又名烟烙尽，含 52%氮气+40%氩气+8%二氧化碳）、IG-55（氮气 50%+氩气 50%）、IG-01（纯氩气）、IG-100（纯氮气）等灭火系统的生产、检验作出明确的规定。

目前常用的气体灭火系统有二氧化碳灭火系统、七氟丙烷灭火系统、IG-541 混合气体灭火系统、热气溶胶灭火系统等几种。

第一节　气体灭火系统灭火机理

气体灭火系统是以气体为灭火介质的，因此其灭火机理与气体灭火剂本身的理化性质有关。

一、系统分类

按使用的气体灭火剂大致分为以下几类。

1. 二氧化碳灭火系统

二氧化碳灭火系统是以二氧化碳作为灭火介质的气体灭火系统。其本身是一种惰性气体，对燃烧具有良好的窒息和冷却作用。不单在建筑灭火中使用，在治理煤矿火灾等领域也有应用。

二氧化碳被高压液化后罐装、储存，喷放时体积急剧膨胀并吸收大量的热，可降低火灾现场的温度，同时稀释被保护空间的氧气浓度达到窒息灭火的效果。二氧化碳是一种惰性气体，价格便宜，毒性低，灭火时不污染火场环境，不污损设备、灭火后很快散逸、不留痕迹。是目前国内外市场上颇受欢迎的气体灭火产品，也是替代卤代烷的较理想型产品。

广泛应用于电厂、电站、轧机、印刷机、浸渍油槽、造漆、制药等易发生火灾的重要部位的消防保护，以及计算机房、图书馆、档案馆、珍品库、电讯中心等场所。

根据二氧化碳灭火剂自身特点及灭火方式，二氧化碳灭火系统可用于扑救下列火灾：

1）灭火前能切断气源的气体火灾。

2）液体火灾或石蜡、沥青等可熔化的固体火灾。

3）固体表面火灾及棉毛、织物、纸张等部分固体深位火灾。

4）电气火灾，如变压器、油开关、电子设备等。

二氧化碳灭火系统不得扑救下列火灾：

1）硝化纤维、火药等含氧化剂的化学制品火灾。

2）钾、钠、镁、钛、锆等活泼金属火灾。

3）氰化钾、氢化钠等金属氢化物火灾。

而应该注意的是，二氧化碳对人体有窒息作用，系统只能用于无人场所，如在经常有人工作的场所安装使用时应采取适当的防护措施以保障人员的安全。

二氧化碳自动灭火系统根据其设计应用形式可分为全淹没灭火系统方式、局部应用灭火系统方式。全淹没灭火系统方式指在一定的时间内，向防护区内喷射一定浓度的灭火剂，并使其均匀地充满整个防护区的灭火方式。对事先无法预计火灾产生部位的封闭防护区应采用全淹没灭火系统方式进行火灾防护。局部应用灭火系统方式直接向保护对象以设计喷射强度喷射灭火剂，并持续一定的时间的灭火方式。对事先可以预计火灾产生部位的无封闭围护的局部场所应采用局部应用灭火系统方式进行火灾防护。组合分配系统指一套二氧化碳自动灭火系统覆盖多个保护区的保护形式。

2. 七氟丙烷灭火系统

七氟丙烷自动灭火系统以七氟丙烷作为灭火介质的气体灭火系统。其具有灭火效率高，洁净环保，具有良好的清洁性，在大气中完全汽化不留残渣，经济实惠，良好的电气绝缘性等特点。

主要应用于：电子计算机房、数据处理中心、电信通信设施、过程控制中心、昂贵的医疗设施、贵重的工业设备、档案馆、图书馆、博物馆及艺术馆、洁净室、消声室、应急电力设施、易燃液体存储区等，也可用于生产作业火灾危险场所，像喷漆生产线、电器老化间、轧制机、印刷机、油开关、油浸变压器、浸渍槽、熔化槽、大型发电机、烘干设备、水泥生产流程中的煤粉仓，以及船舶机舱、货舱等，经常有人工作而需要设置气体保护的区域或场所。

七氟丙烷自动灭火系统由储存瓶组、储存瓶组架、液流单向阀、集流管、选择阀、三通、异径三通、弯头、异径弯头、法兰、安全阀、压力信号发送器、管网、喷嘴、药剂、火灾探测器、气体灭火控制器、声光报器、警铃、放气指示灯、紧急启动/停止按钮等组成。

自动、手动、机械应急手动和紧急启动/停止四种控制方式。

3. 惰性气体灭火系统

惰性气体灭火系统，包括：IG01（氩气）灭火系统、IG100（氮气）灭火系统、IG55（氩气、氮气）灭火系统、IG541（氩气、氮气、二氧化碳）灭火系统。由于惰性气体纯粹来自于自然，是一种无毒、无色、无味、惰性及不导电的纯“绿色”压缩气体，故又称为环保洁净气体灭火系统。

4. 热气溶胶灭火系统

热气溶胶灭火系统是以固态化学混合物（热气溶胶发生剂）经化学反应生成具有灭火性质的气溶胶作为灭火介质的灭火系统。

特点：气溶胶灭火产品是一种有效具有最小影响的灭火剂，具有系统简单、造价低廉；无腐蚀、无污染、无毒无害、对臭氧层无损耗、残留物少、高速高效、全淹没全方位灭火、应用范围广等优点，已被众多专业人士认定为哈龙产品的理想替代品。

气溶胶是指以固体或液体为分散相而气体为分散介质所形成的溶胶。也就是固体或液体的微粒（直径为 1μm 左右）悬浮于气体介质中形成的溶胶。气溶胶与气体物质同样具有流动扩散特性及绕过障碍物淹没整个空间的能力，因而可以迅速地对被保护物进行全淹没方式防护。

气溶胶的生成有两种方法：一种是物理方法即采用将固体粉碎研磨成微粒再用气体予以分散形成气溶胶，另一种是化学方法；通过固体的燃烧反应，使反应产物中既有固体又有气体，气体分散固体微粒形成气溶胶。它具有下列特点：

（1）灭火效能高：单位体积灭火用量是卤代烷灭火剂（哈龙）的 1/4～1/6，是 CO_2 灭火剂的 1/20。

（2）灭火速度快：从气溶胶释放至达到灭火浓度的时间很短，1m^3 试验容器内灭汽油火小于 10s。

（3）对臭氧层的耗损能值（ODP）为 0，温室效应潜能值（GWP）为 0，完全符合环保要求，属绿色环保产品。

（4）无毒无害无污染，不改变保护区内氧气的含量，对人体无害。

（5）气溶胶释放的气体不导电，低腐蚀对电子电力设备无影响。

（6）反应前的灭火剂为固态，不会泄漏，不会挥发，不会衰变，可在常温常压下存放，易储存保管。

二、灭火机理

1. 二氧化碳灭火系统

二氧化碳储存于储气瓶时，是气、液两种相态，从储气瓶中喷射到环境中，压力急剧降低，二氧化碳转变为气态。大量的二氧化碳环绕在火源空间，抑制氧气的继续补充，降低了氧气浓度，使燃烧三要素中“一定浓度的氧气”这一要素不满足，因此产生窒息作用。同时压力降低、焓值降低，温度急剧下降，吸收火灾空间的热量，起到冷却作用。

2. 七氟丙烷灭火系统

（1）氧气减少。使用七氟丙烷能减少保护区的氧气浓度，从而迅速降低其燃烧速度。因此灭火时能快速冷却保护区，并消耗其空间的氧气。

（2）吸热。正常灭火时七氟丙烷都是以液体的形式喷洒，因此当喷发时，液体就会迅速转化为气体状态，这种转化过程将吸收大量的热能，因此可以降低保护区域和周围环境的温度。

另一方面，七氟丙烷灭火剂是由大分子组成的，灭火时分子中的一部分键断裂需要吸收热量，也起到降低温度的作用。

3. 惰性气体灭火系统

以IG541（氩气、氮气、二氧化碳）灭火系统为例。其组成为混合气体，混合气体灭火原理属于物理灭火方式。混合气体释放后把氧气浓度降低到不能支持燃烧来扑灭火灾。通常防护区空气中含有21%的氧气和小于1%的二氧化碳。当防护区中氧气降至15%以下时，大部分可燃物将停止燃烧。

4. 热气溶胶灭火系统

热气溶胶是一种固体含能化学物质，属于烟火药剂。利用电子气化启动器激活，使其自身发生氧化还原反应，产生大量惰性气体、水汽和微量固体颗粒，形成凝集型灭火气溶胶，其成分主要是N_2、少量CO_2、金属盐固体微粒等。热气溶胶灭火机理如下：

（1）吸热降温灭火机理。金属盐微粒在高温下吸收大量的热，发生热熔、气化等物理吸热过程，火焰温度被降低，进而辐射到可燃烧物燃烧面用于气化可燃物分子和将已气化的可燃烧分子裂解成自由基的热量就会减少，燃烧反应速度得到一定抑制。

（2）化学抑制灭火机理。

1）气相化学抑制。在热作用下，灭火气溶胶中分解的气化金属离子或失去电子的阳离子可以与燃烧中的活性基团发生亲和反应，反复大量消耗活性基团，减少燃烧自由基。

2）固相化学抑制。灭火气溶胶中的微粒粒径很小，具有很大的表面积和表面能，可吸附燃烧中的活性基团，并发生化学作用，大量消耗活性基团，减少燃烧自由基。

3）降低氧浓度。灭火气溶胶中的N_2、CO_2可降低燃烧中氧浓度，但其速度是缓慢的，灭火作用远远小于吸热降温、化学抑制。

第二节 气体灭火系统工作原理

灭火系统的工作原理也可以说气体灭火控制器是怎么工作的。气体灭火控制器是专用于灭火系统中，融合自动探测、自动报警、自动灭火为一体的控制器。气体灭火控制器可以连接感烟、感温火灾探测器，紧急启停按钮，手自动转换开关，气体喷洒指示灯，声光报警器等设备，并且提供驱动电磁阀的接口，用于启动气体灭火设备。简单地说控制器工作原理就是当防火区域内的探测器检查到火灾信息时，向控制器传入火灾信息，控制器启动灭火系统并发出警报声音，声光信号，提醒火灾区域人员紧急撤离，与此同时联动指令也会一并发出，将连锁设备关闭掉，然后经过一段延时时间，便会发出灭火的指令，打开阀释放灭火剂，实施灭火。气体灭火控制器由自动控制，手动控制，机械应急手动操作三种控制方式实现控制。在发出火灾警报的时候，在延时时间内又发现有异常情况，不需启动灭火系统进行灭火时，可按下手动控制盒或气体灭火控制器的紧急停止按钮，即可阻止控制器灭火指令的发出。灭火控制器也可与火灾报警器联网，实现远程控制。气体灭火系统如图 12－1 所示。

图 12－1　气体灭火系统

以高压二氧化碳灭火系统为例讲述气体灭火系统的工作原理。

高压二氧化碳气体灭火系统主要由二氧化碳储瓶、容器阀、液流单向阀、高压软管、集流管、安全阀、选择阀、压力信号器、称重检漏装置、启动瓶、电磁阀、气路单向阀、喷嘴以及高压管道、管接件、瓶组架等设备、零部件和材料组成。

系统安装完毕后，投入运行的二氧化碳灭火系统通常处于戒备状态，系统中的各类火灾探测器昼夜不停地监视着各个保护区或保护对象。当保护区出现火灾时，将首先被该区域内火灾探测器检测到，并发出信号报送给报警控制器。控制器对火险信号进行识别和判断，一旦火灾被确认，控制器将会立即发出火险警报。

此时，如果灭火系统的开启方式处于“自动”状态，则报警控制器在接收到同一区域内相邻两只不同类型的火灾探测器同时发出的火险信号后，会自动启动火灾控制器，系统进入喷放前 30s 倒计时阶段。在倒计时期间，控制器通过设在保护区域内、外的声光报警器发出紧急撤离疏散警报，并联动可能影响灭火效果的有关设备（如通风机、空调、防火卷帘等）。倒计时结束，灭火控制器即向相关的电磁阀发出启动信号，打开启动瓶上的电磁阀，释放出来的高压启动气体打开相应的选择阀和二氧化碳储瓶的容器阀，储瓶内的二氧化碳灭火剂经管网和喷嘴喷放到火灾区域或保护对象上，实施灭火。

如果灭火系统的开启方式处于“手动”状态，则火灾探测器的动作只会引起火灾报警，不能使二氧化碳自动喷放。需要区域内外的工作人员用手按动紧急启动按钮，才能启动二氧化碳灭火系统进行灭火。

在自动和手动都失灵的情况下，操作人员还可以采用机械应急启动方式进行启动灭火。高压二氧化碳灭火系统工作原理如图 12－2 所示。

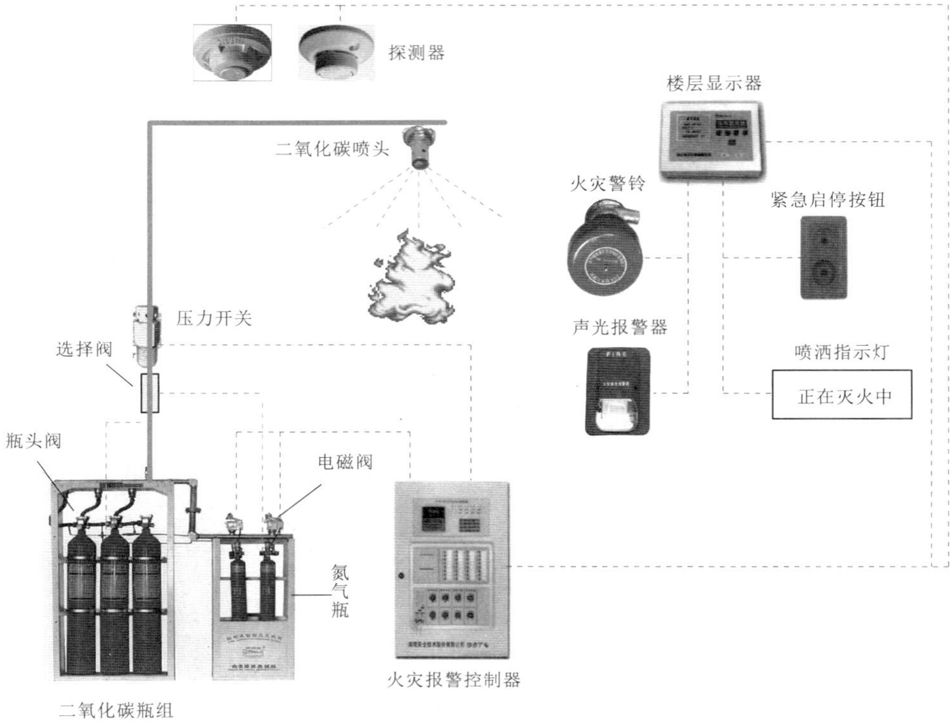

图 12－2 高压二氧化碳灭火系统工作原理图

【练习题】

1. 按使用的气体灭火剂大致分为几类？
2. 简述各类气体灭火系统的灭火机理。
3. 简述高压二氧化碳灭火系统的工作原理。

第十三章

泡沫灭火系统

【学习目标】

1. 了解泡沫灭火系统的组成。
2. 熟悉泡沫灭火系统的灭火机理和工作原理。

第一节 泡沫灭火系统的定义及分类

一、泡沫灭火系统的定义及作用机理

泡沫灭火系统是指泡沫灭火剂与水按一定比例混合，经泡沫灭火装置产生灭火泡沫的灭火系统，是当今扑救甲（液化烃除外）、乙、丙类液体火灾和一般固体物质火灾，普遍使用的灭火系统。主要适用于提炼、加工生产甲、乙、丙类液体的炼油厂、化工厂、油田、油库，为铁路油槽车装卸油品的鹤管栈桥、码头、飞机库、机场及燃油锅炉房、大型汽车库等。在火灾危险性大的甲、乙、丙类液体储罐区和其他危险场所，灭火优越性非常明显，实践证明，该系统具有安全性高、经济实用、灭火效率高等优点。

泡沫液的灭火作用主要体现在以下几个方面：

(1) 在燃烧物表面形成泡沫覆盖层，使燃烧物的表面与空气隔绝，同时泡沫受热蒸发产生的水蒸气可以降低燃烧物附近氧气的浓度，起到窒息灭火作用。

(2) 泡沫层能阻止燃烧区的热量作用于燃烧物质的表面，因此可防止可燃物本身和附近可燃物质的蒸发。

(3) 泡沫析出的水对燃烧物表面进行冷却。

二、泡沫灭火系统的分类

(1) 按系统产生泡沫的倍数不同分为低倍数泡沫灭火系统（小于 20）、中倍数泡沫灭火系统（21～200）、高倍数泡沫灭火系统（大于 200）。

1) 低倍数泡沫是指泡沫混合液吸入空气后，体积膨胀小于 20 倍的泡沫。低倍数泡沫灭火系统主要用于扑救原油、汽油、煤油、柴油、甲醇、丙酮等 B 类的火灾，适用于炼油厂、化工厂、油田、油库、为铁路油槽车装卸油的鹤管栈桥、码头、飞机库、机场等。一般民用建筑泡沫消防系统等常采用低倍数泡沫消防系统。低倍数泡沫液有普通蛋白泡沫液，氟蛋白泡沫液，水成膜泡沫液（轻水泡沫液），成膜氟蛋白泡沫液及抗溶性泡沫液等几种类型。

由于水溶性可燃液体如乙醇、甲醇、丙酮、醋酸乙酯等的分子极性较强，对一般灭火泡沫有破坏作用，一般泡沫灭火剂无法对其起作用，应采用抗溶性泡沫灭火剂。抗溶性泡沫灭火剂对水溶性可燃、易燃液体有较好的稳定性，可以抵抗水溶性可燃、易燃液体的破坏，发挥扑灭火灾的作用。不宜用低倍数泡沫灭火系统扑灭流动着的可燃液体或气体火灾。此外，也不宜与水枪和喷雾系统同时使用。

2）发泡倍数在 21～200 之间的称为中倍数泡沫。中倍数泡沫灭火系统，一般用于控制或扑灭易燃、可燃液体、固体表面火灾及固体深位阴燃火灾。其稳定性较低倍数泡沫灭火系统差，在一定程度上会受风的影响，抗复燃能力较低，因此使用时需要增加供给的强度。中倍数泡沫灭火系统能扑救立式钢制贮油罐内火灾。

3）发泡倍数在 201～1000 之间称为高倍数泡沫。高倍数泡沫灭火系统在灭火时，能迅速以全淹没或覆盖方式充满防护空间灭火、并不受防护面积和容积大小的限制，可用以扑救 A 类火灾和 B 类火灾。高倍数泡沫绝热性能好、无毒、有硝烟、可排除有毒气体、形成防火隔离层并对在火场灭火人员无害。高倍数泡沫灭火剂的用量和水的用量仅为低倍数泡沫灭火用量的 1/20，水渍损失小，灭火效率高，灭火后泡沫易于清除。

（2）按安装方式分为固定式、半固定式、移动式。

1）固定式泡沫灭火系统由固定的泡沫液消防泵、泡沫液贮罐、比例混合器、泡沫混合液的输送管道及泡沫产生装置等组成，并与给水系统连成一体。当发生火灾时，先启动消防泵、打开相关阀门，系统即可实施灭火。

固定式泡沫灭火系统的泡沫喷射方式可采用液上喷射和液下喷射方式。

2）半固定式有一部分设备为固定式，可及时启动，另一部分是不固定的，发生火灾时，进入现场与固定设备组成灭火系统灭火。根据固定安装的设备不同，有两种形式：一种为设有固定的泡沫产生装置，泡沫混合液管道、阀门。当发生火灾时，泡沫混合液由泡沫消防车或机动泵通过水带从预留的接口进入。另一种为设有固定的泡沫消防泵站和相应的管道，灭火时，通过水带将移动的泡沫产生装置（如泡沫枪）与固定的管道相连，组成灭火系统（由消防车及消防水带与固定的泡沫产生器相连接或由固定的泡沫站及消防水带、泡沫管枪或钩管等组成的泡沫灭火系统）。

半固定式泡沫灭火系统适用于具有较强的机动消防设施的甲、乙、丙类液体的贮罐区或单罐容量较大的场所及石油化工生产装置区内易发生火灾的局部场所。

3）移动式泡沫灭火系统一般由水源（室外消火栓、消防水池或天然水源）、泡沫消防车或机动消防泵、移动式泡沫产生装置、水带、泡沫枪、比例混合器等组成。当发生火灾时，所有移动设施进入现场通过管道、水带连接组成灭火系统。

该系统具有使用灵活，不受初期燃烧爆炸的影响的优势。但由于是在发生火灾后应用，因此扑救不如固定式泡沫灭火系统及时，同时由于灭火设备受风力等外界因素影响较大，造成泡沫的损失量大，需要供给的泡沫量和强度都较大。

第二节 泡沫灭火系统的组成及工作原理

一、系统的主要组件

泡沫灭火系统由水源、泡沫消防泵、泡沫液储罐、泡沫比例混合器、泡沫产生器、阀门、管道及其他附件组成。

1. 泡沫消防泵

泡沫消防泵即能把泡沫以一定的压力输出的消防火泵，泡沫消防泵宜选用特性曲线平缓的离心泵，以保证流量的可变性和扬程的不变性。泡沫消防泵宜为自灌式引水。但采用自灌式引水时，蓄水池的水面不得高于水泵轴线 5m，否则环泵式负压比例混合器不能正常工作。

（1）水源要求。泡沫灭火系统必须采用自来水或干净的天然水源。

（2）安装要求。

1）消防泵应保证在火警时立即投入工作，并在火场非消防电源断电时仍能正常工作。因此，应安装两路电源供电，其中一路作备用，或配备内燃发电机组备用。在重要防护场所应根据规范配置备用泡沫消防泵。

2）泡沫消防泵进水管上应设置真空压力表或真空表，以观察水位高低和真空度大小；泡沫消防泵的出水管上，应设置压力表、单向阀和带控制阀的回流管，以观察泵的扬程，防止管网内的水或泡沫混合液倒流至泵内造成水锤和泵超压运转造成泵过热损坏。

2. 泡沫比例混合器

泡沫比例混合器是一种使水与泡沫原液按规定比例混合成的混合液，以供泡沫产生设备发泡的装置。

我国目前生产的泡沫比例混合器有环泵式泡沫比例混合器、压力式比例混合器、平衡压力泡沫比例混合器、管线式泡沫比例混合器。

（1）环泵式泡沫比例混合器。环泵式泡沫比例混合器固定安装在消防泵的出水管和进水管之间，管线形成环流状，故称环泵式负压比例混合器，它与固定式消防水泵配套使用，向泡沫灭火设备输送泡沫混合液。该系列比例混合器运用于低倍数泡沫灭火系统。泡沫液与水的混合比一般为 6∶94，如用 3%型泡沫液则为 3∶97。

使用方法：

启动消防泵，将水压调到系统所需的压力，将比例混合器的指针转到所需要的泡沫混合液量指数上，开启比例混合器的阀门和泡沫液管路的阀门，水与泡沫液即按比例混合，混合液经管道输送到泡沫产生器，即可产生空气泡沫。泡沫混合液量在指示牌允许范围内可根据需要进行调节。

（2）压力式泡沫比例混合器。压力式泡沫比例混合器主要有储罐式压力比例混合器和压力比例混合器。

1）储罐式压力比例混合器，是安装在泡沫液储罐上的，其特点是可以直接使用消防泵的压力水源，在混合器的标定工作压力范围内能自动地使泡沫液与水按规定比例进行混合，向多种型号的泡沫产生设备输送泡沫混合液。该系列混合器备有 3%和 6%混合比孔板，可以根据需要选用。

储罐式压力比例混合器的规格是按照每秒钟提供的最大混合液量来划分的。适用于低倍数泡沫灭火系统。

储罐式压力式泡沫比例混合器由泡沫储罐、比例混合器、球阀、进水和出泡沫液管道等组成，有立式和卧式两种。泡沫液储罐分无隔膜和有隔膜两种结构形式。前者结构简单，加工方便，成本较低，但罐内储液一经使用即与水混合，无论用完与否，剩液都必须更换，后者剩液无须更换，但造价较贵。

使用方法：

a. 与混合器配套的消防水泵的压力，必须符合混合器进口工作压力范围的要求，否则将影响混合比，降低泡沫质量。

b. 混合器使用时应首先开启排气阀，随后开启进水阀，当排气阀出水时即可关闭，待储罐内压力升到需要值时，可开启储液阀，混合液即可输出。

c. 混合器使用后，要将出液阀、进水阀分别关闭，然后开启排气阀，待压力表回零后，开启放液阀，将储罐内泡沫液和水放尽。

2）压力比例混合器。压力比例混合器与泡沫液泵配套使用，在标定的工况下能使水和泡沫液按比例进行混合，形成混合液，输送给泡沫产生装置，产生泡沫进行灭火。PHY 系列压力比例混合器，主要用于高倍数泡沫灭火系统。

（3）平衡压力比例混合器。平衡压力比例混合器，是我国 80 年代末期研制成功的新型比例混合器，这种比例混合器只有泡沫液和水的压力差不超过允许值，就可以在一个很大的流量范围内自动地按比例将水和泡沫液进行混合，并将混合液输送到泡沫产生装置。平衡压力比例混合器适用于固定式高倍数泡沫灭火系统，也适用于低倍数泡沫灭火系统。

1）适用范围和适用条件。平衡压力比例混合器适用于固定式低倍数泡沫灭火系统，也可适用于高倍数泡沫灭火系统。

2）使用条件。

a. 平衡压力比例尺混合器必须垂直安装使用。

b. 比例混合器应与同步消防水泵和泡沫液泵配套使用。

c. 当使用 3%或 6%型泡沫液时，必须按照泡沫液型号配用，否则比例失调。

d. 使用时两只压力表指示的压力值必须相同，才能满足混合比的要求。

（4）管线式比例混合器。此种比例混合器宜与高倍数泡沫发生器配套使用，也能与低倍数泡沫灭火系统配套使用，其结构简单，使用方便，主要适用于移动式或半固定式泡沫灭火系统。因为它的流量范围较小（180～900L/min），进口处压力较高（0.6～1.2MPa），压力降较大（为出口压力的 1/3 左右）。

该型比例混合器的使用条件为：

a. 混合器进口压力应设计保持在 0.6～1.2MPa 范围内。

b. 应配用 3%或 6%泡沫液。

c. 应水平安装使用。

d. 该系列比例混合器与高倍数泡沫灭火系统的安装距离不应超过 40m。

3. 泡沫产生器

它的作用是将泡沫混合液与空气混合形成空气泡沫，输送至燃烧物的表面上，并且分为液上喷射空气泡沫产生器、液下喷射空气泡沫产生器、高倍数泡沫产生器、中倍数泡沫产生器四种。

（1）液上喷射空气泡沫产生器。液上喷射空气泡沫产生器有横式和竖式两种，均安装在油罐壁的上部，仅安装形式不同，构造和工作原理是相同的。

使用注意事项：

1）泡沫产生器需要泡沫比例混合器配套使用，操作时，应注意混合液进入产生器时工作压力最低不得低于 0.2MPa，如压力过低就不能正常工作，其进口标定工作压力为 0.5MPa。

2）本产生器配用 3%和 6%型普通泡沫液。

3）为了避免和减轻在贮罐发生火灾时罐壁变形时对管道的破坏，应在产生的进口管道中安装一段相同口径的金属软管。

（2）液下喷射空气泡沫产生器。液下喷射空气泡沫产生器，又称高背压泡沫产生器，它是从贮罐内底部液下喷射空气泡沫扑救油罐火灾的主要设备。它同液上喷射空气泡沫产生器的不同处在于它喷射泡沫后的出口压力还需保持相当于进口工作压力 25%～30%的背压，以克服管道的沿程摩阻损失及油罐液面高度静压损失。

液下喷射空气泡沫产生器，是贮罐液下喷射空气泡沫（氟蛋白）泡沫或水成膜泡沫灭火的主要设备，配用的灭火剂是氟蛋白泡沫液或水成膜泡沫液，它适用于汽油、柴油、煤油贮罐和黏度小于 $40\times10^{-6}m^2/s$ 的原油浮顶罐和内浮顶罐火灾的扑救，但最适用于拱顶罐火灾的扑救。

适用范围：液下喷射空气泡沫产生器适用于固定式和半固定式液下喷射泡沫灭火系统。

注意事项：

1）必须配用氟蛋白泡沫液或水成膜泡沫液。

2）由泡沫泵站将泡沫（或混合液）输到最远保护对象时间不应大于 5min；泡沫混合液管道的设计流速不宜大于 3m/s。

3）泡沫喷入油品的流速，对于汽油、煤油、柴油宜小于 3m/s，对于原油，宜小于 3.5m/s。

4）必须在泡沫管线上安装背压调节阀和压力表。

5）泡沫喷管长度，其高度必须在水垫层之上，否则空气泡沫要受到破坏。

6）泡沫管上的止回阀应连用专用的止回阀，以保证有良好的密封性能。否则油品会渗流到管道内。

（3）高倍数泡沫产生器。

发泡原理：高倍数泡沫产生器是高倍数泡沫灭火系统中产生并喷放高倍数泡沫的装置。水和高倍数泡沫液按所要求的比例混合后，以一定的压力进入泡沫产生器，通过喷嘴以雾化形式均匀喷向发泡网，在网的内表面上形成一层混合液薄膜，由风叶送来的气流将混合液薄膜吹胀成大量的气泡（泡沫群）。

根据驱动风叶的原动机类型，目前国内高倍数泡沫产生器有水力驱动式高倍数泡沫产生器和电动机驱动式高倍数泡沫产生器两种类型。

1）水力驱动式高倍数泡沫产生器又可分为两种形式：

a. 水轮机驱动式高倍数泡沫产生器。该种产生器基本上都是用铜、不锈钢等耐腐蚀材料加工，发泡网是用不锈钢制材制作，可在防护区内安装使用。

b. 水流反作用力式高倍数泡沫产生器。其发泡网是用棉线制作，不允许在防护区内安装使用。它可用于移动式高倍数泡沫灭火系统或将它放在免受火焰危害的部位，通过导泡筒向防护区输送高倍数泡沫扑救火灾。

2）电动机驱动式高倍数泡沫产生器。该种产品适用于大范围的防护区。

（4）中倍数泡沫产生器。

发泡原理：中倍数泡沫产生器与高倍数泡沫产生器的工作原理不同，后者是吹气型泡沫发生器，而前者是吸气型泡沫发生器。这种发生器不需要强风吹泡，因此结构简单。

该种发泡器种类：目前有固定式和手提式两种。固定式固定安装在可燃、易燃液体贮罐上，用来产生并向罐内喷射21～40倍的中倍数泡沫，达到灭火的目的。

手提式与泡沫消防车或手抬消防泵和PHF型负压比例混合器配套使用组成移动式中倍数泡沫灭火系统。

二、系统工作原理

火灾发生后，经火灾探测探测与启动控制装置，或者手动启动装置，启动泡沫消防水泵、比例混合装置及相关控制阀门，向系统供给消防水，消防压力水经过泡沫比例混合装置和泡沫液混合形成泡沫混合液，泡沫混合液经管道输送至泡沫产生装置产生灭火泡沫，施加到保护对象进行灭火。

【练习题】

1. 简述泡沫灭火系统的灭火机理。
2. 泡沫灭火系统的分类有哪些？
3. 简述泡沫灭火系统的工作原理。

第十四章

干粉灭火系统

【学习目标】

1. 了解干粉灭火系统的分类、组成。

2. 熟悉干粉灭火系统的灭火机理、工作原理。

干粉灭火系统是由干粉供应源通过输送管道连接到固定的喷嘴上，通过喷嘴喷放干粉的灭火系统。干粉灭火系统是由干粉储存装置、输送管道和喷头等组成，通过惰性气体压力驱动、管道输后送经喷头喷出实施灭火的固定式或半固定式灭火系统。该系统具有灭火速度快、不导电、对环境条件要求不严格等特点，能自动探测、自动启动系统和自动灭火，适用于宾馆和饭店的厨房、港口、列车栈桥输油管线、甲类可燃液体生产线、石化生产线、天然气储罐、储油罐、汽轮机组及淬火油槽和不易用水扑救的大型变压器等场所。

干粉灭火系统是用于扑救和控制建筑初期火灾的自动灭火设施之一，合理地设置干粉灭火系统是有效保障系统发挥正常作用的基本条件。

第一节　干粉灭火系统的分类及组成

干粉灭火系统由干粉储存装置、输送管道和喷头等组成，其中干粉储存装置内设有启动气体储瓶、驱动气体储瓶、减压阀、干粉储存容器、阀驱动装置、信号反馈装置、安全防护装置、压力报警及控制器等。为确保系统工作可靠性，必要时系统还需设置选择阀、检漏装置和称重装置等。

干粉灭火系统按照储存方式分，可分为储气瓶型干粉灭火系统和储压型干粉灭火系统；按照安装方式分，可分为固定式干粉灭火系统和半固定式干粉灭火系统；按照系统结构特点分，可分为管网干粉灭火系统、预制干粉灭火系统和干粉炮灭火系统；按照系统应用方式分，可分为全淹没灭火系统和局部应用系统。

一、储气瓶型干粉灭火系统

储气瓶型干粉灭火系统由干粉灭火设备部分和自动报警、控制部分组成。前者由干粉储存容器及其配件、驱动气体储瓶、集流管、连接管、安全泄放装置、减压阀、过滤器、输粉管路、干粉喷头或干粉炮、干粉喷枪等构成；后者由火灾探测器、火灾报警控制器等组成。储气瓶型干粉灭火系统如图 14-1 所示。

二、储压型干粉灭火系统

储压型干粉灭火系统也称蓄压式系统，该系统没有驱动装置和单独驱动气体储存装置，干粉灭火剂与驱动气体预先混装在同一容器中，量一般较少且输送距离较短，系统构成如图 14-2 所示。

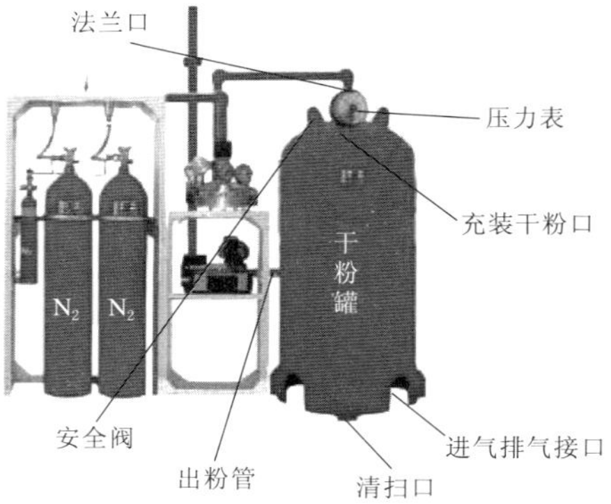

图 14-1 储气瓶型干粉灭火系统

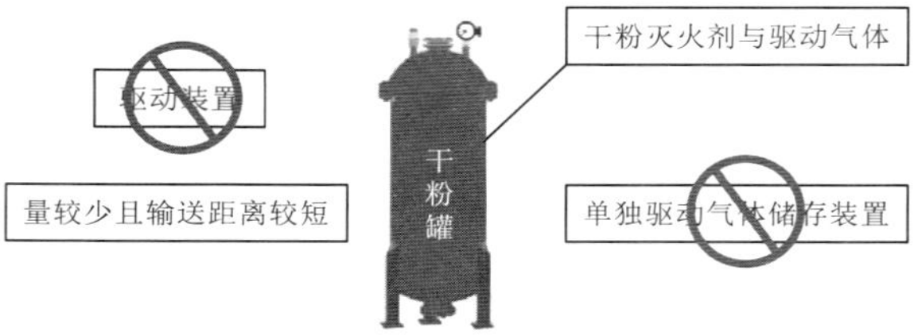

图 14-2 储压型干粉灭火系统

三、预制干粉灭火系统

预制干粉灭火装置是按一定的应用条件，将干粉储存装置和喷头等部件预先组装起来的成套灭火装置。预制干粉灭火装置主要由柜体、干粉储存容器、驱动气体储瓶、输粉管路和干粉喷头以及与之配套的火灾探测器、火灾报警控制器等组成，主要用来保护特定的小型设备或者小空间，既可用于局部保护方式，也可用于全淹没保护方式。

四、干粉炮灭火系统

干粉炮灭火系统属于管网灭火系统，如图 14-3 所示，干粉炮是系统的喷放组件，其选用参数主要是射程和流量。按其控制方式分类，有手动干粉炮、电控干粉炮、电-液控干粉炮和电-气控干粉炮等。

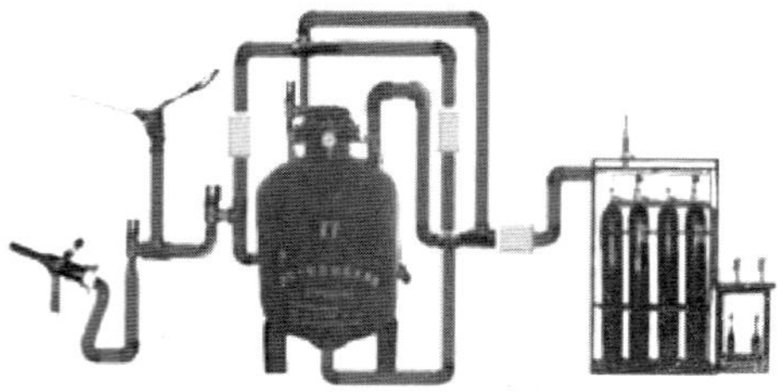

图 14-3 干粉炮灭火系统

第二节 干粉灭火系统的灭火机理及工作原理

干粉灭火系统其灭火剂的类型虽然不同，但其系统灭火机理是化学抑制、隔离、冷却与窒息。本节重点介绍干粉灭火系统灭火剂的种类、注意事项及其灭火机理。

一、干粉灭火剂

干粉灭火剂是由灭火基料和适量润滑剂、少量防潮剂混合后共同研磨制成的细小颗粒，是用于灭火的干燥且易于飘散的固体粉末灭火剂。

干粉灭火剂的类型如下：

（1）普通干粉灭火剂。这类灭火剂可扑救B类、C类、E类火灾，因而又称为BC干粉灭火剂。属于这类的干粉灭火剂有：

1）以碳酸氢钠为基料的钠盐干粉灭火剂。

2）以碳酸氢钾为基料的紫钾干粉灭火剂。

3）以氯化钾为基料的超级钾盐干粉灭火剂。

4）以硫酸钾为基料的钾盐干粉灭火剂。

5）以碳酸氢钠和钾盐为基料的混合型干粉灭火剂。

6）以尿素和碳酸氢钠（碳酸氢钾）的反应物为基料的氨基干粉灭火剂。

（2）多用途干粉灭火剂。这类灭火剂可扑救A类、B类、C类、E类火灾，因而又称为ABC干粉灭火剂。属于这类的干粉灭火剂有：

1）以磷酸盐为基料的干粉灭火剂。

2）以磷酸铵和硫酸铵混合物为基料的干粉灭火剂。

3）以聚磷酸铵为基料的干粉灭火剂。

（3）专用干粉灭火剂。这类灭火剂可扑救D类火灾，又称为D类专用干粉灭火剂。属于这类的干粉灭火剂有：

1）石墨类：在石墨内添加流动促进剂。

2）氯化钠类：氯化钠广泛用于制作D类干粉灭火剂，选择不同的添加剂适用于不同的灭火对象。

3）碳酸氢钠类碳酸氢钠是制作BC干粉灭火剂的主要原料，添加某些结壳物料也宜制作D类干粉灭火剂。

（4）注意事项。

1）BC类与ABC类干粉不能兼容。

2）BC类干粉与蛋白泡沫或者化学泡沫不兼容。因为干粉对蛋白泡沫和一般合成泡沫有较大的破坏作用。

3）对于一些扩散性很强的气体如：氢气、乙炔气体、干粉喷射后难以稀释整个空间的气体，对于精密仪器、仪表会留下残渣，用干粉灭火不适用。

4）干粉灭火系统是重要的灭火设施，不是考虑了这种灭火手段后，就不必考虑其他辅助设施。例如易燃可燃液体贮罐发生火灾，采用干粉灭火系统扑救火灾的同时，消防冷却用水也是不可少的。其次，在防护区的设置上，应正确划分防护区的范围，确定防护区的位置。根据防护区的大小、形状、开口和通风等情况，以及防护区内可燃物品的性质、数量、分布情况，可能发生的火灾类型和火源、起火部位等情况，合理选择系统操作控制方式、选择和布置系统部件等。

二、干粉灭火系统的工作原理

干粉灭火系统启动方式可分为自动控制和手动控制，本节主要介绍其各类控制方式的工作原理，干粉灭火系统组成示意图如图14－4所示。

1. 自动控制方式

当保护对象着火后，温度上升达到规定值，探测器发出火灾信号到控制器，然后由

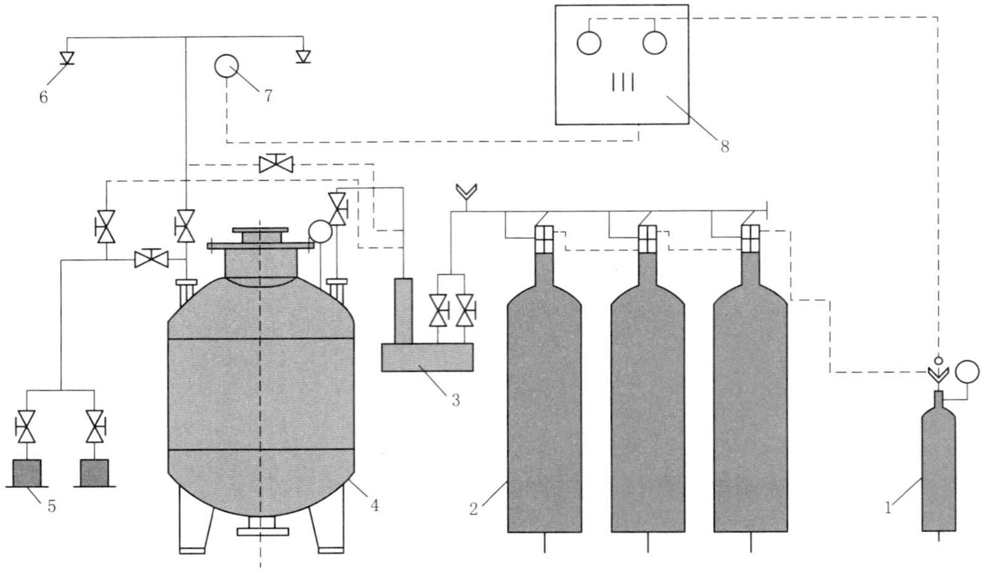

图 14-4 干粉灭火系统组成示意图

1—启动气体瓶组；2—高压驱动气体瓶组；3—减压器；4—干粉罐；
5—干粉枪及卷盘；6—喷嘴；7—火灾探测器；8—控制装置

控制器打开相应报警设备（如声光及警铃），当启动机构接收到控制器的启动信号后将启动瓶打开，启动瓶内的氮气通过管道将高压驱动气体瓶组的瓶头阀打开，瓶中的高压驱动气体进入集气管，经过高压阀进入减压阀，减压至规定压力后，通过进气阀进入干粉储罐内，搅动罐中干粉灭火剂，使罐中干粉灭火剂疏松形成便于流动的气粉混合物，当干粉罐内的压力上到规定压力数值时，定压动作机构开始动作，打开干粉罐出口球阀，干粉灭火剂则经过总阀门、选择阀、输粉管和喷嘴向着火对象，或者经喷枪射到着火对象的表面，进行灭火。

在实际应用中，不论哪种类型的探测器，由于受其自身的质量和环境的影响，在长期运行中不可避免地存在出现误报的可能。为了提高系统的可靠性，最大限度地避免由于探测器误报引起灭火系统误动作，从而带来不必要的经济损失，通常在保护场所设置两种不同类型或两组同一类型的探测器进行复合探测。只有当两种不同类型或两组同一类型的火灾探测器均检测出保护场所存在火灾时，才能发出启动灭火系统的指令。

2. 手动控制方式

手动启动装置是防护区内或保护对象附近的人员在发现火险时启动灭火系统的手段之一，故要求它们安装在靠近防护区或保护对象同时又是能够确保操作人员安全的位置。为了避免操作人员在紧急情况下错按其他按钮，故要求在所有手动启动装置都应明显地标示出其对应的防护区或保护对象的名称。

手动紧急停止装置是在系统启动后的延迟时段内发现不需要或不能够实施喷放灭火剂的情况时可采用的一种使系统中止下来的手段。产生这种情况的原因很多，比如有人错按了启动按钮；火情未到非启动灭火系统不可的地步，可改用其他简易灭火手段；区域内还有人员尚未完全撤离等等。一旦系统开始喷放灭火剂，手动紧急停止装置便失去了作用。启用紧急停止装置后，虽然系统控制装置停止了后继动作，但干粉储罐增压仍然继续，系统处于蓄势待发的状态，这时仍有可能需要重新启动系统，释放灭火剂。比如有人错按了紧急停止按钮，防护区内被困人员已经撤离等，所以，要求做到在使用手动紧急停止装置后，手动启动装置可以再次启动。

根据使用对象和场合的不同，灭火系统亦可与感温、感烟探测器联动。在经常有人的地方也可采用半自动操作，即人工确认火灾，启动手动按钮就完成了全部喷粉灭火动作。

【练习题】

1. 下列关于干粉灭火系统的说法中，正确的是（　　）。

A. 储气瓶型干粉灭火系统是干粉灭火剂与驱动气体预先混装在同一容器中

B. 储压型干粉灭火系统由干粉灭火设备部分和自动报警、控制部分组成

C. 预制灭火装置是按一定的应用条件，将干粉储存装置和喷头等部件预先组装起来的成套灭火装置

D. 干粉炮灭火系统属于无管网灭火系统

2. 对干粉储存容器现场检查时，要求实际充装量不得小于设计充装量，也不得超过设计充装量的（　　）。

A. 1%　　B. 3%　　C. 5%　　D. 6%

3. 某施工单位对干粉灭火系统的驱动气体储瓶进行安装检查时，按规定，同一规格的驱动气体储瓶高度差不超过（　　）mm。

A. 10　　B. 15　　C. 20　　D. 25

4. 下列关于干粉灭火系统选择阀的说法中，错误的是（　　）。

A. 选择阀用于组合分配系统中，安装在灭火剂释放管道上，由它控制释放到相应的保护区

B. 选择阀安装在集流管道上，平时关闭，由它控制释放到相应的保护区

C. 选择阀启动方式有气动式和电动式

D. 选择阀无论电动式或是气动式，均应设手动执行机构

5. 在干粉灭火系统分类中，局部应用系统是按照（　　）分类。

A. 系统结构　　B. 应用方式　　C. 安装方式　　D. 储存方式

第十五章

火灾自动报警系统

【学习目标】

1. 了解火灾自动报警系统控制器功能原理。
2. 认识组件与控制器间的动作关系。
3. 认识火灾自动报警系统的线制及基本接线方式、火灾探测器基本构成。
4. 测试不同探测器对火灾的响应特征。

火灾自动报警系统具有能在火灾初期，将燃烧产生的烟雾、热量、火焰等物理量，通过火灾探测器变成电信号，传输到火灾报警控制器，并同时显示出火灾发生的部位、时间等，使人们能够及时发现火灾，并及时采取有效措施，扑灭初期火灾，最大限度地减少因火灾造成的生命和财产的损失，是人们同火灾做斗争的有力工具。一般由触发装置（探测器、手动报警按钮）、火灾报警装置（火灾报警控制器）、火灾警报装置（声光报警器）、控制装置（各种控制模块、联动装置、灭火系统控制装置、消火栓控制装置、防排烟系统和空调通风系统控制、敞开防火门和防火卷帘控制、电梯迫降控制、火灾应急广播、火灾警报装置、消防通信设备、火灾应急照明及疏散指示标志的控制等）以及电源等组成。火灾自动报警系统由火灾探测报警系统、消防联动控制系统、可燃气体探测报警系统及电气火灾监控系统组成。火灾自动报警系统的组成如图 15－1 所示。

一、火灾探测报警系统

1. 火灾探测报警系统的组成

火灾探测报警系统是实现火灾早期探测并发出火灾报警信号的系统，一般由火灾报警控制器、触发器件和火灾警报装置组成。

火灾探测报警系统本身并不能影响火灾的自然发展进程，其主要作用是及时将火灾迹象通知有关人员，以便他们准备疏散或组织灭火，延长建筑物可供疏散的时间并通过联动系统启动其他消防设施。在火灾的早期阶段，准确地探测到火情并迅速报警，对于及时组织有序快速疏散、积极有效地控制火灾的蔓延、快速灭火和减少火灾损失都具有重要的意义。火灾探测报警系统如图 15－2 所示。

火灾探测器的传感部分，在现场发出火灾报警信号或向控制和指示设备发出现场火灾状态信号的装置，自动报警。手动报警按钮向报警器报告发生火灾的设备，手动报警。火灾警报器在发生火情时，发出区别于环境的声光的声或光报警信号报警控制器在报警系统中，当接受到来自触发器件的火灾信号或火灾报警控制器的控制信号后，能通过模块自动或手动启动相关消防设备并显示其工作状态的装置。

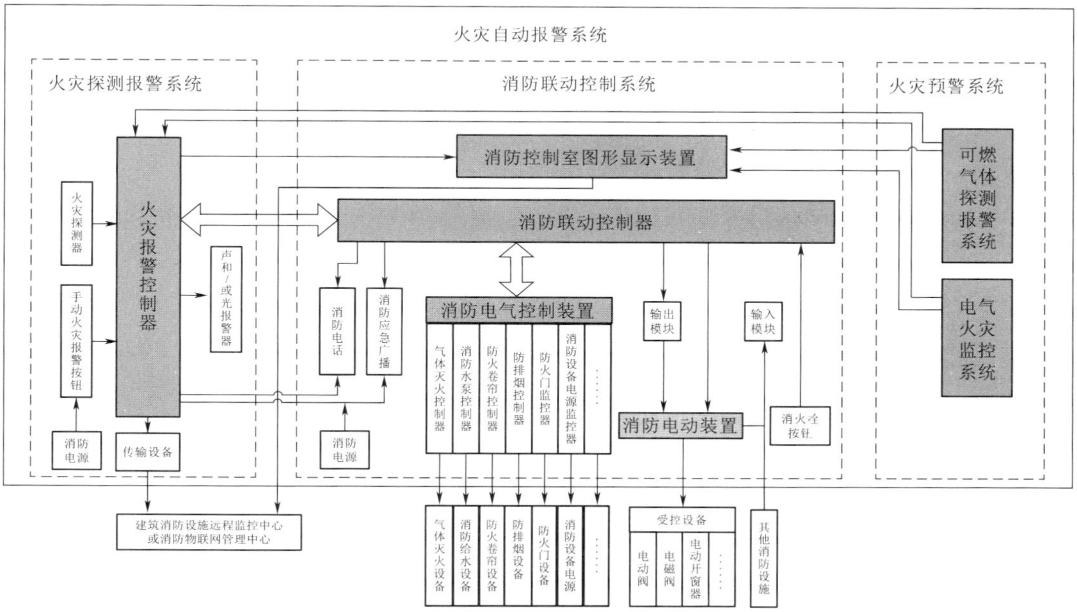

图 15-1　火灾自动报警系统的组成示意图

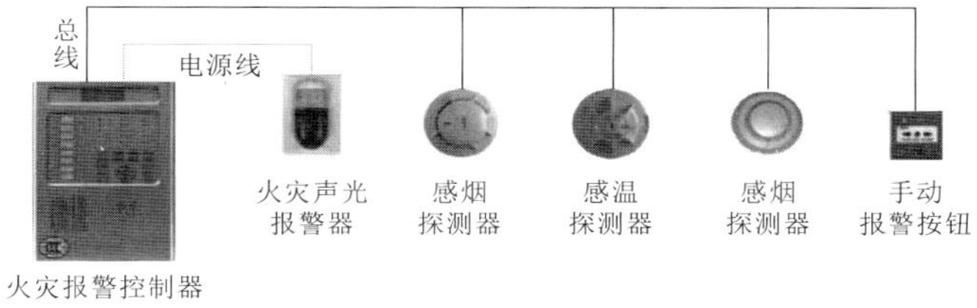

图 15-2　火灾探测报警系统

2. 火灾探测的基本原理

在火灾的孕育与初期阶段，建筑物内会出现不少特殊现象或征兆，如发热、发光、发声以及散发出烟尘、可燃气体、特殊气味等。这些特性是物质燃烧过程中发生物质转换和能量转换的结果，为早期发现火灾、进行火灾探测提供了依据。深入分析火灾早期现象的特征，从中提取出可用于火灾探测的信息是一项极其重要的工作。按照探测元件与探测对象的关系，火灾探测原理可分为接触式和非接触式两种基本类型。

（1）接触式探测。在火灾的初期阶段，烟气是反映火灾特征的主要方面。接触式探测就是利用某种装置直接接触烟气来实现火灾探测的，只有当烟气到达该装置所安装的位置时感受元件方可发生响应。烟气的浓度、温度、特殊产物的含量等都是探测火灾的常用参数。在普通建筑物中使用最多的是点式探测器，它们有一个直径约 10cm 壳体，其内部安装了某种感受烟气浓度、温度或代表燃烧产物（如 CO）的元件，当进入壳体的烟气所具有的浓度或温度达到所用元件的设定危险阈值时便发出报警。在某些特殊场合下，接触式探测器也可做成线型，如适宜在电线沟内使用的缆线式感温探测器，它们是根据缆线所在空间环境的温度变化来判断火灾。

（2）非接触式探测。非接触式火灾探测器主要是根据火焰或烟气的光学效果进行探测的。由于控测元件不必触及烟气，可以在离起火点较远的位置进行探测，所以探测速度较快，适宜探测那些发展较快的火灾。这类探测器主要有光束对射式探测器、感光（火焰式）探测器和图像式探测器。

1）光束式探测器是将发光元件和受光元件分成两个部件，分别安装在建筑空间的两个位置。当有烟气从两者之间通过时，烟气浓度致使光路之间的减光量达到报警阈值时，便可发出火灾报警信号。

2）火焰式探测器利用光电效应探测火灾，主要探测火焰发出的紫外光或红外光，而不用可见光波段，因为它不易有效地把火焰的辐射与周围环境的背景辐射区别开来。

3）图像式探测器是利用摄像原理发现火灾的，目前主要采取红外摄像与日光盲热释电预警器件进行复合。一旦发生火灾，火源及相关区域必然发出一定的红外辐射。在远处的摄像机发现这种信号后，便输入到计算机中进行综合分析。若判定确实是火灾信号，则立即发出报警。由于它所给出的是图像信号，因此具有很强的可视和火源空间定位功能，有助于减少误报警和缩短火灾确认时间，增加人员疏散时间和实现早期灭火。

二、消防联动控制系统

接收火灾报警控制器的火灾报警信号，按预设逻辑完成各项控制的控制系统。消防联动控制系统由感烟探测器、感温探测器、烟温复合探测器、手动报警按钮、消火栓按钮、线型红外光束感烟火灾探测器、消防电话、输出模块、单输入模块、单输出模块、火灾声光报警器、消防泵、风机、汉字火灾显示盘、图形显示装置等设备和组件组成，如图 15－3 所示。

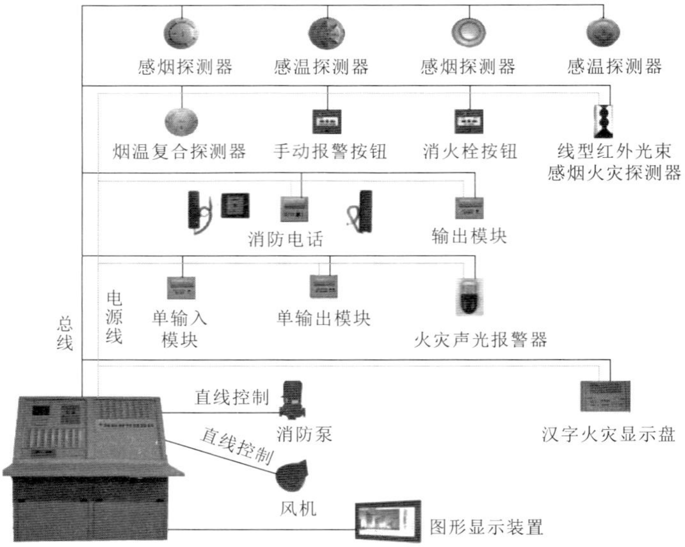

图 15－3　消防联动控制系统

火灾发生时，火灾探测器和手动火灾报警按钮的报警信号等联动触发信号传输到消防控制联动控制器，消防联动控制器是消防联动控制系统的核心部件。消防联动控制器按接收到传来的火灾报警信号，按照预设的逻辑关系对接收到的触发信号进行识别判断，在满足逻辑关系时，消防联动控制器按照预设的控制顺序启动相应的自动消防系统或设施，实现预设的消防功能。

火灾探测器探测到火灾信号后，能自动切除报警区域内有关的空调器，关闭管道上的防火阀，停止有关换风机，开启有关管道的排烟阀，自动关闭有关部位的电动防火门、防火卷帘门，按顺序切断非消防用电源，接通事故照明及疏散标志灯，停运除消防电梯外的全部电梯，并通过控制中心的控制器，立即启动灭火系统，进行自动灭火。

1. 功能和性能

(1) 功能。

1) 消防联动控制器能接收来自火灾报警控制器的火灾报警信号，并发出火灾报警声、光信号。在非延时状态下能在3s（一般发生动作后会有一段信号传输过程）内向与其连接的各类受控设备发出启动信号，按设定的控制逻辑直接或间接控制该受控设备，同时发出启动光指示信号。消防联动控制器能接收受控设备动作后的反馈信号，并显示相应设备状态。

2) 消防联动控制器能接收连接的启泵按钮、水流指示器等灭火系统启动按钮相关触发器件发出的报警信号，显示其所在的部位，发出报警声、光信号，将报警信号发送到连接的火灾报警控制器。

3) 消防联动控制器能以手动或自动两种方式完成所有控制功能并指示状态。在自动方式下，手动插入操作优先。

4)（各分线盘）消防联动控制器具有直接手动控制单元。直接手动控制单元至少有六组独立的手动控制开关，每个控制开关对应一个直接控制输出。直接手动控制单元能独立使用时，受探设备的启动、反馈等各种工作状态均能在手动控制开关旁单独显示。直接手动控制单元不能独立使用时，受控设备除启动状态外的其他工作状态在手动控制开关旁单独指示，或在联动控制器的共用显示器上显示。

5) 消防联动控制器能通过手动或通过程序的编写输入启动的逻辑关系，对控制输出有相应的输入“或”逻辑和/或“与”逻辑编程功能。

6) 消防联动控制器可以对特定的控制输出功能设置延时，最长延时时间不超过10min，延时期间能手动插入并立即启动控制输出。

7) 具有信息记录功能的消防联动控制器能至少记录999条相关信息，在消防联动控制器断电后能保持14d。

8) 消防联动控制器具有故障报警功能，当外部连线和控制器电源有故障信号存在时，能在100s内发出声、光故障信号，任一故障部分均不影响非故障部分的正常工作。

9) 消防联动控制器具有检查本机功能的自检功能（自检按键）。

10) 消防联动控制器的电源有主电源和备用电源转换装置。当主电源断电时，能自动转换到备用电源；当主电源恢复时，能自动转换到主电源（主备电的转换）。

（2）性能。

1）容量：消防联动控制器的容量，是指消防联动控制器总线上可连接编址器件数量和专线控制回路数之和。消防联动控制器总线上可连接编址器件数量用“M”表示。一般给出两个相关的参数，一是消防联动控制器具有的总线回路数，用“F”表示，另一是每个总线回路的编址器件数量，用“N”表示，总线容量等于回路数乘以每回路的编址器件数量，即：$M=FN$。

2）工作电压：消防联动控制器主电源一般采用220V交流电压，备用电源为直流电源，采用电池供电，供电电压一般为24～32V。交流供电时，电网电压在额定电压（220V）的85%～110%范围内波动，频率为（50±1）Hz时，消防联动控制器应能正常工作。其输出直流电压的电压稳定度和负载稳定度不大于5%。

2. 组成与工作原理

消防联动控制器的组成，如图15－4所示。

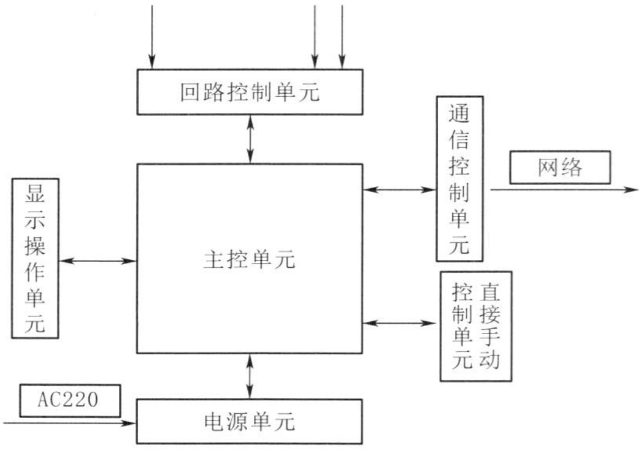

图15－4 消防联动控制器的组成框图

消防联动控制器的主控单元在系统程序的控制下，向回路控制单元发出对回路连接的消防联动模块等现场设备的巡检和/或动作执行指令，回路控制单元对来自主控单元的任务指令进行解释和调制，并通过现场回路发送出去；各种现场设备回馈的信息通过回路控制单元的解调转化和预处理，按照接口规约反馈到主控单元；主控单元应用其特定软件对通信控制单元、回路控制单元和直接手动控制单元反馈信息进行分析和判别，识别消防联动模块、专线设备和回路网络的各种状态，接收连接火灾报警控制器发出的火灾报警信号，经确认后，生成报警、联动信息和异常事件的指示和记录，各项联动控制任务通过相应的功能单元执行。对消防联动控制器实施操作时，可通过显示操作单元，输入操作指令，显示操作单元对输入的操作指令进行编译，并将确认有效的指令信息，传送给主控单元，由主控单元进行分析和处理，并向各功能单元发出相关的任务操作指令，完成人员对系统的信息查询和操作的执行。

（1）主控单元（图15－5）是消防联动控制器的基本部分，用于对消防联动控制器的其他单元的控制和管理，主控单元将消防联动控制器主机的其他电路部分整合成一个有机整体，使各个部分协调统一工作，并集中处理消防联动控制器的信息。

（2）回路控制单元。回路控制单元是由内部通信接口、回路控制管理部分、驱动保护电路和故障检测电路等组成，用于与主控单元通信，将主控单元发来的控制信号发送至各单元。回路控制单元是消防联动控制器与消防联动模块的接口单元，完成消防联动控制器与现场装置信息交互任务及回路短路、断路和模块的故障状态监测与控制。

（3）显示操作单元。显示操作单元是由内部通信接口、交互管理控制部分和显示

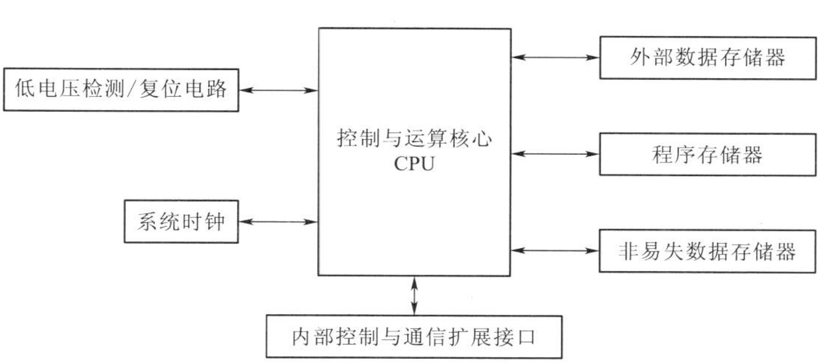

图 15－5　主控单元的组成框图

操作扩展部分、显示屏、指示灯、键盘、打印机和音响等组成，用于键盘信号的采样，将键盘信号通过通信单元传递给主控单元，主控单元对采样信号分析判断后发出相应的控制、查询、设置、自检等指令。同时，主控单元将从回路控制单元、直接手动控制单元、电源部分采样来的系统信息通过显示操作单元进行显示，显示操作单元的音响部分将主控制单元发来的控制信号分析，产生所需的音响信号，放大后传递给扬声器。显示操作单元部件是消防联动控制器与操作人员进行人机交互的界面。消防联动控制器的多样化，最直观地表现在人机交互的多样化上。基于不同技术构建的人机交互界面，其外观、内部结构多种多样。通常的信息显示输出方式有声光指示、中文文本显示和辅助的图形图像显示等。信息输入通常利用开关、按钮按键、键盘、鼠标、触摸屏等完成。

（4）直接手动控制单元。直接手动控制单元是由内部通信接口、指示电路、控制保护电路、键盘或操作按键、直接手动控制管理等部分组成，接受手动操作指令，通过多线制连接线或模块直接控制受控设备，并接收设备的状态信息。该控制方式与主控电路部分相对独立，但主控部分可接收和显示受控设备及控制输出的状态。直接手动控制单元即使在主控单元功能失效情况下，仍然可实现消防联动控制器对消防水泵、防烟和排烟风机等少数重要消防设备的状态进行监视和控制。

（5）通信控制单元。通信控制单元是由内部通信接口、通信管理控制和网络驱动保护及线路故障检测等部分组成，用于与主控单元通信，将主控单元发来的命令、内部信息或所带设备外部信息通过通信控制单元发送给联网的火灾报警控制器或监控设备；同时，通过通信控制单元接收网络上传输的网络信息，将其通过通信管理控制部件发送给主探单元，并且通过通信管理控制部件管理整个网络通信。在构建本地化局域网时，通常采用的通信接口技术规约有 RS－232/485，CANBUS、LONWORKS、PROFIBUS 等现场总线或工业以太网等；在构建远程报警监控网络时，通常需要连接专用通信设备作为接入中继，将通信控制单元的输出信息发送到公共电话网或万维网上。

（6）电源单元。消防联动控制器的电源单元是控制器的供电保证环节，包括主电源和备用电源，用于为消防联动控制器主机部分、外部模块及部分受控设备供电。电源部分具有主电源和备用电源自动转换装置，能指示主、备电源的工作状态。主电源容量能保证控制器在有关技术标准规定的最大负载条件下，连续工作 8h 以上。备用电源容量能保证控制器在监视状态下工作 8h 后，在有关技术标准规定的最大负载条件下工作 30min。所以，对于大容量的控制器，其电源输出功率要求相应较大。目前，消防联动控制器的电源设计一般采用线性调节稳压电路（线性电源）和开关型稳压电路（开关电源）两种。线性电源的主要特点是：采用工频变压器对交流电压进行初步降压，功率器件再进行线性稳压，功率器件工作在放大状态。线性电源稳定度高、精度好、成本较低，但效率低、笨重、体积较大，适用于中、小功率和对电性能指标要求比较高的场合。开关电源的主要特点是：功率器件工作在开关状态，由于开关频率较高（几十至几百千赫），甩掉了工频变压器及低频滤波电感器，从而减小了整机体积重量，提高了工作效率。目前，开关型稳压电源由于转换效率高、输出功率大，已被广泛应用于大容量的消防联动控制器中，并逐渐成为消防联动控制器的首选电源。

三、火灾自动报警系统分类

火灾自动报警系统分为以下几类。

1. 区域报警系统

由火灾探测器、手动火灾报警按钮、火灾声光报警器及区域火灾报警控制器等组成，可以根据需要增加消防控制室图形显示装置和火灾显示盘。

适用于仅需要报警，不需要联动自动消防设备的保护对象。

2. 集中报警系统

由火灾探测器、手报警按钮、火灾声光报警器、消防应急广播、消防专用电话、消防控制室图形显示装置、火灾报警控制器、消防联动控制器等组成。

不仅报警，还可以联动自动消防设备。

3. 控制中心报警系统

由火灾探测器、手报警按钮、火灾声光报警器、消防应急广播、消防专用电话、消防控制室图形显示装置、火灾报警控制器、消防联动控制器等组成，且包含两个及以上集中报警系统。

四、联动性试验

（1）使用导线连接不同种类的火灾探测器、手动报警按钮与控制器。

（2）观察控制器的基本结构及功能。

（3）连接电源，并接通电源，检测各组件间的连接是否正常，调试火灾报警控制器。

（4）点燃熏香，测试不同探测器对熏香烟气的感应时间，并记录于表 15－1。

（5）测试手动报警按钮的响应时间，并记录于表 15－2。

表 15－1　　不同探测器对熏香烟气的感应时间

探测器名称	感应时间/s		
	次数	时间	平均时间
	1		
	2		

续表

探测器名称	感　应　时　间/s		
	次数	时间	平均时间
	1		
	2		

表 15－2　　手动报警按钮的响应时间

自动报警按钮名称	感　应　时　间/s		
	次数	时间	平均时间
	1		
	2		
	1		
	2		

注意事项：

1）实验场所要无风，温度不能太高，不能有其他的污染源（气体和光线）。

2）连接报警控制器与探测器时，注意选择的线制及导线要求。

3）实验完毕，要将熏香彻底熄灭，以免留下火灾隐患，并开窗通风。

【练习题】

1. 在同一个空间装有感烟探测器、感温探测器、火焰探测器，那么发生火灾后，它们相应时间的先后有何区别，为什么？

2. 对于探测器报警和手动报警按钮报警，哪一个报警要求更可靠、更确切？为什么？

3. 差温和定温探测器探测火源的原理有何区别？

4. 如何理解自动报警系统是消防系统的核心这句话？

课程思政——技校走出来的大国工匠

【教学目的】

通过介绍大国工匠——乔伟炼成记，引导新时代的大学生学习他们在实际生活和工作中敢负责、敢作为，匠心筑梦的职业精神。弘扬中国精神、大国工匠精神。培养社会主义核心价值观，树立学生五大发展理念。

淮北矿业集团袁店一矿瓦斯检查工乔伟，毕业于安徽煤电技师学院，曾获得全国能源系统地质化学系统“大国工匠”、全国“青年岗位能手”、中国企业文化建设“工匠精神”奖。

在学校期间，凭着勤奋好学，乔伟先后荣获安徽省职业技能院校煤矿瓦斯检查工（中职组）比赛个人第二名；全国职业院校技能大赛“淮北矿业”杯（煤矿安全）中职组煤矿瓦斯检查项目荣获比赛项目个人二等奖（安徽省第一名，全国第十名）。

2012 年，从技校毕业后，乔伟来到袁店一矿，最开始在挖掘队实习，然后是瓦斯检查工。袁店一矿是煤与瓦斯突出矿井，地质条件复杂，自然灾害严重。走上工作岗位后，乔伟牢记“先安全后生产，不安全不生产”的铁规，将在学校所学融入到生产一线，学以致用让“英雄”有了用武之地。

立足本职岗位，勇攀技术高峰。“征服气老虎”是他的心愿，为此，他潜心学习专业知识与操作技能。三班制小班循环作业的职业特性，使他养成了早上 5 点起床看书的好习惯。他将各种监测仪器、信息化传送设备和通风机械的工作原理、技术参数及操作使用方法等一一写在工作笔记本上，5 年多时间洋洋洒洒写下 20 万余字的工作笔记。

弘扬工匠精神，追求精益求精。为了更好地掌握相关关键数据，将操作要领等熟记于心，他自制了许多“每日一题”卡片随身带着，在工作间隙、上下井候罐时间掏出来背诵和复习。他常带着“为什么”“怎么办”的问题下井寻找答案，收集整理了淮北矿业历年来瓦斯事故的资料案例，逐条对照自己的工作实际，找出差距和存在问题。在他的努力下，业务技能有了长足的进步，成为通风区建区以来“放单飞”最年轻的瓦斯检查工。

2014 年，乔伟在淮北矿业第十二届职工技术比武运动会上，取得了瓦斯检查工专业第一名的好成绩。当年 10 月他代表淮北矿业参加安徽省煤炭行业瓦斯检查工综合技术比武大赛，面对来自全省各地选拔出来的技术高手、业务尖子等，他丝毫没有惧色，沉着应战，名不经传的乔伟从预赛到决赛一路过关斩将，一举夺得第一名的桂冠，被授予“技术状元”荣誉称号，同时还打破了安徽省煤炭行业瓦斯检查工“技术状元”最年轻纪录。

经过自己的努力，作为一名技校毕业的煤矿工人，近年来，乔伟先后获得全国能源化学系统“大国工匠”、全国向上向善爱岗敬业好青年（候选人）、全国青年岗位能手，安徽省“五一劳动奖章”、省“五四青年奖章”、省煤炭行业瓦斯检查工“技术状元”、省“最美青工”、省属企业“538”英才工程拔尖人才，淮北矿业工匠、“拔尖人才”、“十大杰出青年”等荣誉。

一切过往，皆为序章。乔伟作为一个单位的基层瓦斯检查工人，操控着操作技术简单的瓦斯监测仪却能成为大国工匠。同学们，技能永无止境，要掌握更多的业务知识，就要持续学习上进，只要你努力执着前行，你也会成为乔伟一样的大国工匠。

参　考　文　献

[1] 中华人民共和国公安部. GB 50016—2014 建筑设计防火规范 [S]. 北京：中国计划出版社，2014.

[2] 辽宁省建设厅. GB 50242—2002 建筑给水排水及采暖工程施工质量验收规范 [S]. 北京：中国建筑工业出版社，2002.

[3] 中华人民共和国公安部. GB 50261—2017 自动喷水灭火系统施工及验收规范 [S]. 北京：中国计划出版社，2017.

[4] 中国建筑标准设计研究院. 18J811－1《建筑防火设计规范》图示 [S]. 北京：中国计划出版社，2018.

[5] 中华人民共和国公安部. GB 50222—2017 建筑内部装修设计防火规范 [S]. 北京：中国计划出版社，2017.

[6] 中华人民共和国公安部. GB 50084—2017 自动喷水灭火系统设计规范 [S]. 北京：中国计划出版社，2017.

[7] 中华人民共和国公安部. GB 50116—2013 火灾自动报警系统设计规范 [S]. 北京：中国计划出版社，2013.

[8] 中华人民共和国公安部. GB 50370—2005 气体灭火系统设计规范 [S]. 北京：中国计划出版社，2006.

[9] 中华人民共和国公安部. GB 50067—2014 汽车库、修车库、停车场设计防火规范 [S]. 北京：中国计划出版社，2014.

[10] 中华人民共和国公安部. GB 50098—2009 人民防空工程设计防火规范 [S]. 北京：中国计划出版社，2009.

[11] 中华人民共和国公安部. GB 50140—2005 建筑灭火器配置设计规范 [S]. 北京：中国计划出版社，2005.

[12] 中华人民共和国公安部. GB/T 50193—1993 二氧化碳灭火系统设计规范（2010 年版）[S]. 北京：中国计划出版社，2010.

[13] 中华人民共和国公安部. GB 50151—2021 泡沫灭火系统技术标准 [S]. 北京：中国计划出版社，2021.

[14] 中华人民共和国公安部. GB 50347—2004 干粉灭火系统设计规范 [S]. 北京：中国计划出版社，2004.

[15] 中华人民共和国公安部. GB 50974—2014 消防给水及消火栓系统技术规范 [S]. 北京：中国计划出版社，2014.

[16] 中华人民共和国公安部. GB 6245—1998 消防泵性能要求和试验方法 [S]. 北京：中国计划出版社，1998.

[17] 程元平，朱国庆. 水灭火工程 [M]. 徐州：中国矿业大学出版社，2011.

[18] 张树平. 建筑防火设计 [M]. 北京：中国建筑工业出版社，2012.

[19] 中国消防协会组编. 消防工程师 [M]. 北京：中国人事出版社，2020.

[20] 李孝斌，刘志云. 建筑消防工程 [M]. 北京：冶金工业出版社，2015.

[21] 蔡云. 建设工程消防设计审核与验收实务 [M]. 北京：国防工业出版社，2012.

[22] 屈立军. 建筑防火 [M]. 北京：中国人民公安大学出版社，2006.

［23］ 公安部消防局．中国消防手册：公共场所、用火用电防火·建筑消防设施［M］．上海：上海科学技术出版社，2007．
［24］ 李亚峰，李军，崔焕颖．建筑消防实例教程［M］．北京：机械工业出版社，2015．
［25］ 李亚峰，唐婧，余海静，等．建筑消防工程［M］．北京：机械工业出版社，2019．
［26］ 应急管理部消防救援局．消防安全技术实务［M］．北京：中国人事出版社，2020．
［27］ 应急管理部消防救援局．消防安全综合能力［M］．北京：中国人事出版社，2020．
［28］ 谢婧瑶．关于我国火灾形式与消防科学技术的发展研究［J］．今日消防，2020（4）：10－11．
［29］ 罗国庆．我国消防科学技术的回顾与展望［J］．施工技术，2012（12）：90－91．